价值与关系

于正凯 著

网络媒体商业模式研究

JIAZHI YU GUANXI

WANGLUO MEITI SHANGYE MOSHI YANJIU

Yuzhengkai Zhu

中国社会科学出版社

图书在版编目(CIP)数据

价值与关系：网络媒体商业模式研究／于正凯著．—北京：中国社会科学
出版社，2015.10

ISBN 978 - 7 - 5161 - 6992 - 6

Ⅰ.①价…　Ⅱ.①于…　Ⅲ.①计算机网络－传播媒介－商业模式－研究
Ⅳ.①G206.2

中国版本图书馆 CIP 数据核字(2015)第 251153 号

出 版 人	赵剑英
责任编辑	曲弘梅
责任校对	季　静
责任印制	戴　宽

出　　　版	中国社会科学出版社
社　　　址	北京鼓楼西大街甲 158 号
邮　　　编	100720
网　　　址	http://www.csspw.cn
发 行 部	010 - 84083685
门 市 部	010 - 84029450
经　　　销	新华书店及其他书店

印　　　刷	北京君升印刷有限公司
装　　　订	廊坊市广阳区广增装订厂
版　　　次	2015 年 10 月第 1 版
印　　　次	2015 年 10 月第 1 次印刷

开　　　本	710×1000　1/16
印　　　张	20.25
插　　　页	2
字　　　数	313 千字
定　　　价	76.00 元

凡购买中国社会科学出版社图书，如有质量问题请与本社营销中心联系调换
电话：010 - 84083683

中文摘要

网络媒体是具有一定资质、利用网络从事新闻传播的机构或公司。在过去十几年的发展中，新闻单位及其网站始终扮演着专业的新闻基础生产力角色，但流量落后、经营空间狭小。商业门户网站凭借新闻聚合，试错式地积极填补由网络技术进步所不断敞开的"价值缺口"，流量领先、营收可观。2005 年 web2.0 启动，用户创造内容、用户网络社交，都对网络媒体经营产生了深远影响。2009 年中国 3G 元年标志移动互联时代到来，传统三大商业门户（以新浪为代表）、新闻单位网站又共同面对基于个人用户提供价值、防止用户流失、桌面网络向移动网络转移三大重要课题。

同在 2009 年，中国新闻单位转企改制启动，2012 年 4 月人民网登陆上海 A 股市场，转企改制取得阶段性重大成果。同年 4 月，上海东方网股份有限公司正式揭牌，同其他中央级和地方重点新闻网站一道，正积极接受辅导、谋求上市。

种种迹象表明，新闻单位网站除继续担负专业的、新闻基础生产力角色，正走向前台，经营面临全面启动，体系外借鉴、坚守专业与公信、顺应网络经济基本规律，当是基本路径。

商业模式是价值创造与价值实现方式的简洁描述，是体现网络经济最新关注点的经营逻辑。传统商业门户转型、新闻单位网站经营启动，在很大程度上是成功商业模式的搭建与创新问题。在学术层面，商业模式框架自 20 世纪 90 年代由西方学者提出，引发国内外管理学者和新闻传播学者广泛讨论，众说纷纭。

回应现实与理论问题，本书以 PEST 模型分析网络媒体的宏观环境，以"结构—行为"这一产业经济学基本传统分析网络媒体产业结构，分析网络媒体组织的资源特征，以上构成网络媒体经营的内外制约因素。然后，沿着网络媒体价值创造与价值实现的一般线路，抓住"价值与关系"两个重要关注点，透视网络媒体的经营现实与理论变迁，最终总结与尝试性建构网络媒体商业模式框架，希望其成为分析网络媒体经营现实、助力战略决策的富有弹性的管理工具。

实证与规范结合是本文的基本研究方法。网站数据定期抽样、用户调查、专家访谈、案例收集、财报解读，尤其亲身实习体验，都为本文提供了大量实证材料。管理学经典、传媒经济学和传播学构成本文的理论基础，同时最新的网络经济学、价值网络等理论亦打开了本文的研究视野。

PEST 模型分析网络媒体的宏观环境发现三种产业驱动力：国家力量与政策扶植是启动性驱动力、网络技术是革命性驱动力、用户是来自市场与社会的根本驱动力。波特五力模型下，融合是网络媒体最显著的结构特征，其本质在于边界的打破，"关系"成为融合趋势下的重要经营要素。网络引发社会底层变革，使得人、财、物、信息高度节点化，资源间关系构建更加高效，更新了人们的资源观，关系正成为一种"资源的资源"。新闻单位网站资源集中在政府、事业单位、国企及本系统内，亟待拓展系统外、市场、用户资源。

STP 是价值主张的经典理论，但在网络经济最新发展和媒体经营实际中显露"单向直线性、简单化"局限，加入关系思维是一种修正：用户细分除"质与量"加入社会关系指标，增加对合作伙伴的识别，借力关系进入市场，最终以"一种关系的确立"实现定位。人民网亟待"大众性"突破，东方网则需立足上海深耕。

网络媒体的经营现实表明，伙伴、用户、员工这三个关系对象是网络媒体价值创造的主体，发展三种关系对于价值创造至关重要。自身强、伙伴强、整合强是核心竞争力视角下的伙伴关系战略。媒体平台与用户的关系、用户与用户的关系是网络媒体发展用户关系的两个层面，真诚高效服务、后台设置排行呈现话题、激活用户为自己创造价值，是发展用户关系的现实路径。构筑共同愿景、开展实质性沟通、培育良好组织文化是发展员工关系的根本。

关系维系对于有"盈利时滞"特征的网络媒体尤为重要。价值提供与沟通是关系维系的一般原则。用户关系是网络媒体关系核心，通过升级、孵化、延伸，持续为用户创造价值是用户关系维系的现实路径。

网络媒体的价值实现，较之传统二次销售和影响力经济有了很大变迁。来自于市场竞争与博弈的网络媒体一般商业模式提示：网络媒体的新广告价值在于海量信息匹配与可测量效果的提供，增值服务是价值满溢之后的统计性盈利，二者内在关联、相互促进，搜索与微博广告、腾讯社区与微博企业版分别是二者典型案例。四大商业门户的财务分析提供了实证数据支撑，明确提示优化盈利组合关系、利用人工逻辑—计算机语言所赋予的网络智能对于网络媒体经营的重要性。

总结全书，网络媒体商业模式分作三个层面，并具有"间接性与复杂性"两大特征。在理论的商业模式框架层面，尝试建构具有弹性特征的商业模式框架，并作出举例说明和不足之处研讨。以核心竞争力创建新组合强烈影响网络媒体的经营未来。结合新闻单位网站现实，核心竞争力再认、内容为王背后的关系意味、地方新闻网站的经营空间与战略取向是本书提出讨论的问题。

关键词： 网络媒体　商业模式　价值　关系

Abstract

Network medium is the qualified news communication company or institution with the Internet. Press institution and its website has always played the professional role of basic news productivity in the past 10 years, but the flow backward, the marketing space narrow. Business portal website, with news aggregator, and actively filling the continuous "value gap" caused by advances in network technology, traffic leading and revenue considerable. Since Web2.0 in 2005, user – generated content and social networking, have far – reaching impact on network media. Since the arrival of 3G mobile internet in 2009, news institution websites and the 3 traditional business portal face the same challenges: value providing based on individuals, the possible flow down preventing, and the transferring from desktop to mobile internet.

Also in 2009, the renovation of turning some main press institutions into companies started up, and as a great result, People. com landed on Shanghai A – share market in April 2012. Also in April 2012, Eastday. com company founded and has been on the road to share market.

There are indications that the press institution and its website is moving toward the front desk, the basic approach is to learn from outside the system, conform to the basic law of network economy and still adhere to professional journalism.

Business model is the concise description of value creation and value realization, reflecting the business logic of the network economy and its new concerns. The transformation of traditional business portal, and the press website marketing startup, to a large extent, depend on successful business model. On academia, the business model framework proposed by Western scholars since 1990s, triggered wide discussions both at home and abroad.

Responding to reality and theory, this paper analyzes network media macro – environment with PEST model, and the industrial structure and resources with the tradition of "structure – conduct". Then, it focuses on "value and relationship" along value creation and realization, to reflect the changes of business realities and theory from traditional media to network. Finally, the paper attempts to construct a business model framework of network media, which is expected to be a flexible management tools to analyze managing reality and help strategic decision – making.

The paper is based on empirical and normative research. Periodic sampling website data, users surveys, interviews, personal internship experience, case collection, and interpretation of earnings provide lots of empirical materials. Management classic, Media Economics and Communication Studies constitute the theoretical basis of this article, and at the same time, the latest Network Economics and Value Network broaden the research horizon.

There are 3 industrial driving forces: state power and politics as starting force, network technology as revolutionary driving force, the users as fundamental driving force of market and society. With Porter's Five Forces Model, convergence is the most significant structural feature of network media industry, and the nature of convergence is the breaking down of borders, making "relationship" a prominent managing component. As a revolution of social bottom, Network is making man, money, material, message "nodes", and the relations among these resources can be built more efficiently, and so relations are becoming "resource of resources". Press website resources are concentrated in the government, public institutions, state – owned enterprises, and press system, needing to develop more resources from market and outside its own system.

STP is a classical value proposition theory, but "one – way linear, simplistic" limitations are exposed with the latest development of the network e-conomy and media operations. Adding relations thinking is a correction: adding relationship consideration to the "quality and quantity" when users segmenting, identifying the partners, leveraging the relations to enter market and finally position the market with establishing a relationship with the users. People. com needs "the mass" breakthrough. Eastday. com needs being based in Shanghai.

Partners, customers and employees, the three relationship objects of net-work media are the main value creators, and so it is essentially important to develop the three relationships. Strengthening network medium itself, develo-ping strong partners, strengthening integration are the main partnership strate-gies from Core Competitiveness Perspective. Customer relationship can be subdivided into 2 levels: the relationship between Media platform and users, the relationship between the users. Sincere and efficient service, the backend setting topics and the front presenting ranking, activating users to create their own value, are the approach to developing customer relationship. To develop employee relationship, it is essential to build a shared vision, carry out sub-stantive communication, and cultivate good organizational culture.

Relationship Maintenance is especially important for network media with the feature of "Earnings Delay". Value providing and communication is the principle to Relationship Maintenance. The user relationship is the core. Up-grading services, hatching new platform, and extension to mobile internet, network media continue to create value for the user, and so maintain user's relationship.

Compared to traditional 2 – Time – Sale and Influence Economics, value realization of network has greatly changed. The General Business Model resul-ted from competition shows that online AD is to match mass information and present measurable effect, and the AVS is a statistical earnings based on val-ue overflowing. AD and AVS promote each other, while Searching and Weibo AD, QQ community and Weibo enterprise edition are the typical cases respectively. The financial analysis of business portals empirically explain the importance of optimizing profit combination and taking advantage of new media intelligence based on artificial logic – computer language.

In summery, network media business model can be divided into three levels, characterized by indirectness and complexity. In theory, the paper constructs a flexible Business Model Framework, which is illustrated and discussed about its weaknesses. Network media are expected to create new combinations with the perspective of Core Competence. According to the Press Website reality, the core competitiveness recognition, consideration of the relationship connotation behind content, and the marketing space and strategy of regional Press Website are discussed.

Key words: Network Media Business Model Value Relationship

目　录

绪　论

一　问题的提出

网络媒体是具有一定资质、利用网络从事新闻传播的机构。[①] 本书所指网络媒体是以新浪为代表的商业门户网站和以人民网、东方网为代表的新闻单位网站。

早在 1998 年联合国新闻委员会就提出了"网络媒体"——"第四媒体"的概念，即继报纸、广播、电视之后，以互联网（Internet）为介质的新型媒体。当时，网络媒体主要所指就是 web 网站，而随后的发展已经证明 web 只是互联网（Internet）的一种应用，今天 web 网站的主流地位正日渐被各种桌面和手机应用取代，桌面互联网也正在向移动互联网延伸，但网站作为网络新媒体的开启和基础，作为向下一步转型的中继，其十几年发展起来的成熟产业形态，能够典型地揭示出网络新媒体的一些共性规律。

（一）现实问题

以新浪为代表的商业门户网站，具有比较明显的媒体属性，[②] 如新

---

① 高钢、彭兰：《三极力量作用下的网络新闻传播——中国网络媒体结构特征研究》，《国际新闻界》2007 年第 6 期。

② 根据文献和笔者的理解，媒体属性是以内容（新闻）为主业，以公信力为核心的行业特性。

浪明确定位于"中国及全球华人社群的在线媒体"，[①] 其 2011 年广告占总营收的 76.4%，Alexa 数据显示"新浪新闻中心"在中国所有网站中流量排名第 4。[②] 网易、搜狐、腾讯的新闻传播各有侧重，但都把"新闻"作为自己门户首页首栏的第一个"按钮"。

2000 年左右，中国商业门户网站借助传统媒体的新闻资源聚拢了人气，借助电信产业的无线增值业务在登陆纳斯达克两年后首次实现了盈利。这实际上是积极进行产业合作，依托合作伙伴关系的一种商业模式的成功。2006 年 web2.0 时代开启以来，视频分享网站、社交网站、移动互联媒体不断对这些商业门户网站造成挑战。如今，曾经被认为在互联网界战无不胜的三大门户（新浪、网易、搜狐），已经成为市值上的"三小"，取而代之的是腾讯、百度、阿里巴巴。而 2006—2011 年商业门户网站的财务报告显示，营业收入增长分别为腾讯 12.6 倍，搜狐 6.3 倍，网易 4.3 倍，新浪 2.3 倍。最具新闻属性的新浪网，营业收入增长最慢。

以人民网、东方网为代表的中央及地方新闻单位网站，[③] 在 20 世纪末及 21 世纪初已经上线。[④] 作为传统媒体向新媒体的延伸，新闻单位网站引领新媒体风气，为广大用户提供权威资讯，引导社会舆论，坚守社会责任，更为重要的是秉承了传统媒体新闻专业理念，为中国新媒体产业树立了新闻标杆。

但另一方面，拥有大量内容资源、政府关系资源以及采编政策优势

---

① 新浪网：新浪简介（http：//corp. sina. com. cn/chn/sina_ intr. html，2011 - 9 - 5 浏览）。

② Alexa 网站：中国区排名（http：//www. alexa. com/topsites/countries/CN，2011/12/12 浏览）。

③ 本书"新闻单位网站"，指传统媒体开办的网站。根据《互联网新闻信息服务管理规定》，从事互联网新闻信息服务的有三类主体：新闻单位为刊登超出本单位新闻而设立的网站，新闻单位为刊登本单位新闻而设立的网站，非新闻单位转载新闻而设立的网站。见国务院新闻办公室，信息产业部（第 37 号）：《互联网新闻信息服务管理规定》（中华人民共和国中央人民政府网站 http：//www. gov. cn/flfg/2005 - 09/29/content_ 73270. htm，2005 - 9 - 25 发布，2011 - 12 - 22 浏览）。

④ 人民网、东方网分别于 1997 年 1 月 1 日、2000 年 5 月 28 日上线。

的新闻单位网站，在同商业网站的竞争中，流量排名靠后，依托互联网的工作、消费、娱乐、社交等价值提供不够，盈利能力不强，影响力有相对弱化的情形。根据 Alexa 流量统计排名显示：

腾讯	新浪	新浪微博	网易	搜狐	人民	新华	东方	千龙	奥一	2011/12/13 Alexa 流量中国排名
2	4	6	7	9	35	36	201	262	443	

　　以上仅统计了中央及地方重点新闻网站的情况，除此以外，我国新闻系统还有大量的地方报纸、电视台网站，其边缘化的态势十分明显。新闻单位网站在流量上排名靠后，并非中国独有，美国国内传统媒体开办的新闻网站排名是：CNN 第 20，纽约时报第 31，华盛顿邮报第 72。① 这说明传统媒体涉足网络媒体，除面临更加激烈的竞争，仍有许多不适应之处，既有资源和思维惯性还在一定程度上束缚着新闻网站的发展。

　　2009 年《关于进一步推进新闻出版体制改革的指导意见》明确提出："必须坚持一手抓公益性新闻出版事业，一手抓经营性新闻出版产业，促进新闻出版业全面协调可持续发展。"② 在中国媒体"双转"，即"传媒体制转轨和形态转型"③ 的背景下，如何做好新闻单位网站的经营，实现社会效益与经济效益的辩证统一，是一个重要议题。

　　2012 年 4 月，中央级重点新闻网站人民网登陆国内 A 股市场，上市一个月市值过百亿。④ 人民网上市标志着新闻单位网站"转企改制"的实质性重大进展。据笔者调查了解，人民网的保荐机构中信证券正在辅导上海东方网，地方重点新闻网站的上市行程已经起航。

---

　　① Alexa 网站：美国排名（http：//www.alexa.com/topsites/countries/US，2011 - 12 - 20 浏览）。

　　② 新闻出版总署：《关于进一步推进新闻出版体制改革的指导意见（新出产业 2009 年 298 号文件）》（中华人民共和国中央人民政府网站，http：//www.gov.cn/zwgk/2009 - 04/07/content_ 1279346. htm，2011 - 12 - 22 浏览）。

　　③ 李良荣、方师师：《"双转"：中国传媒业的一次制度性创新》，《现代传播》2010 年第 2 期。

　　④ 根据 2012 年 5 月底收盘价计算。

新闻单位网站上市成功是传媒体制改革的重要成果，但国家政策扶植也起到了关键作用。人民网的招股说明书显示，2009、2010 和 2011 上半年，政府服务采购占营收比例分别为 22.07%、21.71% 和 13.02%，① 财政部连续 5 年是最大客户。据笔者调查，目前正接受中信证券上市辅导的东方网在 2010—2012 年的商业合同中，政府部门、新闻系统（如 SMEG 旗下子公司）、国有企业等占有相当比例。这说明新闻单位网站对政府、本系统、国企等方面的关系资源还是过于倚重，而真正面向市场（用户）的商业模式探索仍需加倍努力。

传媒真正影响力的维系与提升，是要落实在用户之中，提高点击率，增加面向（用户）市场的营收，实现新闻单位网站的自我资金循环，持续地发挥其市场和社会影响力，才是中国传媒转企改制的最终目标。

过度商业化不好，但商业亦有其严肃的一面，就是真正提供用户认为有价值的东西，才可能有获得经济回报的机会。而经济回报必定是在市场充分认可、大量点击率基础之上，这一过程也是新闻单位利用"渠道容量与能力"超强的新媒体贴近实际、贴近生活、贴近群众的过程，党的宣传工作才得以顺利开展，这是传媒市场化道路促进宣传事业全面进步的深层道理。

商业门户网站与新闻单位网站，在产权、新闻采编政策、宣传职责、市场化程度等方面并不相同，但在为用户创造价值并实现自身价值回报的基本经营路线上是相同的，商业模式探索与创新是其共同面对的经营问题。商业门户网站经营起步早，及时总结其成功市场经验能为新闻单位网站提供重要借鉴，二者竞争构成了中国网络新闻传播更为合理的格局，并为新闻单位网站改革提供激励。

（二）理论问题

商业模式（business model）作为一般词汇早已被人使用，随着 20

---

① 人民网：《人民网股份有限公司首发招股说明书（申报稿）》（中国证券监督管理委员会网站，http://www.csrc.gov.cn/pub/zjhpublic/G00306202/201201/t20120109_204598.htm? keywords = 人民网，2012 -5 -5 浏览）。

世纪 90 年代末网络经济的崛起，该词迅速升温，理论界和实务界都将它作为网络经营管理的核心问题。

在学术界，国外的《哈佛商业评论》《营销科学》《欧洲信息系统》和国内的《中国工业经济》《经济与管理》等都有不少对"商业模式"的理论研究，其中蒂莫尔、乔纳斯、切撒布鲁夫和莫里斯等人对商业模式进行了概念分析和理论框架建构，是目前比较有影响力的研究。这些商业模式理论框架体系比较庞大，如乔纳斯商业模式框架涉及企业与市场接触层面、企业资源层面、企业活动管理层面、企业文化层面。[1] 莫里斯商业模式框架则包含了如何创造价值、为谁创造价值、企业竞争资源是什么、企业竞争战略是什么、如何挣钱、企业目标是什么，是这 6 个要素组成的体系。[2] 以上学者以传统管理理论为基础，如资源基础理论、战略管理理论、市场营销理论，分析新经济时代企业管理实务，走规范与实证相结合的研究路线，以归纳"商业模式理论框架"的方式试图揭示新经济经营管理的一些规律性东西，为我们提供了研究启示。

但这些研究，总体上是属于"网络经济时代中一般企业的商业模式研究"，而并非"网络企业"或"网络媒体"本身，如乔纳斯和莫里斯在论文中所加入讨论的案例分别是 ABC 机械制造公司（匿名）和美国西南航空公司。这种情形，基于我们网络媒体的视角，存在一些不足：

（1）研究对象不足

网络革命的中心正是信息处理与传播技术，[3] 主营新闻信息传播的网络媒体无疑更加靠近"网络革命的中心"，其产品就是以比特为单位

---

① Jonas Hedman, and Thomas Kalling, the Business Model Concept: Theoretical Underpinnings and Empirical Illustrations, European Journal of Information Systems, (2003) 12, pp. 49 – 59.

② Michael Morris, Minet Schindehutte, Jeffrey Allen, The Entrepreneur's Business Model: Toward a Unified Perspective, Journal of Business Research, Volume 58, Issue 6, June 2005, pp. 726 – 735.

③ ［美］曼纽尔·卡斯特：《网络社会的崛起》，夏祝九等译，社会科学文献出版社 2001 年版，第 35 页。

的信息，产品切分组合、产业合作、盈利模式等方面都更加体现了新经济特质。如果说"商业模式理论框架"试图揭示新经济经营管理特点，或者试图在新经济条件下开辟新的理论视角，网络（媒体）企业应该是不容回避的重要研究对象。

（2）理论援引不足

有 200 多年历史的经济学和有百年历史的管理学为人类积累了许多经济管理的深刻洞见，但传媒凭借其产品特殊的经济属性、社会属性而具有一些独特的经济管理规律。传媒经济与管理理论，虽然历史不长，边界不甚清晰，但其基于传媒产品特性而作出有关传媒经济属性、传媒经营管理的基本结论确实能为我们理解今天的网络经济提供有益贡献。以上商业模式理论大多依托于一般管理理论，对传媒经济与管理理论少有借鉴，这对我们探索网络新经济商业模式来说，显然存在理论援引的不足。

造成以上两种不足的深层原因在于一般管理学界与传媒管理学界在研究领域、关注重点和研究方法上有所不同，但今天新经济革命的底层动因就是"网络"，"网络媒体"、"网络企业"在很大程度上成为管理学界和新闻传播学界的共同面对，这就需要我们集不同领域的研究成果去探索网络媒体商业模式接近本质层面的东西。

在实务界，商业模式无疑是风险投资、股东和网络经营者的核心关注，它常常以着眼于盈利的简洁方式被网络企业领导者所构想和提及。2009 年开启的新浪微博深刻地改变了中国新闻传播和社交网络面貌，2013 年已集 5 亿注册用户，但其商业模式一直被人们不断热议和猜想。2011 年 4 月新浪总裁曹国伟首谈新浪微博未来可能的六种商业模式：精准互动广告、社交游戏、电子商务、实时搜索、无线增值、数字内容收费。① 2012 年人民网上市成功，其招股说明书对整个网络媒体行业的

---

① 新浪网：《新浪可能存在六大商业模式》（新浪网－新浪科技，http：//tech. sina. com. cn/i/2011－04－28/17035462848. shtml，2012－9－12 浏览）。

一般商业模式进行概述，即免费＋广告＋增值服务。①

以上，新浪微博的商业模式、人民网所概述的网络媒体一般商业模式，以及管理学界所研究的商业模式理论框架，并非同一层面。但"商业模式"无疑已经成为管理学界与实务界的共同关注，同时也说明随关注点、关注视角、抽象概括层面不同，"商业模式"并无定式。但总体上，"商业模式"作为网络经济时代的新理论视角，应该能体现网络经营新的、重要的关注点。

二　研究思路与框架

（一）研究思路

"商业模式"作为网络经济时代的新理论视角，应该能体现网络经营新的、重要的关注点，而新的、重要的关注点应该从过去12年间中国网络媒体的经营实践中来。

2000年三大商业门户网站以免费提供新闻、邮箱、娱乐等多价值服务，迅速积累用户，2002年凭借与电信运营商合作（发展伙伴关系）实现了上市后的首次盈利。2004年腾讯凭借着以即时通信工具积累起来的强关系网络（用户与用户之间的关系），凭借与地方新闻单位建立伙伴关系，强力进军门户，并继续以账号绑定于强关系网络的方式，跟随每一次新的互联网应用发展，持续为用户提供价值，如今成为市值第一的中国门户网站巨头。2006年web2.0启动，博客、播客、维客等用户创造内容产品，为用户创造了自我表达、参与新闻与知识生产的新价值，不但能降低商业门户网站的内容成本，而且能进一步强化平台与用户的关系。2009年微博增强了博客的社交功能，短短3年，新浪微博上形成了用户规模达3亿的社交网络，"用户与用户之间的关系"是真正强化"平台与用户关系"的利器，微博不但为用户创造了新的社交平台价值，而且在用户的互动中孕育着丰富的盈利机会。

---

① 　人民网：《人民网股份有限公司首发招股说明书（申报稿）》（中国证券监督管理委员会网站，http：//www.csrc.gov.cn/pub/zjhpublic/G00306202/201201/t20120109_204598.htm? keywords＝人民网，2012 -5 -5浏览）。

　　同在 2009 年，中国 3G 元年到来，中国传媒转企改制拉开帷幕，人民网、东方网等中央和地方新闻网站酝酿经营全面启动。除新闻资讯价值外，增加为用户提供工作、消费、生活娱乐的新价值，发展邮箱、论坛、博客、微博等社交关系型产品也是其经营重点。尽管"先发优势"在网络经济中扮演重要角色，但新闻单位网站的采编政策和原创内容优势，以及良好的政府、国企关系资源，是其经营发力的重要杠杆，但要真正提升社会和市场影响力，增加价值提供、发展用户关系才是根本道路。

　　以上事实表明，网络媒体凭借其超强渠道能力，如数字化、大容量、智能化、互动性等特点成为巨大的价值载体，而商业网站和新闻单位网站正是跟随互联网应用最新发展，持续不断地为用户创造价值。同时，网络媒体以"合作"为显著特征的产业组织方式，以业务"关联"为特征的价值提供方式，以缔结"社交网络"为重点的用户维系方式，使得各种"关系"（包括伙伴关系、用户关系、用户与用户的关系等）成为网络媒体重要的经营要素。

　　在理论上，"价值与关系"也是大量商业模式研究的重要关注点。莫里斯在总结了 30 篇商业模式代表性论文后，发现"价值""用户关系""伙伴网络""经济模式（盈利模式）""组织内部活动""目标市场"共 6 个共同性关注点。[1] 喻国明教授认为关系和关联能建构重要的社会和市场价值，这是传媒业长期忽视的方面。[2]《中国网络媒体的第一个十年》作者彭兰教授认为，"关系为王"是社会化媒体时代的重要经营思路变革。[3] 此外，管理学领域的"关系营销学"和社会学领域的"社会网络"研究也都对"关系"给予焦点关注，如关系营销学中"关

---

①　Michael Morris , Minet Schindehutte, Jeffrey Allen, "The Entrepreneur's Business Model: Toward a Unified Perspective", *Journal of Business Research* , Volume 58, Issue 6, June 2005, pp. 726 – 735.

②　喻国明、张佰明：《试论媒介一体化经营平台的构建》，《新闻传播》2011 年第 3 期。

③　彭兰：《社会化媒体与媒介融合：双重旋律下的关键变革》，《传媒》2012 年第 2 期。

系、网络、互动"理论的代表人物戈迈森认为"网络就是关系的集合"，① 这一点似乎更能给我们理解网络媒体商业模式提供深刻洞见。

商业模式作为价值创造与价值实现的简洁描述，虽力求简洁，但经营毕竟是一个过程，在对"价值"和"关系"进行关注时，必定要涉及网络媒体的经营环境、资源特点、战略选择等方面。

因此，本书以网络媒体组织为研究对象，按照产业经济学最常规分析框架，沿价值创造——价值实现的一般经营管理过程，以"价值"和"关系"为两个关注点，规范与实证相结合，分析网络媒体的经营实践。最后，作为结论，尝试建构网络媒体的商业模式理论框架体系。

（二）研究框架

1. 以经济学常用的 PEST 模型分析网络媒体的宏观环境。

2. 以迈克尔·波特的五力模型分析网络媒体的产业竞争环境。

3. 分析网络媒体组织的内部资源。

以上是产业经济学研究组织经营行为的基本路线和模型。

4. 按经济学所提示的最一般线路，研究网络媒体的现实经营过程的最主要环节，价值创造与价值实现。具体来说，就是以文献、受众调查、专家访谈、体验式调查、网页数据抓取、财务分析等方法，考察过去 12 年间中国网络媒体经营实践中重要经营要素、重要时间节点、典型产品，同时以实践来反向解读理论。这是一种规范与实证相结合的研究方法。

5. 总结、提炼以上一般经营过程的研究，尝试归纳出网络媒体商业模式框架。最后，对该商业模式框架进行理论论证与说明，并指出其未来改进的可能路径。

注：

最一般线路是从价值（价值的载体是产品）入手，研究价值创造与实现，这是马克思主义采用的经典路线，也是一般经济管理学科所采用的基本路线。

---

① Evert Gummesson, "Making Relationship Marketing Operational", *International Journal of Service Industry Management*, Vol. 5 No. 5, 1994, pp. 5 – 20.

　　由于本书的研究对象是网络媒体组织，从网络传播产品（一种信息产品）入手，就决定了笔者研究是落脚于新闻传播领域，同时也决定了必须运用新闻传播学的相关理论对这种"特殊产品"进行解读和诠释。在研究中，笔者将高度重视新闻传播学、传媒经济学的解释张力。

　　本书研究的第一重点是对过去 12 年间中国网络媒体经营实践进行富有洞见的描述，探索传统媒体到网络媒体的经营变迁，以及 2000 年以来网络媒体经营的变迁，在变迁中把握比较明确的经营趋势（如软件技术的深度介入、网络媒体社交网络化、"关系"成为重要经营要素等）；其次，才是以归纳方式建构网络媒体商业模式理论框架，希望它能成为一种有助于我们把握未来经营的工具。

　　在媒介管理学领域，重实证更强调数据、数字、案例，本研究试图抓住商业模式理论体系的核心环节——盈利环节，重点进行财务数据的呈现与分析。

第一章

网络媒体商业模式研究的概念基础

结合本研究侧重对相关文献进行系统梳理，是"网络媒体商业模式研究"的第一步，能为本研究提供理论、案例储备和思路启发。

研究对象和相关概念的界定是研究的逻辑起点。在媒介融合的大背景下，媒体形态边界、组织边界正在模糊，概念的界定因此加大了难度，但相对清晰的概念界定仍是本研究的重要基础。

第一节 网络媒体商业模式研究的
文献综述和个人思考

一 研究对象说明

本书的研究对象是网络媒体，即具有一定资质、利用网络从事新闻传播的机构，① 具体所指是以新浪为代表的商业门户网站和以人民网、东方网为代表的新闻单位网站。

联合国新闻委员会早在 1998 年就提出了"网络媒体"——"第四媒体"的概念，即继报纸、广播、电视之后，以互联网（Internet）为介质的新型媒体。当时，网络媒体所指的就是 Web 网站，但后来的发展已经证明 Web 只是互联网（Internet）的一种应用，今天 Web 网站的主流地位正日渐被各种桌面客户端和手机应用取代，桌面互联网也正在

① 高钢、彭兰：《三极力量作用下的网络新闻传播——中国网络媒体结构特征研究》，《国际新闻界》2007 年第 6 期。

向移动互联网延伸。2010 年美国《连线》杂志上发表的《Web 已死
Internet 永生》① 一文正深刻地揭示了这一点。但像新浪、人民网这样
以 Web 起家的网络媒体组织，其经营仍在继续，或布局社交应用或谋
篇移动互联，Internet 的基本经营逻辑仍在延续，而且正不断地被更加
清晰地认识和更加熟练地应用于实践。作为传统媒体向新媒体的第一次
延伸和向移动互联应用转移的枢纽，已经发展 10 余年具有成熟产业形
态的网站值得被我们作为研究对象，并可以从中理解网络新媒体经营的
一些共性规律。

　　我国对"媒体"有严格的界定，通常认为，具有新闻采编与传播
资质的机构才是媒体。虽然新浪作为新闻门户已经被广大用户所认可，
其广告收入占总营收的 70% 以上，也具有典型的媒体经营特征，但没
有新闻采访权，严格地说，不能称作媒体。新浪总编王彤、总裁曹国伟
也在公开场合慎言"媒体"，而常称"媒体属性"。这种"称谓拗口"
的深层原因，在于传统观念与技术解构之间的矛盾。

　　通常，我们将商业门户网站和新闻单位网站分开讨论，但谈到网站
经营，商业门户网站市场起步早，其产品开发、产业合作、技术应用、
盈利模式搭建无疑代表了中国网站经营的主流，从中也更能探索出网络
新媒体商业模式的共性规律。2009 年中国传媒转企改制启动，2012 年
4 月人民网登陆 A 股证券市场，标志着新闻单位网站面向市场经营迈入
到一个新阶段，这也在一定程度上为本文将商业门户网站与新闻单位网
站并置研究提供了一个现实依据。事实上，人民网在招股说明书中也明
确将商业门户网站作为主要竞争对手进行了分析，② 这是一种勇于探索
经营规律、正视市场竞争、对股民负责的务实做法。

　　在商业模式研究上，商业门户网站和新闻单位网站有共性规律可
循，但亦有明显差异，突出体现在新闻单位网站有采编政策优势、原创

---

① 《连线》杂志：《Web 已死 Internet 永生》（新浪网－新浪科技，http：//tech. sina.
com. cn/i/2010－08－18/19554560539. shtml，2011－10－16 浏览）。

② 人民网：《人民网股份有限公司首发招股说明书（申报稿）》（中国证券监督管理委员会网
站，http：//www. csrc. gov. cn/pub/zjhpublic/G00306202/201201/t20120109＿204598. htm? keywords =
人民网，2012－5－5 浏览）。

内容资源、良好的政府关系资源，但同时担负更明确的宣传职责。对此，笔者将给予关注。

根据 2005 年国务院新闻办公室、信息产业部发布的 37 号文件《互联网新闻信息服务管理规定》，新浪、网易等商业网站是具有新闻传播资质的"非新闻单位网站"。因此，本书将网络媒体界定为具有一定资质、利用网络从事新闻传播的机构或公司。

二　有关研究文献综述

商业模式作为一般词汇早已被人使用，20 世纪 90 年代末伴随着网络经济崛起，"商业模式"迅速升温，成为理论界和实务界的共同关注。管理学者提出了不同的商业模式理论框架，业界领导者着眼于操作、盈利提出种种"一句话"陈述，众说纷纭，莫衷一是。"商业模式"可能是 web 领域讨论最多而知之最少的一个概念，[①] 但通过文献梳理、现实思考，当我们知道为何"商业模式"被广泛研究和热议时，就可以理解其更本质层面的含义。

（一）管理学界对商业模式的研究

1. 网络前夜的大师洞见

管理学大师彼得·德鲁克没有直接提及"商业模式"，1994 年他在《哈佛商业评论》阐述"商业理论"时，认为在科技发展、市场巨变的情况下，企业首先应关注"做什么"而不是"如何做"，在众多管理工具如缩减规模、全面质量管理、外包和再造中，只有外包和再造是涉及"做什么"的问题；要及时重新审视自身优劣势，实施动态管理，重视盈利回报。[②] 1994 年万维网刚刚出现，网络经济理论尚处前夜，年事已高的德鲁克似乎感受到巨变临近，他所强调的外包（outsourcing），现在演化为众包（crowd outsourcing）是苹果和维基百科的主要模式，而

---

① Henry Chesbrough, and Richard S. Rosenbloom, "The Role of Business Model in Capturing Value from Innovation: Evidence from Xerox Corporation's Technology Spin – off Companies", *Industrial and Corporate Change*, Volume 11, No. 3, 2002, pp. 529 – 555.

② Peter F. Drucker, "The Theory of the Business," *Harvard Business Review*, September – October, 1994, pp. 93 – 104.

再造（reengineering）正发生在当前传统媒体的转型升级中。有学者认为德鲁克的"商业理论"（Business Theory）就是"商业模式"（Business Model），①对此稍有牵强，但德鲁克的理论中确实反映了20世纪90年代，网络经济前沿科技带来市场剧烈变化时，企业的科技观、资源观、战略观所需作出的重大调整。

2. 蒂莫尔、切撒布鲁夫、乔纳斯、莫里斯等人的商业模式理论框架研究

在谷歌学术上检索"marketing"（营销）和"business model"（商业模式），分别出现189万和194万的搜索结果，②在学术话语体系上，商业模式迅速比肩传统营销理论。

蒂莫尔　在众多的商业模式研究中，通常认为蒂莫尔在电子商务领域的商业模式研究为早期比较重要的研究，他认为商业模式是包含商品流、服务流、信息流的体系，包括对各种参与者的角色、利益的描述，对收入来源的描述。③蒂莫尔首先确认了商业模式是一种理论体系，概括了电子商务物流、服务、营销传播这三个最主要方面，同时强调了合作伙伴的重要性，并暗含了一种重要的合作原则——充分考虑伙伴利益。

切撒布鲁夫　切撒布鲁夫是商业模式研究领域中比较有影响的学者，在国内有其专著④出版。他认为商业模式是一种启发式逻辑，它能够将科技潜能和经济价值实现连接起来。他特别介绍了施乐复印机的早期案例，20世纪50年代施乐发明了科技含量高但价格不菲的新型复印机，面对推广难题，采取了"只租不卖"的商业模式，靠卖复印纸盈

---

① 罗珉、曾涛、周思伟：《企业商业模式创新：基于租金理论的解释》，《中国工业经济》2005年第7期。

② 谷歌：关键词检索（谷歌学术，http://scholar.google.com.hk/schhp? hl = zh - CN&as_ sdt = 0，2012 - 10 - 17浏览）。

③ Paul Timmer，"Business models for Electronic Business Commerce"，*Electronic Market* Vol. 8，No. 2，1998，pp. 3 - 8.

④ 见［美］亨利·伽斯柏《开放型商业模式：如何在新环境中获取更大的收益》，程智慧译，商务印书馆2010年版。

利，结果到 1972 年施乐由一家 3000 万美元的小公司成长为年收入达 25 亿美元的跨国公司。① 切撒布鲁夫的案例显然强调了商业模式注重用户使用体验，具有创意性、间接性特征。此外，切撒布鲁夫还建立了自己的商业模式理论框架。

该商业模式强调科技输入和经济输出两个领域的"测量"，分别对绩效、利润进行重点关注，反映了管理学商业模式注重数学、数据，强调规范与实证相结合的特色。

乔纳斯 瑞典学者乔纳斯认为"商业模式"随网络社会兴起，主要用于信息系统、电子商务等领域，但概念不清、滥用现象也很明显，他强调了商业模式理论与经典管理理论，如资源基础理论、产业组织理论、战略管理理论密切相关，并在经典理论的基础上建立了庞大的商业模式理论框架。②

创新是资本主义制度内生的经济结构革命，是"创造性破坏"。③ 资本、技术、市场的逻辑彼此缠绕、相互作用，虽然创新是大的、间断性改变，④ 但总体的经济发展逻辑线索是连贯一致的。基于资本主义经济发展现实，拥有上百年历史的经济学、管理学经典，无疑对商业模式理论框架体系有强大的支撑。

该商业模式理论框架涉及企业资源、产业组织、市场三个层面，并加入组织历史、文化的纵向维度——几乎全面囊括了企业经营一般过程。在这个商业模式理论框架中，乔纳斯重点强调了产业链（价值链）优化，任何价值链的优化都应该体现到顾客能清晰可见的质量提高或成本下降，所有因素以及它们之间的耦合关联（casual inner relation）都

---

① Henry Chesbrough, and Richard S. Rosenbloom, "The Role of Business Model in Capturing Value From Innovation: Evidence from Xerox Corporation's Technology Spin - off Companies", *Industrial and Corporate Change*, Volume 11, No. 3, 2002, pp. 529 – 555.

② Jonas Hedman, and Thomas Kalling, the Business Model Concept: Theoretical Underpinnings and Empirical Illustrations, European Journal of Information Systems, (2003) 12, pp. 49 – 59.

③ [美] 约瑟夫·熊彼特：《资本主义、社会主义与民主》，吴良建译，商务印书馆 1999 年版，第 147 页。

④ [美] 约瑟夫·熊彼特：《经济发展理论》，何畏等译，商务印书馆 1990 年版，第 73 页。

应该被用户很好地理解，这才是好的商业模式。①

实际上，网络媒体所涉及的内容、广告、游戏、电子商务信息等，这些信息彼此之间，以及它们与用户的使用行为数据、社交网络数据、地理位置数据等常常处于"待匹配"状态，它们的组合常常由软件按照"逻辑＋随机"原则来执行，"耦合"关联就是在不停的组合变换中尝试触碰用户的需求。当然，许多产品层面的"耦合"关联需要广泛的产业合作来支撑。

显然，乔纳斯基于经典管理理论建立起来的庞大的商业模式，并非流于一般，而是强调产业链合作优化、产品要素耦合关联等重要环节，已经触及网络经济中商业模式的精髓与精妙之处。

莫里斯　美国学者莫里斯的商业模式研究理论梳理相当完备，商业模式框架创意突出，对后续研究颇有启发。莫里斯对 30 种代表性商业模式论文进行梳理总结，归纳出 6 个共性要素：①价值提供；②经济模式（盈利模式）；③顾客关系；④伙伴关系网络；⑤组织内部活动；⑥目标市场。与乔纳斯的观点一致，莫里斯也强调了商业模式与经典管理理论密切关联，如波特的战略竞争理论、巴内的资源基础理论等，并以此为基础建立自己的商业模式理论框架。②

商业模式要素 1（与企业向市场提供有关的要素）：我们如何创造价值？（每一项都选其一）
提供：主要为产品／主要为服务／高度混合
提供：标准化／部分定制化／高度定制化
提供：宽产品线／中等产品线／狭窄产品线
提供：深度产品线／中等产品线／浅层产品线
提供：产品／产品渠道／本公司产品并附带其他公司产品
提供：内部生产或服务提供／外包／特许生产／转销／价值附加型转销

① Jonas Hedman, and Thomas Kalling, "The Business Model Concept: Theoretical Underpinnings and Empirical Illustrations", *European Journal of Information Systems*, (2003) 12, pp. 49 – 59.

② Michael Morris, Minet Schindehutte, Jeffrey Allen, "The Entrepreneur's Business Model: Toward a Unified Perspective", *Journal of Business Research*, Volume 58, Issue 6, June 2005, pp. 726 – 735.

（续表）

提供：直接分销/间接分销
商业模式要素 2（市场因素）：我们为谁创造价值？（每一项都选其一）
组织类型：B－to－B/B－to－C/两者都有
当地/地区/全国/国际
顾客在价值链中的位置：上游供给商/下游供给商/政府/机构/批发商/零售商/服务商/终端顾客
一般市场/多细分市场/单一细分市场
交易型/关系型
商业模式要素 3（内部能力要素）：我们竞争力源泉是什么？（选择 1 到多项）
生产系统/运营系统
销售/营销
信息管理/信息挖掘/信息整合
科技/研发/创新能力/专利
金融交易
供应链管理
网络/资源杠杆
商业模式要素 4（竞争战略要素）：我们如何富有竞争力的定位？（选择 1 至多项）
高效运营的形象/一贯性/可靠性/速度
产品或服务品质/选择多样性/特点突出/便利性
创新领导者
低成本/高效率
亲密的顾客关系/良好的顾客体验
商业模式要素 5（经济性因素）：我们如何挣钱？（每一项选择其一）
定价和收入方式：固定/混合/灵活
运营杠杆：高/中/低
营业收入：高/中/低
利润：高/中/低
商业模式要素 6（个人/投资者要素）：我们的时机，业务范围，企业规模的目标是什么？（选择其一）
存活模式
收入模式
成长模式
投机模式

莫里斯商业模式有 6 个商业模式要素，每个要素有众多选项，公司商业模式决策就是在以上选项中作出难以被模仿的"独特组合"，从而使商业模式理论框架加入"战略管理"的维度。莫里斯认为，"商业模式就是以独特组合，更好地创造价值，并实现盈利，这与熊彼特的理论是相一致的"①。熊彼特早在 1912 年的创新经济学中就明确提出，生产就是"所能支配的原材料和力量组合起来"，小的、连续性的、调整性的"新组合"能带来盈利增加，而大的、间断性的"新组合"就是真正的创新。② 对此，罗珉教授有类似观点，商业模式本身就是战略创新或变革。③

莫里斯商业模式理论框架最大的特色，在于它是一个以组合进行决策、富有弹性的管理工具。网络社会学家曼纽尔·卡斯特认为网络革命的中心就是以"弹性"为基础的信息技术范式：经重新排列组合，一切过程可逆转，组织与制度可修正甚至彻底改变；这种弹性形成独特的重新构造力。④ 在《网络星河》一书中，卡斯特更是直言，"弹性管理"（management of flexibility）是网络技术所带来的新商业模式的重要特征之一。⑤

3. 其他国外管理学者的研究

除了以上蒂莫尔、切撒布鲁夫、乔纳斯、莫里斯等人比较有代表性的商业模式理论框架研究外，其他一些国外管理学者对商业模式概念、特征、管理学意义等进行论述，也有深入到传媒领域内部进行具体商业

---

① Michael Morris , Minet Schindehutte, Jeffrey Allen, "The Entrepreneur's Business Model: Toward a Unified Perspective", *Journal of Business Research*, Volume 58, Issue 6, June 2005, pp. 726 – 735.

② ［美］约瑟夫·熊彼特：《经济发展理论》，何畏等译，商务印书馆 1990 年版，第 73 页。

③ 罗珉、曾涛、周思伟：《企业商业模式创新：基于租金理论的解释》，《中国工业经济》2005 年第 7 期。

④ ［美］曼纽尔·卡斯特：《网络社会的崛起》，夏祝九等译，社会科学文献出版社 2001 年版，第 83—85 页。

⑤ ［美］曼纽尔·卡斯特：《网络星河：对互联网、商业和社会的反思》，郑波等译，社会科学文献出版社 2007 年版，第 84—86 页。

模式研究。不过，这些研究在体系的完整性和影响力上稍有逊色。

贝登（Baden – Fuller）认为商业模式是公司的逻辑（logic），是为股东创造和捕获利润的方法。[①] 拉帕（M. A. Rappa）认为公司要明确自身在价值链的位置，才能知道如何挣钱，商业模式从最基本的层面来讲，就是做生意的方法，就是产生收入。[②]

由于商业模式常常具有间接性、创想性，如施乐复印机案例，百度竞价排名的盈利方式，都不能轻易被普通用户所察觉，因而"商业逻辑""挣钱逻辑"这样有些玄妙色彩的用语，也常常与"商业模式"挂钩。对此，国内一些商业书籍，直接用"商道"与"商业模式"对应。[③]

玛格丽特在2002年《哈佛商业评论》发表文章，认为滥用"商业模式"会助长浮夸、缺乏计划与执行力的管理作风，商业模式仍需独特竞争力、竞争战略、运营管理，商业模式必须接受两个"关键检验"：商业故事是否有意义；营业数据的考验。[④]

传媒经济学领域的著名学者罗伯特·皮卡特认为，商业模式及其基础，涉及商业构想、潜在基础、交易行为和资金流，要重视对其他商业参与者（合作伙伴）的利益描述。[⑤] 坎德用数学实证的方法分析媒体商业模式未来可能的变迁，认为媒体间替代性竞争加剧，未来直接收费将变得更加重要。[⑥] 这一结论与中国网络媒体经营发生巧合，无论是新浪

---

① 转引自 Raman Casadesus – Masanell, Joan E. Recart, "Competitiveness: Business Model Reconfiguration for Innovation and Internalization", *Management Research: the Journal of the Iberoaamerican Academy of Management*, Vol. 8, No. 2, 2010, pp. 123 – 149.

② 转引自 Jonas Hedman, and Thomas Kalling, "The Business Model Concept: Theoretical Underpinnings and Empirical Illustrations", *European Journal of Information Systems*, （2003）12, pp. 49 – 59.

③ 见李振勇《商道：成功商业模式设计指南》，中国水利水电出版社 2009 年版。

④ John Magretta, "Why Business Model Matter", *Harvard Business Review*, Vol. 80, No. 5, May 2002, pp. 86 – 92.

⑤ ［美］罗伯特·皮卡特：《传媒管理学导论》，韩骏伟等译，人民邮电出版社 2006 年版，第 23 页。

⑥ Kind, Nilssen and Sorgard, "Business Models for Media Firms: Does Competition Matter for How They Raise Revenue?" *Marketing Science*, Vol. 28, No. 6, 2009, pp. 1112 – 1128.

还是人民网，摆脱对广告的过度依赖，培育增值服务—直接收费非常重要。

西蒙认为，媒介融合分作两步，第一步新老媒体学会共存，第二步彻底融合，新的商业模式将在产业、广告主、用户三种力量的推动下产生。[①] IBM 全球资讯机构的索尔·伯曼总结了几种新媒体具体的商业模式：传统模式、社区模式、内容超级辛迪加模式、新平台聚合模式，并对未来商业模式提出建议：①传递体验；②利用虚拟世界；③创新商业模式；④加强对互动、可测量式广告和平台服务；⑤重新精确界定伙伴关系；⑥将投资从传统商业模式向新型商业模式转移；⑦创造灵活的商业设计。[②]

4. 国内管理学者对商业模式的研究

国内学者对商业模式的研究是在对国外研究的引进、消化理解中展开的，学者们结合中国实际和自身研究领域，逐步走向自我理论建构。

以产业经济学分析为基础，强调商业模式的管理体系特征。罗珉教授认为，商业模式是组织在明确外部条件与自身资源能力的前提下，用于整合组织自身、顾客、伙伴、员工及利益相关者，以取得超额利润的一种制度安排。[③]

强调价值、产业链整合、独特组合、伙伴、用户。商业模式以价值创新为灵魂，帮助企业价值创造、价值营销、价值提供，最终实现企业价值最大化。[④] 商业模式是以企业在网络状价值链中的定位为基础，以此设计出价值创造与价值实现的内在逻辑。[⑤] 商业模式是对核心价值创

① Simon McPhillips, Omar Merlo, "Media convergence and the evolving media business model: an overview and strategic opportunities", *The Marketing Review*, 2008, Vol. 8, No. 3, pp. 237 – 253.

② Saul J. Berman, "New Business Model for New Media World", *Strategy and leadership*, No. 4, Vol. 35, 2007, pp. 23 – 30.

③ 罗珉、曾涛、周思伟：《企业商业模式创新：基于租金理论的解释》，《中国工业经济》2005 年第 7 期。

④ 钱志新：《创新商业模式探析》，《现代管理科学》2008 年第 8 期。

⑤ 周辉、刘红缨：《商业模式本质与构建路径探讨》，《现代财经》2007 年第 11 期。

新，对其他价值重新排列组合。[①] 商业模式往往是商品和服务的独特性组合，向用户提供更好的价值。[②] 商业模式就是以顾客为中心，包括为谁、做什么、如何做、如何盈利四个环节。[③] 商业模式就是价值创造的逻辑，包括为用户、为伙伴、为企业自身创造价值的逻辑。[④] 当然，对于"盈利"的强调是几乎所有商业模式研究的最终归宿，也可以理解为整个经营管理理论不言自明的重点。

商业模式理论的建构和创新。原磊建立了以顾客价值、伙伴价值、企业价值为联系界面的商业模式理论框架。[⑤] 周辉建立了以价值定位、动态调整为重点的商业模式理论框架。[⑥] 李曼建立了以目标吻合度、运营效率、客户价值、财务数据为四个一级指标的商业模式评价指标体系，使商业模式增加量化、可测量的维度。[⑦]

商业模式创新是一种新组合、是一种战略、是找到能够创造独特用户价值的新商业模式。关于商业模式的创新，学者们常常依托于自己对商业模式的理解，或强调某些重点要素，或提出商业模式创新意见，或自己建构商业模式框架并据此提出创新路径。

莫里斯的组合式、弹性商业模式框架，通过要素的重新选择、组合即可实现创新。原磊认为商业模式创新路径有三：①基于价值模块；②基于界面规则；③基于二者混合。[⑧] 高闯从价值链整合的角度，指出商业模式创新有价值链延展型、价值链分拆型、价值链创新型等5种方

---

① 高闯、关鑫：《企业商业模式创新的实现方式与演进机理——一种基于价值链创新的理论解释》，《中国工业经济》2006 年第 11 期。

② 王波、彭亚丽：《再造商业模式》，《IT 经理世界》2002 年第 7 期。

③ 田志龙、盘远华、高海涛：《商业模式创新途径探讨》，《经济与管理》2006 年第 1 期。

④ 原磊：《国外商业模式理论研究评介》，《外国经济与管理》2007 年第 10 期。

⑤ 原磊：《商业模式体系重构》，《中国工业经济》2007 年第 6 期。

⑥ 周辉、刘红缨：《商业模式本质与构建路径探讨》，《现代财经》2007 年第 11 期。

⑦ 李曼：《略论商业模式创新及其评价指标体系之构建》，《现代财经》2007 年第 2 期。

⑧ 原磊：《商业模式体系重构》，《中国工业经济》2007 年第 6 期。

法。① 田志龙则认为商业模式创新的途径有：①重新定义顾客；②提供特别产品和服务；③改变提供路径；④改变收入模式；⑤改变顾客支持体系；⑥发展独特价值网络。②

（二）新闻传播学界对商业模式的研究

新闻传播学界专注于新媒体产业经营实践，并没有像管理学那样更注重理论色彩浓厚的"商业模式理论框架"建构。但网络对于整个社会商业逻辑的改变，还是可以被我们每个人明显感知，其中一些新的、重要的经营关注点，如产业融合（媒介融合）、产业合作、伙伴、组合、关联、关系等（这些也是管理学界商业模式研究经常提及的关注点），经常在新媒体经营管理类论文中反复出现。

关于商业模式，众说纷纭，但无论哪种理解，都离不开价值、盈利、关系、战略等关键词，③ 这种观感真实地反映了商业模式的重要内涵和研究现状，也在一定程度上代表了新闻传播学界对"商业模式"的基本看法——抓住关键，关注实践。

实际上，新闻传播学的一些研究成果，对于理解网络经济、理解"商业模式"有重大的启发，比如我们现已熟知的"二次销售"，反映了"商业模式"间接性和创想性的重要特征，也是网络媒体最基础的商业模式之一，这一点从新浪广告占总营收的比重就可以看出。此外，网络传播维系并拓展了人们的社会关系网络，进而黏住用户，是当前网络经营的新主流，这种"用户与用户的关系"所创造的经营价值，是一般管理学界对商业模式"关系"研究所忽略的。总体上，新闻传播学的独特贡献源于更加贴近信息传播产业的微观层面。

在用词上，新闻传播界倾向于用"经营模式"，根源于新闻传媒具有强烈的意识形态属性和宣传部、新闻出版署文件中的表述。但"经营"和"商业"实质所指的都是管理中面向市场的层面，2012 年 4 月

---

① 高闯、关鑫：《企业商业模式创新的实现方式与演进机理———一种基于价值链创新的理论解释》，《中国工业经济》2006 年第 11 期。

② 田志龙、盘远华、高海涛：《商业模式创新途径探讨》，《经济与管理》2006 年第 1 期。

③ 黄河：《手机媒体商业模式研究》，中国传媒大学出版社 2011 年版，第 28—33 页。

上市的人民网招股说明书中也明确使用"商业模式"一词，并与商业门户网站并置对其作出论述。

因此我们说新闻传播界对"商业"有独特的理解，但为了名词统一、学科间对话便利，本文统一使用"商业模式"（business model）一词。

1. 二次销售

20 世纪 60 年代，麦克卢汉在《理解媒介——论人体的延伸》中提出读报是"有报酬的雇佣劳动"或"有偿学习"，[①] 已经明确了媒体二次销售的基础经营模式雏形。1997 年 12 月美国网络经济学者高尔德哈伯提出"注意力经济"的概念，[②] 2002 年南方报业实践[③]和 2003 年喻国明教授提出"影响力经济"的概念。至此，二次销售作为媒体的基础经营模式被国内学术界广泛认识，概括如下。[④]

传媒影响力由"吸引注意（媒介及媒介内容的接触）+引起和目的的变化（认知、情感、意志行为等的受动性改变）"两部分组成，其本质在于"为受众的社会认知、社会判断、社会决策和社会行为所打上的渠道烙印"。[⑤] 2005 年中央电视台播出"相信品牌的力量"宣传片，这表明一些主流媒体开始意识到影响力的第二个组成部分（"引起和目的的变化"）的重要性，开始强化传媒品牌的影响力，并在广告招标中享受"品牌溢价"所带来的回报。

二次销售明确了媒体广告商业模式的微观机制：信息传播不但能吸引注意力，而且对人们的社会认知、社会行为产生心理影响，这也为媒介品牌营销提供了有力的理论证据。

---

① ［加］马歇尔·麦克卢汉：《理解媒介——论人的延伸》，何道宽译，商务印书馆 2000 年版，第 259 页。

② Michael H. Goldhaber：Attention Shoppers（http：//www. wired. com/wired/archive/ 5. 12/es_ attention_ pr. html，2010 – 10 – 5 浏览）。

③ 2002 年《南方日报》改版，明确提出"高度决定影响力"。高兵：《高度决定影响力——评析〈南方日报〉改版》，《新闻实践》2002 年第 10 期。

④ 佘贤君：《媒体经营模式的发展方向》，《电视研究》2008 年第 2 期。

⑤ 喻国明：《关于传媒影响力的诠释——对传媒产业本质的一种探讨》，《国际新闻界》 2003 年第 2 期。

其实，二次销售是媒体最基础的一种商业模式。它始自西方 19 世纪廉价报纸时期，那时发生了由"读者支撑型"到"二次售卖型"的商业模式的转型，而网络时代，媒体商业模式面临着向"用户支撑型"的转变。①

2. 媒介融合、产业合作、组合、关联、关系

之所以谈及"商业模式"或"商业模式创新"，其实源于网络时代，媒体产业结构、产业组织方式、产品形态、盈利模式等一系列深层次的改变。在研究"商业模式"或"经营模式"时，"媒介（产业）融合、产业合作、组合、关联、关系"等成为新闻传播学术界的关键词。

媒介融合有传媒业跨界重组和新旧技术融合两种表现形式，引发媒介生产方式的重大改变，② 具体而言，新闻信息源与传播主体、组织结构与工作流程发生改变，媒体单一的大众传播性质发生根本改变，大众传播与人际传播紧密结合。③

吴信训教授以数字电视为例，提出"库传播模式"，对库中的传播产品内容进行"重新编排与组合"，对内容、播出时间、播出终端等要素进行相应调整，最终实现"广告收入 + 收视费 + 其他服务收费"的新的盈利模式。④ 这是对数字网络电视媒体商业模式的一种概括。程士安教授以分时传媒为例，认为整合广告媒体，"统一在一个比较全面的、可供比较的、随意组合的、分时、分地发布的选购平台上，使我国户外广告媒体的购买和投放提升到一个较为理性与科学的管理阶段"，这是一种顺应数字时代精准营销趋势的经营模式的创新。⑤

---

① 丁汉青：《报业商业模式之变——从纽约时报董事长表示将停印报纸谈起》，《青年记者》2010 年第 10 期。

② 孟建、赵元珂：《粘聚并造就新型媒介化社会》，《国际新闻界》2006 年第 7 期。

③ 蔡雯：《媒介融合前景下的新闻传播变革——试论"融合新闻"及挑战》，《国际新闻界》2006 年第 5 期。

④ 吴信训：《"数字电视新闻博览台"——传播新模式开发研究》，《新闻记者》2008 年第 3 期。

⑤ 程士安：《开创户外广告媒体精准营销时代——分时传媒对传统经营模式的重大突破》，《广告大观 – 综合版》2007 年第 1 期。

严三九教授分析手机电视伙伴关系（与电信运营商的关系），提出了超市模式、独立运营模式、混合模式三种手机电视的经营模式。① 喻国明教授认为，媒介经营正在发生趋势性转变，媒介生产方式要"从自足全能到开放多元"，随着受众媒介素养的提高，应充分重视用户参与媒介生产，因为"参与生产的人就是最关心生产的人，他们最理解自己的需求"②。

"关系和关联"能创造重要的社会和市场价值，这是传媒业长期忽视的方面。③ "关系为王"是社会化媒体时代的重要经营思路变革。④

3. 商业门户、新闻单位网站的商业模式研究

商业模式层次有别、观点不一，有学者根据自己的理解和关注重点，对商业门户、新闻单位网站进行了商业模式研究。

早在 2002 年余伟萍以波特的价值链理论为重点从价值链的角度对商业门户网站的商业模式进行了分析，⑤ 但时值商业模式及网络状价值链理论尚处孕育时期，该研究并没有切入"网络"商业模式的关键要素。李西远认为商业模式理论所包含要素太多，需做系统研究，针对商业门户网站的核心界面，其具体商业模式上应在知识管理、伙伴关系、外包等方面作出努力。⑥ 钟瑛教授认为，个性定位是商业门户的核心竞争力，技术创新是其新增长点，盈利模式探索是其发展主导。⑦ 陈丽洁等从盈利模式、营销模式、生产模式三个层面对商业门户网站进行研究，认为新浪、搜狐与传统媒体重视新闻、广告的模式类似，网易重游

---

① 严三九、王虎：《中国手机电视运营模式分析》，《新闻记者》2007 年第 6 期。
② 喻国明：《媒介经营逻辑的趋势性转变》，《新闻与写作》2011 年第 3 期。
③ 喻国明、张佰明：《试论媒介一体化经营平台的构建》，《新闻传播》2011 年第 3 期。
④ 彭兰：《社会化媒体与媒介融合：双重旋律下的关键变革》，《传媒》2012 年第 2 期。
⑤ 余伟萍、周锐、罗梁军：《中国门户网站商业模式剖析》，《商业研究》2003 年第 23 期。
⑥ 李西远：《互联网门户网站的商业模式初探》，《经济师》2004 年第 7 期。
⑦ 钟瑛、张胜利：《我国商业门户网站差异化竞争及其发展》，《现代传播》2008 年第 3 期。

戏，腾讯则是一站式服务代表。①

商业门户网站与新闻网站构成比较直接的竞争和比较借鉴的关系，二者的关联研究具有必然性。

范以锦教授认为，简单地将纸媒营销模式向网络延伸难以产生效益，借鉴商业门户经验，应强化"用户"观念、"抓住用户的心"。②袁舟教授对二者的早期竞争关系进行深刻分析，认为新闻网站的"阻挡"不利，而商业门户合作与自我研发并重实现"快跑"，新闻网站应重视"网络外部性"积极商业模式探索。③传统媒体网站是否要从"广告中心"向"用户中心"转型，实施内容收费？刘学义在对英美报纸商业模式转型研究的基础上，认为利基媒体、专业媒体、垄断媒体收费几率较高，但广告与用户并重，免费与收费并存是传统媒体网站主流商业模式。④

张金海教授《网络媒体商业模式的构建》以商业门户网站、淘宝、百度作为研究对象，对其财务报表进行分析，提出单纯信息流难以支持未来可持续发展，网络媒体应构建起信息流、物流、资金流合一的交互式平台商业模式。⑤于正凯认为优化盈利组合促进网络媒体商业模式优化与创新，其背后深层逻辑是利用网络中"节点距离为0"的特性，创造性构建人、财、物、信息之间的有价值的组合关系。⑥

三 个人思考与探讨

归根结底，从产生年代、主要内容与特色来讲，商业模式源于

① 陈丽洁、肖慧莲、陈文富：《四大门户网站商业模式的规范分析》，《湛江师范学院学报》2010年第2期。

② 范以锦、盛佳婉：《报纸网站转型：强化"用户"观念》，《中国记者》2011年第2期。

③ 袁舟：《新闻网站商业模式再探讨》，《新闻界》2004年第5期。

④ 刘学义：《"广告中心"还是"用户中心"？——美英报纸网站商业模式转型分析》，《新闻与传播研究》2010年第3期。

⑤ 张金海、林翔：《网络媒体商业模式的构建》，《现代传播》2012年第8期。

⑥ 于正凯：《从业务组合关系看网络媒体经营模式——以商业门户网站2006—2010年财务分析为视角》，《新闻爱好者》2012年第12期。

"网络"、焦点于"网络",从一定意义上讲,商业模式理论试图概括网络时代经营管理的主要方面,或者说在网络时代开辟经营管理的某种新视角。

（一）商业模式的动因

新视角抑或新范式并非来自人们的理论洞见和感知力的提升,而更主要源于社会底层系统的变化,[①] 而这个底层系统变化就是"网络",这种特殊"媒介"对社会政治、经济、文化产生深刻影响,网络传播与网络经济互动,造就了"网络媒体"特殊的商业逻辑。

"网络"就是一组相互连接的"节点",节点之间的政治、经济、文化的距离为零,"网络间关系的架构形成了我们社会中的支配性过程与功能"。[②] 当前网络发展现实表明,账号登录、电子货币、物联网、数字超链接等,已经将"人、财、物、信息"这些经济管理的基础资源高度地"节点化",节点之间距离为零,"人、财、物、信息"之间关系（抑或"组合"）的构建变得异常便捷与丰富,整个经济方式发生了重大改变,"关系"成为新的、需要重点关注的经营要素。合作成为产业组织的新主题,复杂的产业合作、产品组合基础上形成了大量间接的、复杂的、充满创意的新的盈利模式,以"新组合"为本质的"创新"成为时代的主题。这就是"商业模式"作为一种新理论视角的现实动因。

（二）商业模式定义、层次、特征

1. 定义

商业模式实质上是一种力求用简洁的方式,描述复杂的经营过程的方法。它围绕价值创造,归宿于盈利（价值实现）,因此,商业模式是价值创造与实现方式的简洁描述。

2. 层次

通过以上的文献梳理,我们发现,商业模式被学界与实务界广泛使

---

① Roland T. Rust, "If Everything is Service, Why is This Happening now, and What Difference Does It Make?" *Journal of Marketing*, Vol. 68, January, 2004, p. 19.

② ［美］曼纽尔·卡斯特:《网络星河:对互联网、商业和社会的反思》,郑波等译,社会科学文献出版社 2007 年版,第 570 页。

用，有的虽然力求简洁但仍是一个相对"庞大"的理论框架体系，有的是偏重实务、盈利的"一句话陈述"，但背后却有产业合作、产品定位与组合、组织执行等一整套具有"新经济特质"的完整的经营体系支撑。因此，商业模式的具体分层如下。

（1）商业模式理论框架

商业模式理论框架，就是以扎实的理论基础和现实依据，抓住（新经济）商业模式的若干重要因素，如价值、战略、关系、产业链合作等，建立的较具一般意义的经营理论体系。力求简洁、但仍相对庞大，关注点不同、仁者见仁，是目前商业模式理论框架研究的特点。以上，乔纳斯、莫里斯、周辉、原磊等人的研究就属于这一层面，这些商业模式理论框架，关注了商业模式的不同重要方面，也有不同的理论建构特色。

（2）市场主流的、概括性的一般商业模式

目前网络市场主流的、概括性的一般商业模式就是"免费 + 广告 + 增值服务"，这种一般商业模式在人民网招股说明书中有简要说明，体现在新浪等商业门户财务报告的"利润表"中，也最直观地被我们普通用户所感受。这种商业模式来自于真实的市场博弈，具有"效率"和"公益"层面的合理性，这对于有原创内容优势，而无版权"现实优势"和内容集成优势的新闻网站来说是重大的挑战。对于众多网络经营主体来说，这种一般性商业模式是市场既定的，具体的商业模式困境，实际上是如何从"免费"到"增值"的难题。[①]

（3）着眼于业务类型的各种商业模式：盈利模式

业界所经常谈及的是各种"一句话表述"的商业模式，它常常是基于具体的业务类型和盈利方式而言，如 2011 年 4 月新浪总裁曹国伟首谈新浪微博未来可能的六种商业模式：精准互动广告、社交游戏、电

[①] 钟瑛、黄朝钦：《3Q 大战与网络商业模式危机及制度缺失》，《今传媒》2011 年第 2 期。

子商务、实时搜索、无线增值、数字内容收费。① 在不少情况下，它常用"盈利模式"来表述。它们实际上是基于具体的产品特性，其背后仍遵循着免费提供基础服务，积累庞大用户群体，培育牢固用户习惯，收费提供增值服务的一般商业模式逻辑。

3. 特征

在前面的文献梳理中，我们已经发现商业模式具有构想性、创意性、弹性等诸多特征，但基于本文的研究侧重和个人理解，笔者认为"间接性"和"复杂性"是商业模式的显著特征。

从商业模式的起源来说，乔纳斯基于信息技术系统领域提及了一个重要的概念"IT 悖论"，即信息技术底层研究无法保证明确的商业回报。② 类似情形同样发生在信息传播领域，（文化传播学者詹姆斯·凯瑞认为）传播与经济是两个相互矛盾的框架，③ 人们认为真理之泉会自然流淌，而不愿付钱，新闻可以挣钱，但必须是"隐形的"。④ 二次销售，在一定程度上解决了这种"悖论"，当报纸上的广告不再"牵扯道德判断"，⑤《太阳报》这些美国早期的廉价报纸才逐步建立了"二次销售"的商业模式。

但网络媒体时代，"广告"也变得不容易，"二次销售"所开启的"间接性"在更广泛的层面延伸，与"间接性"相关的是产业合作、产品组合及软件技术深度介入而形成的"复杂性"。对于普通用户，人们无法轻易察觉网站如何赢利，对于网络经营者，常常要艰难地思考、理解、实践如何通过"复杂"运作搭建一个可能获得利润的方式。

---

① 新浪网：《新浪可能存在六大商业模式》（新浪网 – 新浪科技，http：//tech. sina. com. cn/i/2011 – 04 – 28/17035462848. shtml，2012 – 9 – 12 浏览）。

② Jonas Hedman, and Thomas Kalling, "The Business Model Concept: Theoretical Underpinnings and Empirical Illustrations", *European Journal of Information Systems*, (2003) 12, pp. 49 – 59.

③ ［美］林文刚：《媒介环境学：思想沿革与多维视野》，北京大学出版社 2007 年版，第 206 页。

④ ［美］沃尔特·李普曼：《公众舆论》，阎克文等译，上海人民出版社 2002 年版，第 257 页。

⑤ ［美］迈克尔·舒德森：《发掘新闻：美国报业的社会史》，陈昌凤等译，北京大学出版社 2009 年版，第 14 页。

　　总体而言，商业模式克服了传统经济"一买一卖"的直接性，而具有"间接性"；克服了传统经济以"单打独斗"为主的"简单性"，而具有产业广泛合作、业务弹性关联、技术深度介入所形成的"复杂性"。

第二节　本研究有关概念的分析与界定

一　网络媒体

　　高钢、彭兰教授在《三极力量作用下的网络新闻传播——中国网络媒体结构特征研究》对中国网络媒体的独特结构作出了分析，认为网络媒体是具有一定资质、利用网络从事新闻传播的机构。[①] 根据 2005 年国务院新闻办公室、信息产业部发布的 37 号文件《互联网新闻信息服务管理规定》，新浪、网易等商业网站是具有新闻传播资质的"非新闻单位网站"，人民网、东方网则是"新闻单位网站"，二者共同具有新闻传播资质。

　　中央、地方重点新闻单位网站（如人民网、东方网等）和商业门户网站（如新浪、网易等）的媒体经营层面，是本书的主要研究对象。

　　本书对网络媒体的定义是"具有一定资质、利用网络从事新闻传播的机构或公司"。

　　本书重点研究技术、政策、市场推动力下的网络媒体经营变迁和经营规律。

　　关于"网络媒体"这一概念，本书作以下说明。

　　（一）"网络媒体"与"媒体属性"

　　"媒体"通常被认为是以新闻及内容传播为主。但网络超强的渠道能力（如容量、速度、互动性、综合服务能力等），使得本文所研究的各个网站已经远远超过新闻及内容传播的范围，如网易游戏是占其主营

---

　　① 高钢、彭兰：《三极力量作用下的网络新闻传播——中国网络媒体结构特征研究》，《国际新闻界》2007 年第 6 期。

业务的 80%—90%，人民网（2011 年）的移动增值业务、信息和技术服务占主营业务的 30% 以上，东方网也表示要将电子商务业务做到 30% 左右的营收占比。应该说，这些网站并非纯粹的"网络媒体"，而是具有强烈"媒体属性"或"媒体功能"的网站。再如，新浪微博实际上是一个社交＋媒体的平台，曹国伟说，新浪微博上的时政新闻比例不超过 10%，[①] 因此说新浪微博是具有比较强烈媒体属性的平台更加合适。

（二）新闻学术界对"网络媒体"一词的使用

1998 年联合国新闻委员会提出网络是"第四媒体"，之后，伴随国内新闻网站和商业门户网站影响力的成长，"网络媒体"被学术界频繁使用，如李良荣教授的《新闻学概论》[②] 中频繁使用"网络媒体"概念；彭兰教授的博士论文《中国网络媒体的第一个十年》，[③] 其研究对象包括新闻单位网站和商业门户网站；此外还有专著如匡文波的《网络媒体的经营管理》、[④] 巢乃鹏的《网络媒体经营与管理》[⑤] 等，文中都对商业门户网站和新闻单位网站进行了研究。

（三）用户的使用习惯

网络是一个正在发生迅速变化的产业，"创新""融合""功能覆盖"等是其突出的特点，简单地讲，新闻呈现不再专属某一边界分明的渠道，而是复杂融合。比如新浪微博平台汇集了诸如人民日报、新华视点等时政媒体账号，上海发布、中国铁路等政府部门或大型企事业账号，它们的新闻播报服务正在迎合着用户定制化需求。从用户的使用习惯来说，人民网、新华网、东方网等国家重点新闻网站，以及新浪等商业门户网站确实是"获得新闻"的最重要渠道。

---

① 新浪网：《曹国伟丁磊等 IT 领袖尖峰对话实录（2011 年中国互联网大会）》（新浪网－新浪科技，http://tech.sina.com.cn/i/2011－08－23/15035968111.shtml，2012－1－13 浏览）。
② 李良荣：《新闻学概论（第四版）》，复旦大学出版社 2011 年版。
③ 彭兰：《中国网络媒体的第一个十年》，清华大学出版社 2005 年版。
④ 匡文波：《网络媒体的经营管理》，中国传媒大学出版社 2009 年版。
⑤ 巢乃鹏：《网络媒体经营与管理》，福建人民出版社 2007 年版。

也许，概念之争、名词之争，并非最重要，而用户的现实使用才更加重要，从这个层面来讲，以上的网站都可以认为是"媒体"。

（四）商业门户网站和新闻单位网站能否并行研究

新浪、百度、腾讯、淘宝等商业网站已经支撑起我们网络生活的主体，流量和市值数据也有力地证明了这一点，应该说过去的十几年，商业网站引领了中国互联网经济，并成就了中国网络在世界上的独特地位。

就网络媒体而言（或就具有较强"媒体属性"的网站而言），新浪等商业门户网站也处于领先地位，这一点在人民网的招股说明书中作出了说明，并将商业门户网站作为竞争对手，进行了"同行业可比公司竞争分析"。[①] 笔者认为，人民网这种做法是一种实事求是、勇于竞争的做法，也是一种对股民负责的做法。因为，虽然在新闻单位网站体系内，根据 ChinaRank 统计人民网在独立访问量和人均页面浏览上基本稳定在前三,[②] 但由于用户"一站式"使用习惯，体系内排名的显著意义并不是很大——网络本身就具有强烈的跨媒体、跨区域、跨系统特性。

从经营上，商业门户网站一开始就走市场道路，在集聚式新闻（门户）、博客、微博，这些具有强烈"媒体属性"的产品上走在了前面，2011 年人民网、新华网、东方网也都开设了微博。而且，网络经营是涉及海量信息匹配、大量用户数据库，软件技术扮演重要角色的新型营销——这是所有网站都不能回避的现实，而商业门户网站在这方面也处于领先地位，值得新闻单位网站借鉴。

人民网副总裁官建文对此有着深刻的理解："如何在数据与数据、数据与人、数据与业务的关联性中发现价值，这些都是前沿性的课题。传媒业，至少绝大多数传媒企业在这方面不具有优势。"[③]

在面向用户、面向市场这个关键问题上，商业门户网站与新闻单位

---

① 人民网：《人民网股份有限公司首发招股说明书（申报稿）》（中国证券监督管理委员会网站，http：//www.csrc.gov.cn/pub/zjhpublic/G00306202/201201/t20120109_204598.htm? keywords = 人民网，2012 - 5 - 5 浏览）。

② 同上。

③ 官建文：《中国媒体业态的困境及格局变化》，《新闻战线》2012 年第 2 期。

网站在经营上确实有共通之处。提升人气和流量，为经营留出空间，不但是新闻单位网站培育自我造血功能、良性发展的问题，也是提高媒体影响力、宣传能力的重要问题。这也许是我国传媒业转企改制，积极推进新闻单位网站上市的深层动因。

如何利用"关系"，如利用伙伴关系、强化网站与用户关系、加强用户之间的互动关系；如何提升为用户创造价值；商业门户网站与新闻单位网站也有共通之处。前《南方日报》社长、南方报业集团董事长范以锦教授明确表示，网络媒体经营绝非简单地将纸媒经营模式向网络延伸，必须借鉴商业门户网站的经验，抓住用户的心。[①]

因此，本书将商业门户网站的媒体经营层面和新闻单位网站经营，都作为研究对象。

当然，二者区别也非常明显，产权结构不同、经营目标和经营方法有异。从新闻单位网站来看，与商业网站最大的差别在于：它们拥有原创新闻内容、良好的政府及国有企业关系资源，同时有明确的党宣任务。如何利用既有资源，发展新资源，如何将宣传与经营稳妥平衡，这是新闻单位网站长期稳健发展的关键。从目前来看，"转企改制"的大势已定，人民网已成功上市，新华网、东方网也已"箭在弦上"，向经营上已经领先一步的商业门户网站学习、借鉴是必要的。

如果一味地在体系内寻找经营方法是违背网络经营规律的，因为，"媒体具有意识形态属性，其发展难免受政策、政治影响，拥有政治优势、得到政策呵护的媒体具有天然优势，但最有可能成为媒体产业龙头的，仍会是那些进入市场早、适应市场能力强、场化程度高、善于按市场规律办事的媒体"[②]。

在21世纪的前十年中，新闻单位网站、商业网站、网民所构成的中国网络媒体独特格局中，新闻单位网站常常主要扮演"信息基础生

[①] 范以锦、盛佳婉：《报纸网站转型：强化"用户"观念》，《中国记者》2011年第2期。

[②] 官建文：《中国媒体业态的困境及格局变化》，《新闻战线》2012年第2期。

产力"的角色，① 而今天，三种力量能量互换、相互渗透仍在继续，但新闻网站已经开始明确走向市场的前台，在完善自我造血功能之后，新闻单位网站将在中国网络经济与社会中扮演更加重要的角色。

二　商业模式

麦奎尔借用社会学的观点，认为模式具有构造、解释、预测的功能。② 祝建华认为"模式，是对现实事件的内在机制以及事件之间关系的直接和简洁的描述"。③ 管理学者切撒布鲁夫认为"成功的商业模式创造了一种启发式逻辑，它能够将科技潜能和经济价值的实现结合起来"。④

笔者认为，商业模式是对网络媒体价值创造与实现方式的简洁描述。

在学术界、实务界的众多讨论中，商业模式具有不同的层面、不同的关注要素，对此文中将做深入研究。但总体上无论繁简，围绕价值创造与实现，力求简洁，是商业模式的基本特质。

商业模式，作为一个学术概念，是一个包含诸多要素的理论模型，用于分析、提示企业的经营行为。本研究旨在从中国网络媒体自 2000 年以来的经营现实出发，走规范与实证相结合的路线，抓住网络媒体经营中的关键要素，探索性建构网络媒体商业模式体系。

三　价值

价值作为一种普遍概念，在哲学、政治经济学、新闻传播学、管理

---

① 高钢、彭兰：《三极力量作用下的网络新闻传播——中国网络媒体结构特征研究》，《国际新闻界》2007 第 6 期。

② ［英］丹尼斯·麦奎尔、［瑞典］斯文·温德尔：《大众传播模式论》，祝建华译，上海译文出版社 1987 年版，第 3 页。

③ 祝建华：《译者的话》，载［英］丹尼斯·麦奎尔、［瑞典］斯文·温德尔《大众传播模式论》，上海译文出版社 1987 年版，第 3 页。

④ Henry Chesbrough, and Richard S. Rosenbloom, "The Role of Business Model in Capturing Value From Innovation: Evidence from Xerox Corporation's Technology Spin – off Companies", *Industrial and Corporate Change*, Volume 11, No. 3, 2002, pp. 529 – 555.

学被广泛使用，各学科研究目标不同，对价值概念的抽象层面亦不相同。

在马克思主义哲学层面，价值是主体—客体的关系概念，"是客体与主体需要之间的一种特定（肯定与否定）的关系"。① 亦即，任何价值都是客体对主体的价值，主客体相互作用是价值产生的基础，这是价值本体论或存在论层面的含义。② 哲学层面的价值概念向我们提示，脱离一定的主体或客体，价值是无法作出定义的。需要说明的是，"价值是主体—客体的关系概念"中所指的"关系"是哲学层面，而本书另一关键词"关系"属于媒介管理学层面，并有具体所指。

马克思主义政治经济学主要是从价值创造主体的角度，对价值做了高度抽象的定义，它是凝结在商品中一般的、无差别的人类劳动。其研究主旨在于揭示劳动是价值本源，以及资本家无偿获得剩余价值的秘密。

在新闻传播学领域，对价值的研究主要集中在"新闻价值"问题上，黄旦教授《对新闻价值的再认识》、③ 杨保军教授的《新闻价值论》等对新闻价值的研究是沿马克思主义哲学向下进行的，其主要关注点在于新闻的社会与精神属性，而没有对新闻的产品（商品）属性给予更多阐述。但现实中，新闻产品毕竟是由一定的传播主体生产或主持生产的（如当前的微博新闻是由特定的媒体机构或公司主持的），只要涉及传播主体，就需要从马克思主义政治经济学中汲取营养，如杨保军教授认为，从传播主体的角度看，新闻价值创造就是传播主体将"所有创造性劳动成果凝结在新闻文本中"。④ 新闻价值研究，主要从传播、社会的视角，着眼于事实能否成为新闻而进行的判断，少有涉及新闻产品层面，或者说主要涉及的是新闻的社会与精神属性层面。

管理学对于价值问题研究有如下特点：①具有明确的价值创造主体

---

① 李连科：《价值哲学引论》，商务印书馆 1999 年版，第 70 页。
② 王玉樑：《价值哲学新探》，陕西人民出版社 1993 年版，第 8、26 页。
③ 黄旦：《对新闻价值的再认识》，《科学·经济·社会》1995 年第 2 期。
④ 杨保军：《新闻价值论》，中国人民大学出版社 2003 年版，第 210 页。

（公司）和明确的价值交换对象（顾客）；②强调价值交换与盈利。如菲利普·科特勒认为，营销是"个人或群体通过创造并与他人交换产品或价值，以获得其所需所欲之物的一种社会过程和管理过程"①。

通过以上梳理，关于价值我们有如下基本认识：

从价值创造主体（网络媒体组织）的角度来讲，价值是凝结在网络媒体产品中的创造性劳动，它在货币上体现为网络媒体组织（公司）调动人、财、物、信息所付诸的金钱成本。

价值创造是为了交换，没有惊险的一跃，价值创造也就失去了意义。

从用户主体的角度来看，价值是网络媒体产品为用户所提供的具有种种属性的有用性（如新闻资讯价值、公共平台价值、工作消费生活娱乐平台价值、社交平台价值等）。

现代营销管理学强调"顾客中心"和"营销传播"，因此价值定义的着眼点在于顾客需要，以功能性价值提供和符号性价值传播，最终落实于实实在在的用户价值感知。为此，菲利普·科特勒提出了顾客感知价值（customer perceived value）的概念：价值，即顾客感知价值，是相对于竞争者，顾客对厂商组织通过产品所提供的总利益与总成本之差所作出的评估。② 该概念贯通了价值的双主体（厂商组织与顾客）、强调战略竞争，较好地服务于经营管理学的研究主题。

本研究隶属于媒介管理学领域，为更好地着眼于网络媒体经营管理实际，着眼于网络传播产品，笔者认为，价值是网络媒体组织富有竞争力地提供，并能够被用户感知的利益。具体而言，它包括网络媒体所提供的新闻资讯价值、公共平台价值、社交平台价值、工作消费生活娱乐平台价值等。

值得注意的是，传播产品作为一种精神产品，在价值交换（或实

---

① ［美］加里·阿姆斯特朗、菲利普·科特勒：《市场营销学（第10版）》，赵占波等译，机械工业出版社2011年版，第5页。

② ［美］菲利普·科特勒、加里·阿姆斯特朗等：《市场营销原理（亚洲版·第2版）》，何志毅等译，机械工业出版社2010年版，第9页。

现）环节上，有明显的不同于一般产品的特点，本研究将在论文中给予论述。

四　关系

本研究取"关系"的最一般含义。

在传播学中，传播与关系几乎是同一层级的概念。关系"是指建立在双方相互作用的方式基础上各自对对方行为的一种期望"，它是"人际传播理论的核心之核心"。[①]

在诞生于工业和服务经济的传统营销学中，"关系"主要指企业与用户的关系。后来随着营销实践的发展以及网络时代的到来，关系营销学逐渐成熟起来。此时，"关系"已经扩展到伙伴市场关系、招聘市场关系、影响者市场关系、推荐者市场关系、企业内部关系等。[②] 关系营销学，目前也是学派林立、观点不一。其中，关系营销学中"网络与互动理论"（relationships，networks and interaction）的代表人物戈迈森认为"关系营销就是有关关系（relationship）、网络（network）、互动（interaction）的营销；互动形成关系；网络是关系的集合。"[③]

近年来国内外社会学、管理学界，不断关注社会关系——社会网络——社会资本的问题，认为企业的社会网络（社会关系集合）也是一种可以用作获取稀缺资源的资本。社会资本概念最初由法国社会学家布尔迪厄提出，[④] 他认为社会资本是存在于社会关系网络中实际的或潜在的资源集合体。[⑤] 科尔曼正式将"社会资本"引入社会学领域。他认为组织或个体有物质资本、人力资本、社会资本三种重要资本，"社会

① ［美］斯蒂文·小约翰：《传播理论》，陈德民等译，中国社会科学出版社1999年版，第451页。

② ［英］马丁·克里斯托弗、阿德里安·佩恩，［澳］大卫·巴伦泰恩：《关系营销：为利益相关方创造价值》，逸文译，中国财政经济出版社2005年版，第80页。

③ Evert Gummesson，"Making Relationship Marketing Operational"，*International Journal of Service Industry Management*，Vol. 5 No. 5，1994，pp. 5–20.

④ 赵延东：《"社会资本"理论述评》，《国外社会科学》1998年第3期。

⑤ ［法］布尔迪厄：《文化资本与社会炼金术》，包亚明译，上海人民出版社1997年版，第202页。

资本内在于行动者的关系结构之中"，是一种"行动资源"。①

　　网络社会学者曼纽尔是这样对网络社会进行解释的：网络即一组相互连接的"节点"，节点间的政治、经济、文化的距离为0，"网络间关系的架构形成了我们社会中的支配性过程与功能"②。

　　从一个角度看，网络其实就是关系的集合。结合当前网络应用的发展（如电子商务、微博、物联网），节点已经被更加充分地"激活"，人、财、物、信息之间关系（或组合）有了更加丰富构建的可能。

　　本研究取关系的一般含义，它意味着人与人、人与信息、信息与信息等有意义的关联。

　　人与人的关系，是一切关系的核心和依据，也是本文关注的重点。

　　本书在媒介管理学的视域下认为，人与人的关系是以彼此价值提供、传播（交流）互动而建立起来的对对方行为的一种期待。总体上，这种关系是在市场规则下进行的，更多地属于"理性"层面，这符合现代经济学的逻辑起点与传统。

　　具体而言，这种关系包括网络媒体经营中的伙伴关系、员工关系、用户关系以及用户与用户的关系。

---

①　James S. Coleman, "Social Capital in the Creation of Human Capital", *American Journal of Sociology*, Vol. 94, 1988, pp. 95 – 120.

②　［美］曼纽尔·卡斯特：《网络社会的崛起》，夏祝九等译，社会科学文献出版社2001年版，第570页。

第二章

网络媒体经营环境分析

网络媒体组织的经营行为，必然在一定的外部宏观环境、一定的产业结构中进行，必然依托自身的资源特点。对这三个方面进行分析，既是产业经济学（产业组织①）分析厂商行为的基本路线，也符合最一般的系统思考方法。

通过外部宏观环境分析和产业结构分析，分别揭示网络媒体的产业动力和产业结构的融合特征，这二者构成了网络媒体经营的外在因素。通过对网络媒体的内在资源分析，发现不同网络媒体组织类型的资源特征，这构成了网络媒体经营的内在因素。

第一节　外部宏观环境分析：发现网络
　　　媒体的产业驱动力

PEST 模型（politics 政治、economy 经济、society 社会、technology 科技），是经济学对产业组织进行外部宏观环境分析的常用模型。有学者加入文化因素分析，也有学者如罗伯特·皮卡特加入了市场和生产因

---

① 产业组织（Industrial Organization）或产业组织理论（Theory of Industrial Organization），在英国等国家称之为产业经济学（Industrial Economics），但按照我国目前学界普遍接受的理解，产业组织理论只是产业经济学的一部分。它主要分析厂商在竞争中的策略性行为，并对其绩效进行评价，目的有二："为企业的竞争策略制定提供理论背景，同时为政府制定产业组织政策提供理论依据和实证支持。"见芮明杰《产业经济学》，上海财经大学出版社 2005 年版，第 329 页。

素分析。① 宏观分析忌泛泛而谈，重要的是发现产业驱动力，即"对组织架构与竞争环境的变化具有最大影响力的因素"。②

政治、经济层面　稳定的政治环境、兼顾公平与效率的政策智慧，稳健的经济增长、健全的市场体系，是任何产业发展的宏观驱动力。

横跨产业和意识形态双重领域，中国网络媒体产业发展是在宏观经济改革、传媒改革的大背景下进行的。国有企业改革、传媒改革实践探索，为网络媒体产业发展贡献思路与经验，日趋完善市场经济体系，为网络媒体产业提供开放、竞争的市场环境、融资平台、人员社会保障支撑。因此，回溯中国宏观经济改革、传媒改革，为考察网络媒体产业的政治、经济驱动力提供了一条连贯的、富有逻辑的线索。

纵观自 20 世纪 90 年代末以来的网络媒体发展，政治、经济驱动力主要体现在国家力量（统一调配资源部署国家网络战略）和政策扶持（对新兴幼稚产业的鼓励与导向性规范）两个方面。国家力量与政策扶持为网络媒体注入了启动性产业驱动力。

技术层面　信息技术革命，至少可以与工业革命相媲美，这场革命的中心不是信息（那是"先前技术革命的状况"），而是"处理信息的技术"。③ 网络媒体技术属于整个网络信息技术的媒体应用层面。网络媒体的市场和社会效应受到网络媒体技术的革命性推动。这种"革命性"的外在表现是自 2000 年以来，每隔 3 年左右就有一种颇具"创造性破坏"能量的网络媒体应用出现，它常常在功能上覆盖以往，产生巨大的市场和社会轰动效应。网络媒体技术是网络媒体的革命性产业驱动力。

市场与社会层面　网络经济的基本运行规律，如正反馈原理和梅卡

---

① ［美］罗伯特·皮卡特：《传媒管理学导论》，韩骏伟等译，人民邮电出版社 2006 年版，第 42 页。

② ［美］小阿瑟 A. 汤普森，约翰·E. 甘布尔，A. J. 斯特里克兰三世：《战略管理获取竞争优势》，蓝海林译，机械工业出版社 2006 年版，第 40 页。

③ ［美］曼纽尔·卡斯特：《网络社会的崛起》，夏祝九等译，社会科学文献出版社 2001 年版，第 83 页。

夫法则,① 皆因用户规模而发生作用, 一定的用户规模是所有网络媒体经营活动的基础。而且, 从网络媒体诞生的那一天起, 就朝社会化媒体方向迅猛发展。今天, 用户不再是以往的受众或网民, 而是内容生产、社会舆论、社会行动的真正主体。用户的使用或消费是网络媒体市场成长基础, 用户借助网络媒体彰显其社会舆论和社会行动力量作用于网络媒体的经营行为。因此, 用户是来自市场和社会的网络媒体的根本性产业推动力。

一 传媒改革视野下的经济与政策驱动力

作为意识形态领域, 传媒改革是中国改革开放的高端领域。它统摄于中国由"增量改革"到"整体推进"的渐进式经济体制改革的总体战略之中。传媒改革与国有企业改革有逻辑关联, 但有"更稳健"特征。

中国网络媒体产业生长与发展, 受益于社会主义市场经济体系的建设成果, 受益于中国传媒改革的成就、经验与政策智慧。国家力量和政策扶持为中国网络媒体注入了启动性产业驱动力, 鼓励新闻单位网站引领风气先, 使商业门户网站破土生长, 助力于开放、竞争的市场体系的建立, 为中国网络赢得了发展机遇。

(一) 传统媒体: 更加稳健的改革之路

1. 中国改革经济学对"增量改革—整体推进"的描述

首届"中国经济学杰出贡献奖"(2005) 获得者吴敬琏认为, "增量改革"即通过制度变通使民营经济破土并壮大, 成为中国经济的新增长点;② "整体推进"即在抓住时机, 对拥有重要资源的国有部门进行整体配套改革, 最终实现"计划经济到市场经济的全面转轨"③。前者减轻改革阻力, 后者蓄势而发, 这是我国经济改革所走的一条渐进稳

---

① 正反馈是系统内部信息经转换后, 以增强性信号输送回系统的输入端, 从而使系统产生自强性特征。梅卡夫法则, 是指网络价值以其节点数量的平方速度增长, 即 $V = n^2$。见胡春:《网络经济学》, 清华大学出版社 2010 年版, 第 47—58 页。

② 吴敬琏:《当代中国经济改革教程》, 上海远东出版社 2010 年版, 第 47 页。

③ 同上书, 第 63 页。

妥之路。

2. "增量改革—整体推进"的精神实质：机遇与规范

在经济学界，增量和存量有着较为明确的所指，即民营资本和国有资本。更深入的理解，"增量改革"是一种"体制外改革"，就是先保持国有经济不做重大体制调整，而是着力于非国有经济领域，在那里创建市场导向企业，依托它们实现增长。[①]

体制，就是涉及中央政府与地方政府之间，政府与企业之间的管理关系问题。具体到企业来说，就是涉及以产权为核心的企业制度问题，这是决定企业经营权力、激励机制、市场能动性的根本性问题。

"增量改革"（体制外改革）成为自 1979 年以来中国经济体制改革的启动性战略，主要基于两个原因：现实上，"扩大企业自主权"的"体制内改革"未能取得成功；理论上，不受市场竞争约束和价格信息引导，拥有自主权的企业并不能实现资源有效配置和增加社会整体效益。[②]

"整体推进"（体制内改革），涉及政府与企业关系、企业产权、有效宏观市场体系的建立，还要克服计划体制惯性，这是一个宏大的系统工程。因此，"增量改革"先行，是我国经济体制改革起步阶段的明智选择。

就其精神实质，"增量改革"在于局部探索、试验，搁置难题、先易后难，其核心在于"不错过发展机遇"；"整体推进"是基于探索和试验的经验教训，总结规律，触及企业制度，全面推广，其核心在于"规范"，即尊重市场经济和企业制度建设规律，建立公平、竞争、有序的市场经济体系，培育企业成为面向市场的独立微观主体。

3. 传统媒体改革：在"增量改革—整体推进"的经济体制改革中的进路

与一般经济领域不同，由于强烈的意识形态属性，中国传统媒体改革主要是在体制内进行的。虽然民营资本可以有条件地，以与国有新闻

---

① 吴敬琏：《当代中国经济改革教程》，上海远东出版社 2010 年版，第 54 页。

② 同上书，第 50—51 页。

出版单位、电视台合作的方式参与到中国传媒业改革发展进程之中，但新闻单位体系内的改革仍然是中国传媒改革的绝对主体。

传统媒体改革，伴随中国"增量改革—整体推进"的经济改革进程，为其鼓与呼，同时也不断地从中汲取改革经验，虽然主要在体制内进行改革，但传统媒体秉承了"增量改革"与"整体推进"的精神实质，即解放思想、经营探索、积累经验、全面推广。

从宏观经济改革与传媒改革相联系的视角，传统媒体改革可分作两个阶段。1979—1993 年宏观经济增量改革阶段：各级党委开始复办或创刊党委机关报，增加信息量、扩版，成为主要改革方向；1993 年以后的宏观经济整体推进阶段：传媒业加大步伐，晚报、都市报兴起，报业集团建立。①

更全面地对中国传媒改革（以报刊为主）进行梳理，实践探索与政策导向之间的互动十分明显，一些关键的时点和事件可以记录如下。

进入 21 世纪后，自 1993 年全面开启的金融、财政、外汇、国企、社保五大改革成果，开始惠及传媒。它们为传媒①提供新的内容来源和市场，如改革开放之初创办的《中国经营报》与 21 世纪后创办的《21 世纪经济报道》《经济观察报》《第一财经日报》等组成"新财经报纸"群落，在彼此竞争中迅速做大了财经报纸市场。②搭建融资平台，如广州日报控股的粤传媒登陆三板，解放日报社借壳上市，2010 年前后安徽、江西、湖南等一批出版集团上市。③为传媒人力资源管理改革提供了社会保障体系的支撑。

2008 年 10 月 12 日，国务院办公厅发布《关于文化体制改革中经营性文化事业单位转制为企业和支持文化企业发展两个规定的通知》（简称国办 114 号文件），2009 年 1 月 1 日开始实施，执行期 5 年。"转企改制"正式提出，并制定期限表。至此，经营性传媒开始向市场独立法人进行实质性转变，中国传媒深入"体制内"改革（整体推进）才正式开始。

2009 年 5 月国务院新闻办公室在长沙召开全国重点新闻网站转企

---

① 黄芝晓：《媒体改革与经济体制改革》，《复旦学报》（社会科学版）2005 年第 4 期。

改制试点工作会议，同年 10 月确定 10 家中央及地方重点新闻网站转企改制试点名单，它们是中央级 3 家，人民网、新华网、央视网，地方级 7 家，上海东方网、北京千龙网、天津北方网、山东大众网、湖南华声在线、浙江在线、四川新闻网。以宏观经济改革为动力，推进新闻网站机制创新、建立现代企业制度、实施股份制改造、运用上市融资金融杠杆，最终使新闻网站走上舆论导向正确、富有竞争活力的良性发展道路。新闻单位网站"体制内"改革（整体推进）正式启动。

2012 年 4 月 5 日，人民网 IPO 正式启动，是中国传媒"双转"进程中的标志性事件。上海东方网实力"超强"，在转企改制前总资产已超过 10 亿，并保持持续盈利，东方网董事长兼党委书记何继良表示转企改制后上市目标不是创业板而是直指主板。① 其实，与人民网高调上市不同的是，还有一家地方重点新闻网站——浙江在线更早地登陆 A 股。正是抓住国家支持中央级、地方级重点新闻网站上市的契机，秉持"传媒控制资本，资本壮大传媒"发展理念的浙报传媒（控股浙江在线 70% 左右的股份）借壳"ST 白猫"于 2011 年 9 月 29 日上市。②

总结历史，传媒改革秉承宏观经济改革"增量改革—整体推进"的精神实质，即力求"不错过机遇，规范前行"，总体上与一般国有企业改革相比，有"慢半拍、更稳健"的特征。③ 事实上，由于"整体推进"涉及国有企业制度层面，没有相应的配套条件（如开放、竞争、公平的市场体系）是不行的。

经济学家林毅夫在总结国有企业制度改革时曾感慨：许多政策不是执行走样，就是执行不下去，关键是绕不开"深层次问题"，只有在一个开放、竞争的市场当中，培育企业的自生能力，即具有"市场上投

---

① 人民网：《十大重点新闻网站转企改制》（人民网 - 传媒，http：//media. people. com. cn/GB/22114/198081/index. html，2012 - 5 - 1 浏览）。

② 《时代周报》记者陶喜年：《重兵出击股权投资 浙报传媒资本潮涌》（时代周报网站 - 财经，http：//www. time - weekly. com/story/2012 - 11 - 08/127684. html，2012 - 12 - 28 浏览）。

③ 于正凯：《网络媒体的三种产业驱动力——由人民网上市引发的思考》，《新闻传播》2012 年第 6 期。

资者可以接受的预期利润率的能力"，国有企业制度改革才能获得成功。[1]

具有强烈意识形态属性的传媒产业，在"整体推进"上"慢半拍"，充分吸取国有企业改革经验，等待市场经济体系发育成熟，避免可能严重影响媒体公信力的腐败等不良现象的发生，走更加稳健之路，彰显了政策智慧。

据国家统计局公报[2]显示，1979、1993、2000、2010 这四个时间节点，国内生产总值分别为 6175、31380、89404、397983 亿元，即使考虑较高的通货膨胀估值，涨幅也相当可观。与高速经济增长相伴的是传媒业的快速发展，根据中国社会科学院与清华大学新闻与传播学院联合发布的数据显示，[3] 2010 年中国传媒业总产值为 5808 亿元，较 2005 年的 2479.5 亿元翻了一番，根据该文计算新媒体业务产值（网络广告收入＋网络游戏收入＋移动增值业务收入）占传媒总产值的比例，2005—2010 年分别为 15.9%，30.8%，34.6%，35.8%，39.7%，43.1%，比重逐年增加的趋势非常明显，2010 年新媒体产值与传媒媒体产值几乎持平。

改革 30 年强劲的国内产值增长、日益成熟的市场体系的建立是传媒发展的经济基本面。而传统媒体实践探索与政策导向之间的互动，结出了中国媒体产业的丰硕成果，支撑了网络新媒体的发展。传统媒体更加稳健的改革之路，一方面"不错过机遇"壮大自己，一方面等待市场体系成熟，力求"规范前行"，不但在新闻资源上给予网络媒体以支持，而且维护了媒体在社会上的公信力形象，这些都为网络媒体的发展铺设了道路。

在美国，互联网首发之地，截至 2011 年，网络用户普及率达到 78.3%，2010 年网络广告收入已赶超报纸而成为名列电视之后的第二

---

① 林毅夫：《自生能力与改革的深层次问题》，《经济社会体制比较》2002 年第 2 期。

② 中华人民共和国国家统计局：《全国年度统计公报》（中华人民共和国国家统计局网站，http://www.stats.gov.cn/tjgb，2012－4－1 浏览）。

③ 崔保国：《2010 年中国传媒产业总产值 5808 亿元，预计 2011 年将达 6882.4 亿元——〈2011 中国传媒发展报告〉发布》，《中国报业》2011 年第 5 期。

大广告媒介。①

（二）国家力量与政策扶持：网络媒体的启动性驱动力

在宏观经济改革和传媒改革的过程中，中国网络媒体业已启动。国家力量（财政、科技力量）和灵活政策导向是中国网络媒体的启动性产业推动力。

1. 国家力量：铺设网络基础、规划网络升级

"国家是企业最基本的竞争优势"。②国家力量是国家作为社会行为主体所具有的物质和精神实力。国家力量是依靠国家机关（政府）的政治职能、经济职能、文化职能、社会保障职能，调动、引导、支撑、服务社会而逐渐积累形成。

在技术创新中，国家扮演了重要角色，它加速技术现代化，并在短时间内对经济、军事、社会福祉产生重大影响。③国家力量的主要优势与特点是：集中资源、高效行动、基础研究、宏观布局，有利于把握重大战略机会。

（1）铺设网络基础

在互联网源发地美国，网络应用走了一条从军事领域到科学研究领域，再到民用领域的道路。1969 年美国军方阿帕网（Arpanet）成为世界上第一个互联网。20 世纪七八十年代，美国国防部、美国国家科学基金会（National Science Foundation）等国家力量在互联网早期启动阶段扮演绝对主导角色。1995 年 4 月，由于技术和商业压力，由美国国家科学基金会运作的 NSFNET 网络关闭，这最后一个由政府运作的骨干网络的关闭，标志着互联网的全面私有化。④ 之后，国家主要承担互联网基础研究、升级、监管、协调角色。

---

① 吴小坤、吴信训：《美国新媒体产业》，中国国际广播出版社 2012 年版，第 53、88 页。

② ［美］迈克尔·波特：《国家竞争优势》，李明轩等译，华夏出版社 2002 年版，第 17 页。

③ ［美］曼纽尔·卡斯特：《网络社会的崛起》，夏铸九等译，社会科学文献出版社 2001 年版，第 8 页。

④ 同上书，第 54—55 页。

在中国，时值改革开放的中国政府果断、有力地把握住了 20 世纪末重大科技革命机遇。1994 年 9 月，中国电信与美国商务部签订协议，从北京、上海向美国开通两条 64K 专线，中国正式接入国际互联网。1995 年 12 月，由中国科学院筹建，面向全国科研院所、科技管理部门、科研人员的中国科技网开通；1995 年 7 月，由国家计委投资，国家教委主持建立的中国教育和科研网开通；1996 年 1 月，由中国电信筹建，面向社会公用的中国公用互联网开通；1996 年 9 月，由国务院提议和部署的国家公用经济信息通信网开通。中国公用互联网、中国科技网、中国教育和科研网、国家公用经济信息通信网，并称中国四大骨干网络。[①] 1997 年，中国公用互联网实现了与其他骨干网的互联互通，中国网络基础建设告一段落，标志着中国进入互联时代。

（2）规划网络升级

以信息为原料的网络技术，不同以物质为原料的工业技术，"迅速覆盖升级"取代了"渐进积累"的发展特征，摩尔定律就是这一发展特征的生动描述。在网络升级方面，国家力量仍是最重要的主持者。

在美国，当 1995 年 4 月网络私有化全面启动之后，国家力量并非隐而不见，而是退居市场之后，主持更基础性、导向性的研究与开发，如针对新一代互联网，美国白宫倡议 NGI 计划，美国国家科学基金会主持 Internet2 计划。

在中国，由国家发改委主导，中国工程院、科技部、教育部等八部委联合参与的，新一代互联网示范工程（CNGI）项目于 2003 年启动。新一代互联网以 IPV6 为新通信协议，速度更快，并朝可信、可控、可扩展方向发展，[②] 更为重要的是新一代网络对物联网构成强大支持，这将是继计算机、互联网之后，世界信息产业的第三次浪潮。[③] 2011 年 12 月，国务院明确部署 IPV6 新一代互联网商用路线图，2013 年之前开始小规模商用，2014—2015 年开始大规模商用。根据 CNNIC2012 年 1

---

① 彭兰：《中国网络媒体的第一个十年》，清华大学出版社 2005 年版，第 19 页。
② 林闯、任丰原：《可控可信可扩展的新一代互联网》，《软件学报》2004 年第 12 期。
③ 刘强、崔莉、陈海明：《物联网关键技术与应用》，《计算机科学》2010 年第 6 期。

月的报告显示，2011 年下半年我国拥有 IPV6 地址半年增长近 22 倍，①
该年可以被视为 IPV6 商用启动年。

2. 政策扶持：新闻网站引领风气先，商业门户网站作为增量改革
起航

1997 年 3 月，国务院新闻办公室和新闻出版署联合发文，网络新
闻宣传统一由国新办归口管理，并对资格和手续进行了规定，次年补
充规定对新闻单位自办网站，"打开了绿灯"。② 在相对宽松的政策导
向下，人民网和新华网分别于 1997 年 1 月和 11 月上线，之后中国传
统媒体纷纷上网，新闻单位网站引领风气先，在新媒体领域延伸和扩
展传统媒体的价值，继承了媒体公信力传统，作出新闻专业主义的
表率。

2000 年 11 月 7 日，国务院新闻办公室与信息产业部联合颁布的
《互联网站从事登载新闻业务管理暂行规定》③明确我国互联网站在境内
从事新闻登载（包括发布和转载）一系列重要规定与事项——登载主
体：经审核批准的新闻单位网站和具备相应资质并经审核批准的非新闻
单位网站；管理主体：国务院新闻办公室；守法与权益：网站必须遵守
宪法和法律、法规，国家保护互联网站从事登载新闻业务的合法权益。
该规定还专门对非新闻单位网站登载新闻进行了要求明细——应具条
件：有必要的新闻编辑机构、资金、设备及场所，有具有中级以上新闻
专业技术职务资格的专职新闻编辑负责人及相当数量专职新闻编辑人
员，等等；新闻来源及登载程序：需与所转载的新闻单位签订协议，并
报送政府新闻办公室备案；"不得登载自行采写的新闻和其他来源的
新闻"。

---

① 中国互联网信息中心（CNNIC）：《第 29 次中国互联网络发展状况统计报告》（ht-
tp：//www. cnnic. net. cn/）。

② 同①，第 41 页。

③ 国务院新闻办公室、信息产业办：《互联网站从事登载新闻业务管理暂行规定》（中
华人民共和国国务院新闻办公室网站，http：//www. scio. gov. cn/zcfg/zcfg/200906/t341490.
htm，2011 - 12 - 15 浏览）。

2005 年 9 月 27 日《互联网新闻信息服务管理规定》①再次确认从事新闻信息服务的主体（包括具备相应资质并经审核批准的非新闻单位网站）；明确"新闻信息，是指时政类新闻信息，包括有关政治、经济、军事、外交等社会公共事务的报道、评论，以及有关社会突发事件的报道、评论"；规定新闻单位与非新闻单位合作设立互联网新闻信息服务单位，如果新闻单位持股比例小于 51%，则视为非新闻单位网站；重申"不得登载自行采写的新闻和其他来源的新闻"。

以上两《规定》的用词，"新闻宣传"—"新闻业务"—"新闻信息服务"，表明高层对网络媒体传播特点的深度把握：网络媒体并非仅仅是大众新闻传播媒体，而是涵盖从大众传播到人际传播的信息服务平台。两《规定》重要看点是：

（1）正式赋予了商业门户网站从事新闻传播的合法地位，它们是"具有新闻传播资质的非新闻单位网站"。

（2）明确非新闻单位网站不得进行"时政类新闻采写活动"。

（3）实际上肯定（鼓励）非新闻单位网站与新闻单位进行合作的做法，并对具体合作方式进行规定。

现实中，新浪（其前身是"四通立方"）最早于 1997 年以"体育沙龙"方式涉足新闻。在 2000 年 4 月、6 月、7 月，新浪、网易、搜狐登陆纳斯达克之后，这些商业门户网站都把新闻作为集聚人气的重要经营手段。两《规定》在政策上正式赋予其合法地位，也对其新闻"生产"方式产生了重要影响——只能通过与新闻单位签订登载协议，以合作方式进行新闻传播；只转载，不采访。但同时，"登载""转载""时政类新闻""采写"等在实际操作中仍有许多模糊和变通之处，为新闻信息的"二次加工"留下了余地，商业门户网站"越界"现象也常有发生。

今天，新浪、网易、搜狐的市值分别为 53.69 亿、54.23 亿、

---

① 国务院新闻办公室、信息产业办：《互联网新闻信息服务管理规定》（中华人民共和国中央人民政府网站，http：//www.gov.cn/flfg/2005 - 09/29/content_ 73270. htm，2011 - 12 - 15 浏览）。

22.53 亿美元,① Alexa 数据显示它们在中国所有网站中流量排名分别为第 4、7、9 位,在全球排名分别为第 16、28、47 位,新浪微博也排名第 25 位。②

商业门户网站对传递中国在世界的声音、凝聚海外华人有重要意义。更为重要的是,以民间智慧携国际风险资本起家的商业门户网站,有规范的现代企业制度,接受成熟证券市场的考查,从一开始就走面向市场的道路,如今已经是深谙网络经营的高手,它们作为新闻网站的合作伙伴和竞争对手,实际上起到了构成开放、竞争的市场体系的重要作用。正像前面林毅夫所讲,没有一个开放、竞争的市场体系,国有企业改革不会成功,这是绕不开的深层次问题。

因此,从传媒改革的视角来看,商业门户网站从破土到壮大,实际上是中国新媒体领域增量改革的范本。这种成就受益于中国灵活变通的网络媒体政策。

二　再认网络技术：网络媒体产业的革命性驱动力

历史表明,任何媒体（传播）技术都有刺激发明和物质方面的潜力,书写的发明、15 世纪印刷术、19 世纪的电信技术、1946 年以大型计算机发明为标志的互动媒体技术,都证明了这一点。③ 而实际真正意义的"互动、网络"媒体应用,是在 20 世纪 90 年代网络资源可以经济的、方便的被普通用户所使用后才真正开启。

美国和中国的网络发展历史表明,"民用与商用"有部分相同的内涵,当网络技术被用于商用、赚取利润的时候,同时意味着尖端技术不再束之高阁,而进入寻常百姓家,这是商业严肃的、公众福祉层面的内涵。之后,网络技术"刺激发明和物质方面的潜能"充分彰显,它像

---

① 根据 2011 年 9 月 23 日股价计算,网易—美股（http：//quotes. money. 163. com/usstock，2011 - 9 - 23 浏览）。

② Alexa 网站：全球及中国排名（http：//www. alexa. com/topsites，2012 - 4 - 12 浏览）。

③ ［英］丹尼斯·麦奎尔、［瑞典］斯文·温德尔：《大众传播模式论》,祝建华译,上海译文出版社 1987 年版,第 72 页。

是触发了创新与创富的加速器。事实上，它改变了以往的经济增长方式。①

从 web 1.0 到 web2.0，再到移动互联网应用，从电子版到手机报，再到全媒体，网络媒体潮流和传统媒体市场新机遇，因网络技术迅猛发展每隔几年就发生转换。在快速发展的网络技术变化中把握趋势，在多变的市场机遇中把握不变，是重新认识网络技术的目标——三种对话技术、四类基础关系构建、智能化是本研究的思考点。

任何一种对话技术的突破都会引起连锁反应，四类基础关系的全面"打通"与"构建"，"电脑"替代"人脑"的信息生产与处理智能化，正是这三点凸显了网络技术对于网络媒体产业发展的革命性驱动力。

（一）三种对话技术

1. 人与终端之间的对话技术

终端是最终用户得以实现网络应用的各种设备。人与终端之间的对话技术，是实现人对终端的硬件、软件、数据等进行操作、管理的技术，主要涵盖终端设备及其操作系统。

目前主流终端设备有 PC、笔记本电脑、平板电脑、智能手机等。主流 PC 操作系统有微软的 Windows 系列，苹果的 Mac OS X 系列，谷歌的 Chrome OS 系列，开源操作系统 Linux；主流智能手机操作系统有谷歌的 Android 系列，苹果的 IOS 系列，微软的 WM 和 WP 系列等。

人与终端之间的对话技术，以 20 世纪 80 年代 IBM 个人电脑和微软 MS - DOS 操作系统大量投放市场为标志正式启动。操作系统是 PC 的灵魂，微软因此成为最大的商业受益者，其 MS - DOS 及后来 1993 年的 Windows NT 图形界面操作系统，让普通用户真正得到了一个属于个人的、界面友好的电脑。当个人电脑连接成网——互联网时代到来时，以谷歌为代表的网络技术公司成为主流。但 2007 年苹果的 iphone 问世时，终端的力量又重新开始显现。虽然此时 iphone 已不再是早期 PC 终端的概念，而是网络终端的概念，但"人与终端之间的对话技术"作为前网络时代就已开启的技术，还将持续在未来对网络技术产生深刻

---

① 钟瑛、余虹：《传播科技与社会》，华中科技大学出版社 2006 年版，第 121 页。

影响。

2. 终端之间的对话技术

终端之间的对话技术是指桌面终端之间、移动终端之间、桌面终端与移动终端之间的联网通信技术。这是网络运营商及其设备供应商、系统解决方案提供商所掌握的互联网底层技术。

美国的路径是从军用阿帕网到美国国家科学基金会主持的 NSF-NET，到万维网，到新一代互联网，到移动互联网。中国也有类似情形，1997 年四大骨干网络互通，2003 年开启以 IPV6 为通信协议的新一代互联网工程，2009 年标志移动互联时代到来的 3G 标准颁布，同年 9 月中国证券市场上"物联网概念"突然吸引人们的视线，[①] 目前物联网正在科研与商业布局之中。

终端之间的对话技术是涉及国家基础网络资源和底层技术的领域，国家力量扮演了重要角色。但就互联网的发源地美国而言，阿帕网并非今天的互联网的唯一来源，它的另一个来源是加州校园的崇尚自由、技术的文化及其实质性的技术贡献。[②] 这一重要的来源塑造了互联网除了商业利益之外的"开放、对等、共享"文化特质，而这一特质也成为互联网创新的重要源泉。

这一领域的代表公司有美国的 AT&T、思科，中国的中国移动、中国电信、中国联通、大唐电信、华为，等等。

3. 人与网络资源之间的对话技术

人与网络资源之间的对话技术，是网络用户获取网络上的各种信息资源，包括新闻信息、知识，实现工作、消费、社交、生活娱乐等网络应用的技术。

这是网络应用层面的技术，网络媒体技术就属于这一层面。其主要代表公司有搜索引擎、新闻资讯门户网站、电子商务网站、社交网站

---

① 于正凯：《概念经济的产生与传播——以物联网经济为例》，《新闻爱好者》2010 年第 4 期。

② ［美］曼纽尔·卡斯特：《网络星河：对互联网、商业和社会的反思》，郑波等译，社会科学文献出版社 2007 年版，第 13 页。

等，即我们通常所说的"网络公司"。云计算是当前人与网络资源之间最先进的对话技术，它的后台是储存在由高速网络连接的服务器集群中的资源（数据和计算能力），前台采用"用时（免费或收费）提供"网络服务的方式。[①] 其技术思想是资源汇聚（共享）与弹性服务，这样计算能力就宛如漂浮在网络上空的云，需要的时候飘过来。

三大对话技术，是本文对具有高度专业性的计算机网络技术的抽象概括，它更加强调人—用户的视角，能够有助于理解专业技术，并一定程度上把握网络技术变动发展的趋势。

为进一步具体说明，我们分别抽取"三大对话技术"层面的世界顶尖级公司，从市值、市盈率两个维度侧观其实力、市场成长预期，更重要的是从中找到网络媒体公司的位置。

根据网易—美股 2011 年 9 月 23 日数据计算绘制（http：//quotes. money. 163. com/usstock）数据显示：①具有 120 多年历史的埃克森美孚市值不敌成立仅几十年历史的苹果；苹果公司之所以成为世界上市值最高的网络公司，从本文的角度来看，它几乎横跨了以上三大对话技术领域，而且市场成长预期良好。②网络应用层面的王者当属谷歌，其把持着网络入口的地位，比一般的网络媒体类公司如新闻集团、雅虎的实力要强大得多。微软虽然实力强大，但在网络应用层面作为不大，市场增长预期评级（市盈率为 9.32）几乎等同于汽车、石油等传统行业。

该图表以代表性的传统公司和网络公司的市值和成长速度，有力地说明网络世界已经在我们面前呈现。

此外，当日（网络）媒体类公司的市值（亿美元）如下：

新闻集团	雅虎	新浪	搜狐	网易	华尔街日报	纽约时报
295.20	185.73	53.69	22.53	54.23	21.57	8.49

（二）技术视角下四大类基本关系构建

加拿大学者伊尼斯曾引用法国君主立宪派领袖之一米拉波的话，文

---

① 陈全、邓倩妮：《云计算及其关键技术》，《计算机应用》2009 年第 9 期。

字和货币是人脑最伟大的发明，是思想的共同语言和财富的共同语言。① 而今天，人、财、物、信息全部（一种正在发生的趋势）以统一的"比特"呈现在彼此联通的网络之中，在人、财、物、信息之间的迅速关联中，用户实现了网络生存（工作、消费、社交、生活、娱乐等），而网络公司正是通过提供它们之间有效率、有效果、有意义的关联（或称"关系"构建）而取得价值回报的。

将人、财、物、信息，这四个要素进行排列组合，则远不止四类关系，在此归结为人与人、财产与财产、物与物、信息与信息这四大类基本关系，是一种人为的抽象。这种抽象的目的，是为了从一个角度去理解网络经济，理解网络媒体在整个网络经济中的位置。现实中四类关系彼此交叉、融合、高度复杂化。

我们以中国网络经济目前处于领先地位的"三大三小"来说明它们在四类基础关系的经营作为。

	人与人	财与财	物与物	信息与信息
百度	√			√√√√
腾讯	√√√√	√	√	√√
阿里巴巴	√	√√√	√√√	√
三大商业门户	√√			√√√

以上图表给我们的启示是，腾讯即时通信工具在人与人关系的构建上功能出众，在另几项关系领域实力平均；百度搜索引擎专注于"关键词排序"这看似很小的业务，但凭其互联网"入口级"位置，成为信息与信息关联整合的王者；阿里巴巴电子商务网站，在支付工具、物流领域成为主导，使物—财之间的种种关联发展到传统商业无法企及的程度。"三大"的成功有其明显的"关系"方面的理由。反观网络媒体（商业门户和新闻单位网站），"信息与信息""人与人"这两方面关系的构建、发展、优化是其未来发展的主要方向，这是我们对网络媒体在

---

① ［美］哈罗德·伊尼斯：《传播的偏向》，何道宽译，中国人民大学出版社 2003 年版，第 5 页。

整个网络经济的位置的一种判断。

2012 年"五一"节前，笔者在火车上浏览新浪微博，忽然发现曾任《经济观察报》《财经》等主编的何力先生亦有类似的感悟。

　　　　何力 V：下班前之思：新经济的本质就是构建各种新关系：人与人（社会网络）、人与物（电子商务）、物与物（物联网）；那所谓新媒体，就是基于新人际关系的传播平台？2012－4－23 17：48①

"关系"是研究媒介问题的重要着眼点。"媒介即讯息"的含义是，与其说讯息（媒介的内容）影响了我们，不如说媒介在改变人的感知、人与物的关系、物与物的关系、人与人的关系，正如"如果从机器如何改变人际关系和人与自身的关系来看，无论机器生产的是玉米片还是凯迪拉克高级轿车，那都是无关紧要的"，② 麦克卢汉在此所说的"媒介"是一种"技术、机器和媒体"的广义媒介概念。

四大类基础关系中，"人与人"的关系是其他关系构建的依据和归宿，也是本研究的重点。

从"关系"的角度来看，网络技术对于网络媒体的革命性推动力，在于使得网络媒体不同以往地提供了各种"关系"全面"打通"或"构建"的可能。

（三）人工逻辑的介入：智能化

智能化，意味着自动化和逻辑化两种密切关联的能力。从字面含义来看，"自动化"强调人的体力、脑力、时间的节省，"逻辑化"则强调机器有类似人类特有的逻辑思维的能力，能够进行认知、分析、判断。机械手、数控机床是工业时代智能化的代表，而搜索、精准广告投

---

　　① 何力：新浪微博－何力的微博（http：//weibo. com/heelii? topnav＝1&wvr＝5&topsug＝1JHJ! /heelii? topnav＝1&wvr＝5&topsug＝1&key_ word＝下班前之思 &is_ search＝1，2012－4－25 浏览）。

　　② ［加］马歇尔·麦克卢汉：《理解媒介——论人的延伸》，何道宽译，商务印书馆 2000 年版，第 33 页。

放、网络游戏等则是信息时代智能化的代表，前者强调的是机械动作的智能化，后者强调的是信息处理的智能化。智能化归根于计算机的人工语言逻辑（计算机语言）。

15世纪50年代德国人古登堡发明了金属活字压力印刷机，18世纪后期到19世纪中叶的第一次工业革命（蒸汽革命）、19世纪70年代至20世纪初的第二次工业革命（电气革命）为印刷媒体提供替代人力的机械动力。从1837年美国人莫尔斯发明了电磁式（有线）电报机开始，有线电报、电话、无线电报、广播、电视在100年内相继被发明，工业革命为人类贡献了无线电广播、电视两种新型媒介，这主要归功于理论物理学家法拉第和麦克斯韦，实验物理学家赫兹，应用发明家马可尼和波波夫。

总体上，广播、电视是在无线电磁波上加载人类语言信号，其理论基础是现代物理学，而后来发明的计算机的重要理论基础之一则是现代数理逻辑，它是一种人工逻辑—机器语言的缔造。这种人工逻辑追溯到17世纪的哲学家莱布尼茨（Gottfried W. Leibniz, 1646—1716），他堪称如今我们所处的网络空间中的一位哲人原型。[①] 布尔（George Boole, 1815—1864）和图灵（Alan Mathison Turing, 1912—1954）等都为计算机信息体系奠定了逻辑基础。人工逻辑—计算机语言—软件程序，使得计算机具有信息扫描、查询、匹配等类似人脑而又在效率、准确性方面远高于人脑的智能化信息处理能力。

人工逻辑—计算机语言—软件程序介入到传播之中，这是网络媒体与传统媒体在技术上最深刻的区别。网络哲学学者迈克尔·汉姆认为，语言技术是一种最基本的技术，它超越其他任何工具技术，直接触及"我们的居所"。[②] 罗杰·费德勒认为，计算机语言是新媒体革命的中坚力量和催化剂，它超越一切人类语言，具有囊括所有现存媒介的力

---

① ［加］迈克尔·海姆：《从界面到网络空间——虚拟实在的形而上学》，金吾伦等译，上海科技教育出版社2000年版，前言第5页。

② 同上书，第7页。

量。① 麦克卢汉认为媒介改变了"人际关系和人与自身的关系",② 改变了我们的感知、思维,而网络媒体由于人工语言的介入,而更加深刻地影响我们的思维,甚至直接在我们的自然语言中留下"人工语言"的痕迹,微博的"@、JHJ"等就是这种明显的例证。

从"智能化"的角度来看,网络技术对于网络媒体的革命性推动力,在于以人工逻辑—计算机语言—软件程序,使信息生产与消费、信息匹配等实现自动化、逻辑化的运作。其精髓在于以"电脑"(软件、应用)代替"人脑",如同工业革命中机械力代替人力,它极大地提高了信息生产率,提升了信息产品的毛利率水平。

三　用户:网络媒体产业的根本驱动力

"受众"是传统传播学的概念。从"受众"到"用户"概念的转移,说明了网络媒体较之传统媒体的重要区别:网络媒体提供了除大众传播之外更多类型的传播服务;网络正成为用户的资讯、工作、消费、娱乐、生活服务平台;无论是获取新闻资讯还是其他多种服务,用户都由被动变得主动。

(一)中国网络用户发展概况

中国互联网信息中心(CNNIC)从1997年开始发布《中国互联网络发展状况统计报告》,当时上网人数仅为62万。我们对2000—2012年的《报告》③进行梳理,从以下几个方面对中国网络用户发展概况进行描述。

1.用户规模大,普及率近半,桌面网络向移动网络平稳转移

2000—2012年,用户由2250万增长至5.64亿,普及率42.1%,增速放缓,2012年增幅已降至3.8%。台式机和笔记本上网用户比例下降,手机上网用户增速明显,由2011年的69.3%增至2012年

---

① [加]罗杰·费德勒:《媒介形态变化:认识新媒介》,明安香译,华夏出版社2000年版,中文版序第1页。

② [加]马歇尔·麦克卢汉:《理解媒介——论人的延伸》,何道宽译,商务印书馆2000年版,第33页。

③ 根据中国互联网信息中心(CNNIC)2000—2012年中国互联网络发展状况统计报告。

的 74.5%。

2. 学生和年轻职业群体是网络用户主体

2001—2012 年，"学生"一直是网络用户排名第一的职业类型，处于 24.1%—35.1% 的变化区间，近两年稳定在 30% 左右的比例。

2008—2011 年，"企业与公司一般职员"一直是网络用户排名第二的职业类型，稳定在 16% 左右的比例。

2000—2007 年"18—24 岁"一直是网络用户排名第一的年龄阶段，处于 31.8%—41.8% 的变化区间；2008 年开始，年龄统计项目发生改变，"10—19 岁""20—29 岁""30—39 岁"是一直保持排名前三的年龄阶段，如 2012 年这三个年龄阶段的占比分别是 24.0%、30.4%、25.3%。

因此，我们认为学生和 40 岁以下的年轻职业群体是网络用户主体。

3. 男女比例差异明显，50 岁以上群体占比小、增速缓，周平均上网时间趋于稳定

2000—2012 年，中国网络用户性别比例差异明显，差异幅度有收窄趋势，但近两年仍稳定在 10% 左右的性别比例差异，如 2000 年、2005 年、2010 年的男/女用户比例分别为 69.56% / 30.44%、58.7% / 41.3%、55.8% / 44.2%。

50 岁以上用户群体一直占比最小，如 2000 年、2005 年、2010 年的占比分别为 3.32%、3.5%、5.8%。

周平均上网时间，2000 年、2005 年、2010 年分别为 13.66、15.9、18.3 小时，近两年周上网时间趋于稳定，2009 年、2011 年均为 18.7 小时，2012 年为 20.5 小时。

4. 移动互联网（手机上网）用户占总用户比例不断加大

2007—2012 年，中国手机上网用户占总用户比例由 24% 增长到 74.5%，这显然是得益于"三大对话技术"的发展，其中智能手机终端的推动作用尤为明显。新的网络终端，意味着新的信息呈现和娱乐生活服务提供方式，针对个人的、定制化的各种手机应用（APP）将成为争夺用户的主要手段。

（二）用户：作为来自市场和社会的推动力

1. 作为来自市场的力量

以上数据表明，在过去 12 年的时间里，中国网络用户规模由 1.5% 左右迅速成长到 42.1%，成就了百度、腾讯这样的上百亿美元的公司，具有较强媒体属性的新浪等三大商业门户网站市值也达到几十亿美元，2010 年新媒体产值与传统媒体产值已几乎对半。① 从市场的角度来看，用户是网络媒体的顾客，顾客支付的金钱和注意力是网络经济的源泉。

以上数据也表明，由于用户规模增幅放缓、用户周上网时间趋于稳定，竞争将更加激烈，网络媒体不但要应对彼此之间的竞争，还要应对来自其他各种网站的竞争，大家争夺的是有限的用户的有限的时间；互联网应用，正在发生从桌面向移动终端的转移，技术的革命性推动力要求网络媒体的竞争必须跟随市场、技术的潮流，保持动态。

以上用户数据也提供了一些可能的发展机遇，如女性和中老年用户仍具有发展潜力，社会性别平衡发展的大趋势，以及早期上网人群逐渐步入中老龄，新的应用需求将会不断产生。

2. 作为来自社会的力量

网络媒体具有社会化媒体的显性基因，从其诞生就开始向社会化方向迅猛发展。今天，用户不再是以往的"受众"，而是内容生产、社会舆论、社会行动②的重要主体。

1999 年 5 月 9 日人民网开办的"强烈抗议北约暴行 BBS 论坛"（1 个月后改名"强国论坛"），2003 年 Sars 事件和孙志刚事件是 web 1.0 时期的网络媒体彰显社会影响力的早期案例，影响涉及国际舆论、司法、卫生领域；木子美日记、"一个馒头引发的血案"等则是 web 2.0

---

① 崔保国：《2010 年中国传媒产业总产值 5808 亿元，预计 2011 年将达 6882.4 亿元——〈2011 中国传媒发展报告〉发布》，《中国报业》2011 年第 5 期。

② 马克斯·韦伯定义的社会行动，是个人赋予其意义的行为，个人行为考虑他人行为、并以他人行为为目的。见于海《西方社会思想史（第 3 版）》，复旦大学出版社 2005 年版，第 214 页。我们可以体会到，由于网络节点的充分激活和互动，个体在社会行动中的主体地位与影响力在加强。

阶段的代表，其文化、道德层面的影响引起了人们的关注；微博打拐、温州动车事件、郭美美事件等移动互联时代的网络事件，则表明网络媒体已经更加深入、全面地介入我们的社会生活领域。

韦伯强调社会行动的"个人主体性"，而社会行动必然地受制于既有社会结构所提供的机会与约束，[①] 当网络媒体让普通个人都拥有"大众传播"和"人际传播"工具的时候，内容、观点大量呈现，交流与关系的构建更加便利，用户才日渐成为社会行动的主体。

当前，还有一个突出特点是，网络用户越来越成为社会道德、商业道德的裁判者。2008 年华尔街金融风暴之后，美国开始了对金融暴利、道德经济的反思。在中国，油价问题、房地产暴利问题、银行业和大型国企高工资高福利问题，成为网络用户频繁热议话题。素有"道德机关"美誉的媒体，在自身经营上绝不容忽视可能的、因经济利益而漠视公共服务和商业道德的情形，那将对媒体公信力和长期经营造成重大负面影响。2010 年的 3Q 大战给用户的心理留下的阴影，不会因你的公司资金实力多么强大而轻易抹去，中国证券市场上的石油、银行等具有垄断特征的行业不会因业绩多么出色，就必然受到市场的一致追捧。道德的力量正在作用于曾经无法轻易作用的经济领域，这一切皆因解放了的用户节点所传达出的社会影响力。

第二节　网络媒体产业结构分析：融合趋势下的 "关系"经营意味

外部宏观环境分析确认产业驱动力之后，我们需要进入网络媒体产业内部，对其产业环境（或产业结构）进行分析，这是产业经济学分析产业组织经营行为的一般线路。其实，这种"结构—行为"的方法是经济学、管理学、社会学普遍采用的研究方法，如 1982 年诺贝尔经济学奖获得者施蒂格勒认为产业经济学就是"让我们理解一个经济各

---

① ［美］林南：《社会资本：关于社会结构与社会行动的理论》，张磊译，上海人民出版社 2005 年版，序言第 1 页。

产业（商品或服务的生产者）的结构和行为"，① 当代社会学社会资本理论的代表人物林南认为，社会学的中心就是研究社会结构与社会行动，及其二者的互动。②

透过迈克尔·波特经典的"五力模型"，我们能更加清晰地理解网络媒体产业最显著的结构特征——融合，它也决定了网络媒体组织必须理解"关系"对于经营行为的深刻意味。

一　结构—行为：产业经济学的分析传统

（一）早期产业结构理论

"产业"是同类企业的集合，但"类"的划分本身就是一个相当困难的事情。产业本质上就是一些具有相同生产技术或产品特征的企业集合。③ 也有学者补充了"企业合作"与"价值链"的视角，认为产业是提供相近产品（服务），并在同一或相关价值链进行活动的企业集合。④

产业经济学最早可以追溯到 18 世纪亚当·斯密（A. Smith）的古典经济学理论和 19 世纪末 20 世纪初马歇尔（A. Marshall）的新古典经济学。20 世纪 30 年代张伯伦（E. Chamberlin）和罗宾逊夫人（J. Robinson）的垄断竞争理论突破性地开创了不完全竞争分析，被认为是产业经济学的萌芽。

1959 年哈佛学派贝恩（J. Bain）的《产业组织》（Industrial Organization）问世，标志着产业经济学（产业组织理论）的成形。他将特定产业分解为市场结构（structure）、市场行为（conduct）、市场绩效（performance）三个方面，以实证分析论证三者之间的关联，创立了市场结构—市场行为—市场绩效的一般分析框架，用以分析某一产业组织

---

① ［美］乔治·J. 施蒂格勒：《产业组织》，王永钦译，上海三联书店、上海人民出版社 2006 年版，第 1 页。

② ［美］林南：《社会资本：关于社会结构与社会行动的理论》，张磊译，上海人民出版社 2005 年版，序言第 1 页。

③ 芮明杰：《产业经济学》，上海财经大学出版社 2005 年版，第 6 页。

④ 杨公仆：《产业经济学》，复旦大学出版社 2005 年版，第 4 页。

（企业）在特定的产业结构中所表现出的市场行为。其中，市场集中度作为市场结构最重要的指标，是其市场结构分析的焦点。SCP 产业分析范式，是进行产业组织市场行为分析的重要工具，也具有明确的公共政策意义，即打破不合理的垄断市场结构，保持市场的有效竞争。

20 世纪 70 年代以施蒂格勒（J. Stigler）为代表的芝加哥学派对 SCP 进行了猛烈的攻击，与哈佛学派的结构—行为—绩效的决定路线相反，芝加哥学派认为市场绩效（企业效率）在三者关系中起到主导作用，绩效决定结构，没有政府的干预，垄断难以长久。

70 年代后，可竞争理论、博弈论、交易费用理论等新理论进入产业经济学研究，产业分析更接近实际、更深入微观。

（二）五力模型：产业结构分析的继承与突破

结构与行为孰重？换言之，既定的产业结构与产业组织的经营能动性，哪一个更占据主动？其实，结构与行为互动的观点是比较稳妥的，但理论家通常在历史的某一时期、基于一定的理论视角，强调结构或行为的一个方面，哈佛学派和芝加哥学派的争论就是这样的典型例证。

20 世纪 80 年代管理学家迈克尔·波特凭其《竞争战略》《竞争优势》《国家竞争优势》（又称"竞争三部曲"），分别提出"五力模型""价值链模型""钻石模型"，成为当代战略管理学最有影响力的人物。波特的竞争理论，根植于产业经济学，继承并突破了"结构—行为"的分析传统，正如他所言，该竞争理论来源于本人的产业经济学和战略竞争的教学和研究，产业结构强烈影响竞争规则和战略选择。[①]

波特的五力模型基于这样一个事实，不同的产业、产业中不同的企业拥有不同的利润率。为解释这一事实，并为产业组织战略决策（获取高利润率）提供分析工具，波特将产业的竞争环境进行抽象：产业组织是在五种力量，即供方、买方、潜在进入者、替代品、产业组织之间竞争这五种作用力之下进行经营的。企业经营（战略竞争）就是要抗击五种力量，保卫自身，在产业内部处于最佳定位。

---

① ［美］迈克尔·波特：《竞争战略——分析产业和竞争者的技巧》，陈小悦译，华夏出版社 1997 年版，第 1—2 页。

显然，五力模型暗含了一种"行为"对于"结构"的反作用，是对哈佛学派贝恩开创的"结构决定行为"的 SCP 模型的突破。可以这样理解，五力模型是一种强调企业能动性、具有战略意义的产业结构分析模型。

二　融合：网络媒体产业最重要的结构特征

（一）产业结构理论新发展：模块化与产业融合

20 世纪 80 年代，在迈克尔·波特的战略管理理论正在孕育成形时期，一个新兴的产业已然兴起，就是我们前面在"人—终端对话技术"中讲到的以 IBM 个人电脑和微软 MS – DOS 操作系统大量投放市场为标志的计算机产业——产品商用（或民用）才真正开启了一种产业。而计算机产业兴起，直接导致通信、媒体的巨变，直至 90 年代网络时代的到来。

计算机的生产是一种典型的"模块"式生产。主板、CPU、内存条、硬盘、声卡、显卡，是一个个"模块"，按照一定的接口标准，彼此相对独立地设计、生产甚至创新，然后插接组装成为个人电脑。这种"模块"生产，在工业时代已经出现，日本的西马诺（Shimano）是山地自行车变速器生产企业，凭借这一关键模块的生产与创新，实现了自行车整车的性能创新并成就了该企业的巨大财富。与之相对的是计算机产业的英特尔，它不生产整机，却主导了整个计算机产业。

20 世纪 90 年代，模块化和产业融合是产业结构理论的新发展，前者的代表是青木昌彦，后者的代表是植草益。青木昌彦认为"模块"是半自律性子系统，各子系统（模块）按照一定的规则相互组合，能形成更加复杂的系统或过程；"模块化"就是模块之间相互组接和分解的过程。[①] 我们认为，模块化分工从工业时代走来，在 20 世纪 80 年代计算机产业中加速成形，其生产思想一直延伸贯穿于 90 年代开启的网络经济。对网络媒体而言，内容、应用（如《人民日报》手机客户端）都是产品模块的形式。模块化分工本质上是一种知识分工。[②] 模块化分工的经营意义突出

---

① 杨公仆：《产业经济学》，复旦大学出版社 2005 年版，第 19 页。

② 芮明杰、张琰：《产业创新战略——基于网络状产业链内知识创新平台的研究》，上海财经大学出版社 2009 年版，第 36 页。

有二：实现产品定制化（个性化），开创了持续创新机制。

产业融合研究的代表学者植草益认为，产业融合是技术革新、限制放宽、行业壁垒降低，导致各行业企业间加强竞争合作关系。①

模块化生产与产业融合，二者密切关联。芮明杰教授认为，按照模块理论的视角，模块的跨行业嵌入与渗透导致产业融合。②

今天，新浪首页上重要的单条新闻，常常有这样的情形：文字来自新华社或《人民日报》，视频来自中央电视台，并有转发微博的链接，实际上就是跨媒体内容模块与应用模块的融合。

（二）新闻传播学界对媒介融合的研究

产业融合是管理学界和新闻传播学界的共同关注（新闻传播学界关注的媒介融合），二者的研究有很大的交集，原因很简单，因为这场信息技术革命的中心就是信息处理与沟通的技术。③

新闻传播学作为一门多学科交汇的学科领域，对媒介融合的研究涉及面非常广泛，可以分为以下几个方面。

1. 媒介融合的含义与层次

1979 年麻省理工学院媒体实验室的尼葛洛庞帝在一次演讲中，首次提到了融合的概念，用"广播和动画业、印刷业和出版业、电脑业"三个同心圆，来说明媒介技术、媒介形式、媒介经营有汇聚、融合在一起的趋势。④ 高钢教授认为媒介融合是"现代信息技术推进的信息传播的技术手段、功能结构和形态模式的界限改变及能量交换。"⑤ 有学者总结媒介融合分作媒体科技融合、所有权合并、战术性合作、组织结构性融合、新闻采访技能融合、新闻叙事融合六个层次。⑥ 有学者认为，媒介融合要

① ［日］植草益：《信息通信产业的产业融合》，《中国工业经济》2001 年第 2 期。

② 芮明杰、张琰：《产业创新战略——基于网络状产业链内知识创新平台的研究》，上海财经大学出版社 2009 年版，第 45 页。

③ ［美］曼纽尔·卡斯特：《网络社会的崛起》，夏祝九等译，社会科学文献出版社 2001 年版，第 83 页。

④ ［加］罗杰·费德勒：《媒介形态变化：认识新媒介》，明安香译，华夏出版社 2000 年版，第 21 页。

⑤ 高钢：《媒体融合：追求信息传播理想境界的过程》，《国际新闻界》2007 年第 3 期。

⑥ 宋昭勋：《新闻传播学中 Convergence 一词溯源及内涵》，《现代传播》2006 年第 1 期。

经历媒介互动、媒介整合、媒介大融合三个层次，是一个渐进的过程。[1]

2. 媒介融合的社会、文化影响

媒介融合将导致媒介对社会影响的全方位渗透、助推媒介化社会的形成。[2]

有学者认为媒介融合导致两种相悖的方向：一方面大众文化生生不息，另一方面少数大型媒介集团逐渐控制国内甚至全球的信息生产与消费，媒介融合的未来取决于资本权力和受众权力的平衡。[3]

3. 媒介融合的业务、经营影响

媒介融合的基本层面是业务融合：多媒体和全媒体报道，前者强调单条报道的多媒体素材，后者强调报道的多终端落点，此外要进行媒体业务流程再造、关注个人服务、寻找产业链条新定位等。[4] 也有学者认为媒介融合，不仅涉及媒介产业内部几种媒介的融合，还涉及同其他产业的整合，[5] 等等。

纵观以上研究，"融合"是网络媒体产业最显著的结构特征，技术是"融合"的最主要推动力，对此学界已达成共识。但对于"融合"更凝练的认识，及其对网络媒体的经营意味，仍需我们借助一定的理论工具进一步探究。

三　"五力模型"下网络媒体产业的融合实质——"关系"成为战略焦点

（一）"五力模型"下网络媒体产业的融合实质：边界的打破

20 世纪 80 年代，波特"五力模型"等战略竞争理论孕育成形之际，产业模块化和融合趋势已经启动，"五力模型"处于新旧结构理论

---

① 许颖：《互动·整合·大融合——媒体融合的三个层次》，《国际新闻界》2006 年第 7 期。

② 孟建、赵元珂：《媒介融合：粘聚并造就新型媒介化社会》，《国际新闻界》2006 年第 7 期。

③ 郜书锴：《悖论与反思：媒介融合的文化逻辑》，《现代视听》2009 年第 2 期。

④ 彭兰：《媒介融合方向下的四个关键变革》，《青年记者》2009 年第 2 期。

⑤ 陶喜红：《论媒介融合在中国的发展趋势》，《中国广告》2007 年第 6 期。

范式更迭的过渡期。借助"五力模型"，我们能更清晰地辨析"融合"实质，及其经营意味。

依本书研究对象，五力模型下的网络媒体产业——①产业内竞争：商业门户与新闻网站竞争；②供方：传统媒体、用户、技术提供商等；③买方：用户、广告主等；④潜在进入者：电信运营商、论坛网站、社交网站、视频网站等；⑤替代品：传统媒体客户端、RSS 阅读器、各种应用等。

网络媒体产业的经营现实是：商业门户首页新闻主要来自新闻网站、传统媒体，新闻网站不乏来自商业门户的内容；Web 2.0 后用户既是内容接受者，又是内容生产者；网络媒体受到论坛网站、社交网站、各种客户端的冲击或替代效应，但也在积极发展自己的论坛、社交应用等；电信运营商加紧"媒体化"，如飞信迷你弹窗也出现"新闻"内容，主要来自用户内容和各种商业网站，电信运营商又是网络媒体无线增值业务重要合作方和收费渠道，而网络媒体的即时通信产品（尤其微信）又有"入侵"电信核心业务的迹象——相互进入，"你中有我，我中有你"，使得"五力模型"发生变形。①

该图在波特五力模型上增加了 4 个对外的箭头，清晰地凝练了融合的实质——边界的打破，即企业、产业间的界限正在模糊。

传统产业通常有四种边界：技术、业务、运作、市场，② 网络提供低成本、高效率、高效果（文字、声音、图像等多媒体）的信息生产与传播方式，使得市场各方为争夺利润、应对竞争，不断地突破业务边界、运作边界，最终四种边界不断被打破，这就是融合的实质。

结合中国网络媒体的十几年发展现实，"融合—边界的打破"还有若干特点：

1. 融合是一个动态、渐进的过程

网络媒体产业是媒介融合的产物，同时又向进一步的融合演进。比

---

① 原图来自 [美] 迈克尔·波特：《竞争战略——分析产业和竞争者的技巧》，陈小悦译，华夏出版社 1997 年版，第 3 页。

② 周振华：《产业融合：新产业革命的历史性标志——兼析电信、广播电视和出版三大产业融合案例》，《产业经济研究》2003 年第 1 期。

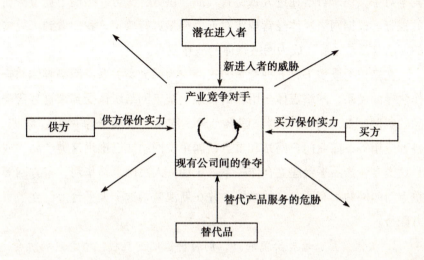

如，网络业务边界的打破总是首先发生在"带宽"要求较低的领域，人民电视和新华电视都只是在2010年才开播。更准确地说，"三种对话技术"发展的进程决定了媒介融合的程度与方式。

2. 融合进程中媒体政策的双重效果

新闻媒体具有意识形态和信息产业的双重属性，无论中外，媒体政策都在媒体产业发展中扮演着重要角色。在中国，新闻单位才具有新闻采访权，这对非新闻单位网站构成了业务、运作的边界，但我国新闻单位按地域、按系统、按媒介划分的垂直行政体系，又为新闻网站限定了业务、运作边界。

3. "融合实质：边界的打破"提示，技术是原发突破力，市场竞争与利润是驱动力，业务与运作是经营着力点

（二）"关系"成为战略焦点

严格地讲，五力模型和传统产业结构理论建立在产业边界清晰的工业经济基础之上，以此来分析网络媒体产业结构在一定程度上是"失效"的。但"融合"并非一蹴而就，透过五力模型可更清晰地把握融合的实质，并发现新的战略焦点。

波特五力模型看到了更多的"竞争"：产业竞争不仅仅来自产业内

竞争对手，还来自潜在进入者、替代品、供方、买方，拓展了竞争分析的视野。根据网络媒体经营现实对五力模型进行修正，我们看到了更多的"合作""关系"成为网络媒体的战略焦点。

在修正的模型下，五种竞争力正演变为两大类关系：网络媒体与合作伙伴的关系、网络媒体与用户的关系。至于网络媒体受到来自替代产品的威胁，如 RSS 阅读器、博客、SNS 网站、视频分享网站、微博、各种应用等，商业门户网站和重点新闻单位网站或已推出这类产品，或与这类专业产品平台建立合作关系。比如，人民网、新华网、东方网等重点新闻网站都有了自己的微博，并在新浪微博这个大平台上设立了官方账号。

1. 伙伴关系：填补价值缺口，创新价值创造机制，增加盈利机会

网络的超大渠道容量与智能计算能力，使其成为巨大的价值载体，足以承载基于现实并超越现实的网络生活。任何单一经营主体无法提供如此丰富的价值，而且随着三大对话技术的发展，价值缺口仍不断敞开，大量发展合作伙伴是网络媒体的基本经营路径。

由"买卖"到"关系"，强调交流与合作，是一种新的价值创造机制。以媒体与广告主之间的关系为例，传统的"买卖"关系下，媒体专注内容然后去找广告主，而广告主则根据目标顾客购买媒体广告；而"伙伴"关系下，广告主与媒体充分交流、共享智慧，有助于优化营销方案、提升媒体影响力。早在 21 世纪初，中央电视台就与宝洁、海尔等大公司结成战略伙伴关系，时任央视广告部主任的郭振玺认为，要改变媒体与广告主之间"谁求谁"的心理状态，建立伙伴关系，才能更好调动双方战略资源。[①]

专注内容、排除商业因素干扰是媒体（尤其时政媒体）应该坚守的专业原则，合作并不意味着放弃原则、放弃自我，而是一种共赢追求。网络媒体因渠道容量大而有更广阔的经营空间，因传播与营销技术更加复杂而有合作需求，以充分交流促进资源与智慧共享，发展伙伴关系开启新的价值创造机制。

---

① 陈晓莉：《将媒体引为战略伙伴》，《中国广告》2004 年第 4 期。

网络媒体盈利有百货对百家、收集长尾的特征，广泛发展伙伴关系、大量培育有营收贡献的产品是网络媒体经营的常规做法。21 世纪初，三大商业门户正是以短信无线增值业务首尝盈利，该"始料未及"的营收产品来自合作，而今天腾讯 QQ、新浪微博以平台开放大量引入应用开发伙伴，应用分成营收已经成为一种重要的盈利方式。十年时间，合作盈利由懵懂到成熟。

2. 用户关系：关系核心与新竞争

用户关系是网络媒体经营中一切关系的核心。发展伙伴关系，填补价值缺口，增加盈利机会，是围绕用户关系而展开。日趋主流的社交网络（SNS 化）强调用户与用户之间的交流互动，也是以强化平台与用户关系为归宿。

强调关系与合作，并非一团和气、抹杀竞争，而是一种新竞争。

新竞争是关系—合作能力的竞争。凭一己之力、单打独斗的经营模式已经过时，合作是网络经营的基本路径，这时"关系—合作"的实力与能力竞争成为新竞争焦点。2004 年新浪收购 UC 进军即时通信，几乎同时腾讯高调宣布推出门户网站，两巨头分别进入对方领域，竞争进入白热化。2006 年 4 月 3 日腾讯与《重庆商报》合资创办"腾讯·大渝网"正式上线，一家与腾讯有合作关系的 IT 公司业内人士坦言，两家时值水火不容，与腾讯合作就意味着失去了与新浪合作的机会。①

新竞争以用户关系为核心。合作背后的关键问题是谁主控？如何分成？"用户关系"说了算。21 世纪初，电信运营商让商业门户网站首尝盈利，但 2005 年前后，一方面移动互联网业务崛起，一方面电信方主控分成，网络媒体传统型无线增值业务渐成"鸡肋"。与电信运营商的强势形成鲜明对比，Iphone 手机在与中国联通的合作中却拿走了大量营收，美国 Facebook 曾扬言要终结短信，中国腾讯的微信则实实在在地侵入电信运营商的核心业务语音通话。一切皆因用户关系。

---

① 张春燕：《第一门户网站争夺起新局腾讯从地方下手切断新浪新闻源》，《IT 时代周刊》2006 年第 8 期。

第三节　网络媒体组织的资源分析：
拓展"关系"资源

"结构—行为"分析是产业经济学、社会学的共同方法，也符合最通常的系统思维的习惯。网络媒体产业结构或产业环境，构成网络媒体组织行为的外在制约因素，在"结构"到"行为"之间还有一个关键，即网络媒体组织的资源，它构成了网络媒体经营行为的内在制约因素。

一　竞争优势—核心竞争力—资源基础理论的关联分析提示

资源是最基本的概念，是企业经营行为的要素。早在古典经济学时期，土地、劳动力、资本（资金）就被认为是引起经济增长的基础资源。竞争同样是最基本的概念，是市场经济的基础机制，竞争保证稀缺资源得以高效率、高效果地创造价值，并以此为标准从市场中获得奖赏。

管理学中资源分析与战略分析常交织在一起，历史悠远，19 世纪初大卫·李嘉图的比较优势理论、20 世纪 60 年代出现的 SWOT 分析[①]都是这种情形。

20 世纪 80 年代以来，迈克尔·波特的竞争优势理论和普拉哈拉德的核心竞争力理论，是学界和工商实务界公认的最为主流的战略竞争理论。而同一时期正式成形的资源基础理论，也为战略竞争提供了新视角。总体而言，战略竞争理论（尤其波特理论）更强调产业结构，而资源基础理论则以企业"资源"作为战略决策的逻辑中心和出发点。[②]

将竞争优势—核心竞争力—资源基础理论关联分析，有助于我们对网络媒体的战略与资源问题获得更深刻的理解。

竞争优势（competitive advantage）。是波特战略竞争三部曲的核心

---

① Jay Barney, "Firm Resources and Sustained Competitive Advantage", *Journal of Management*, 1991, Vol. 17, No. 1, pp. 99 – 120.

② 黄旭、程林林：《西方资源基础理论评析》，《财经科学》2005 年第 3 期。

概念。波特以五力模型进行产业结构分析，提出成本领先、标新立异、目标集聚三大基本战略，[①] 进而以价值链模型分析生产组织，[②] 就是为企业取得竞争优势。之后，波特将企业、产业战略竞争原理拓展到国家层面并提出钻石模型，[③] 以取得国家竞争优势。

竞争优势"归根结底产生于企业为顾客所能创造的价值，或者在提供同等效益时采取相对低的价格，或者以不同寻常的效益用于补偿溢价而有余。"[④] 更加直接的解释，它是生产率（单位资本回报）和所能利用的单位资源。[⑤] 因此，从财务的、量化的角度来讲，以价值提供取得营业收入，以提高生产率取得高产品毛利率，是竞争优势取得的路径以及检验标准。

竞争优势理论的资源观。竞争优势，这一核心概念就是因与"比较优势"相区别而提出。19 世纪初大卫·李嘉图（D. Ricardo）提出比较优势理论，在此基础上瑞典经济学家海格斯（E. Heckscher）和俄林（B. Ohlin）于 20 世纪初创立"资源禀赋理论"，这些理论强调土地、劳动、自然资源、资本等物质性资源的先天的、既定的、禀赋性的差异。波特的竞争优势理论则批评其过于强调物质资源，过于限定与静态，忽视知识技术资源的作用以及资源的流动性。[⑥]

与波特类似，管理学另一位大师德鲁克在 20 世纪 90 年代初的《商业理论》也明确应对外包和再造给予更多关注。[⑦]

---

① ［美］迈克尔·波特：《竞争战略——分析产业和竞争者的技巧》，陈小悦译，华夏出版社 1997 年第 3 期。

② ［美］迈克尔·波特：《竞争优势》，陈小悦译，华夏出版社 1997 年版，第 37 页。

③ ［美］迈克尔·波特：《国家竞争优势》，李明轩译，华夏出版社 2002 年版，第 68 页。

④ ［美］迈克尔·波特：《竞争优势》，陈小悦译，华夏出版社 1997 年版，前言第 1—2 页。

⑤ ［美］迈克尔·波特：《国家竞争优势》，李明轩译，华夏出版社 2002 年版，再版序言 1，正文第 6 页。

⑥ 同上书，第 11—14 页。

⑦ Peter F. Drucker, "The Theory of the Business", *Harvard Business Review*, September - October, 1994, pp. 93 – 104.

显然，在 20 世纪八九十年代，PC 产业已经启动、（民用）网络时代的前夜，管理学的顶尖学者已不约而同地转向更加开放、外向的资源观。

核心竞争力（core competence）。它是 20 世纪 90 年代初继波特战略理论之后，普拉哈拉德所创立的又一战略管理经典，它因更加贴近工商实务而广为应用。它以"竞争优势"为逻辑起点，认为核心竞争力是"竞争优势之源"。

核心竞争力理论的最大优势与务实之处，在于战略"强点"策略，以点带线、以线带面、贯穿全局。

核心竞争力理论的资源观。它强调资源整合能力和组织学习机制，几种科技和生产技巧很容易被对手学到，而将其"复杂化、和谐化"的整合能力和学习机制则难以被模仿。[1] 普拉哈拉德的资源观，不在于强调资源的多寡与种类，而在于强调资源的高度整合（复杂和谐化），这一以团队学习与沟通机制为支撑的资源观，独辟蹊径——这是固守比较优势资源，或强调资金技术调动资源之外的另一条道路。

资源基础理论—持续竞争优势（Sustained Competitive Advantage）。资源分析有悠久历史且常与战略分析结合在一起，但直至 20 世纪 80 年代以伯格的《企业资源基础理论》为标志才正式成为一套相对独立的理论体系，其特征是以"资源"为战略决策的逻辑中心和出发点。[2] 当代资源基础理论代表人物巴内，同样以竞争优势为逻辑起点，但增加了一个长时的、动态的维度——持续竞争优势，能为企业获得持续竞争优势的资源特征是有价值、稀缺、难以模仿、难以替代。[3]

以上竞争优势—核心竞争力—资源基础理论，有明显共同的核心关注，就是企业组织如何利用内外资源取得持续性竞争优势。这些理论包含大量关于资源、战略的经典论述，结合网络媒体经营实践，有以下

---

[1] C. K. Prahalad, Gary Hamel, the Core Competence of the Corporation, Harvard Business Review, May – June, 1990, pp. 79 – 91.

[2] 黄旭、程林林：《西方资源基础理论评析》，《财经科学》2005 年第 3 期。

[3] Jay Barney, "Firm Resources and Sustained Competitive Advantage", *Journal of Management*, 1991, Vol. 17, No. 1, pp. 99 – 120.

提示。

（一）资源组合的复杂化与和谐化，锻造核心竞争力

人民网明确原创新闻是自身核心竞争力。[①] 原创新闻是传统媒体的基本职责与能力，但我国商业门户网站并没有原创新闻资质，新闻单位网站拥有采访资质和正式记者证也并不多（据笔者 2012 年前后的调查），人民网作为中央重点新闻网站突出此核心竞争力，应是一种准确的战略判断。

人民网第一控股股东《人民日报》（社）是党中央机关报，在全球拥有 70 多个记者站、2000 多名专业记者，旗下报纸、期刊、图书众多。人民网是少数拥有独立新闻采编权的新闻网站之一，121 名专业采编人员取得新闻出版总署颁发的记者证，有 24 个国内分公司、3 个海外站点，15 种语言 16 个版本全天 24 小时向全球播发政治、经济、社会、文化等新闻。人民网独特的权力地位和强大的采编实力，决定了其核心竞争力。

新浪创始人王志东曾说，通过授权和伙伴合作取得新闻，从用户角度整合、组织新闻，"同样是信息，不同的组合就会有不同的价值"，这是新浪的强项。[②] 可以说，正是坚持了这一强项（核心竞争力），新浪在中国门户新闻屹立了 10 几年，形成了强大的社会影响力和新闻品牌。

腾讯 QQ 起源于对国外即时通信工具 ICQ 的模仿创新，但腾讯为小小的企鹅添加表情、穿上服装，加入音乐、图片、游戏，发展社区，建立门户，推出搜索工具，开办电子商务，延伸微博，发明微信，最终建成庞大的企鹅帝国。腾讯旗下免费产品不胜枚举，广告和增值服务产品也种类繁多，而且彼此条目清晰、相互关联，这是一种强大的资源与产品的组合能力。这是腾讯的核心竞争力。

20 世纪 80 年代日本的本田、NEC 等公司，科技研发投入并不高但

---

① 人民网：《人民网股份有限公司首发招股说明书（申报稿）》（中国证券监督管理委员会网站，http://www.csrc.gov.cn/pub/zjhpublic/G00306202/201201/t20120109_204598.htm?keywords＝人民网，2012－5－5 浏览）。

② 文西：《王志东：新浪为何不着急赚钱》，《文化月刊》2000 年第 12 期。

创新数量与质量惊人，产品在市场上极具竞争优势。普拉哈拉德在研究这些公司的基础上，提出核心竞争力理论。他认为日本公司内部的学习机制和将几种技术"复杂化与和谐化"的能力，是令人难以模仿的核心竞争力。[①]

从某种程度上（尽管还有其他因素），21 世纪后的中国网络有些类似 20 世纪 80 年代的日本制造。互联网原创力在美国毋庸置疑，但结合中国本土文化与市场特点，对原创科技进行模仿创新，将其复杂化与和谐化，我们开发出集市样式的淘宝，符合中国语境的百度，贴合国人交往习惯的 QQ，兼具社交与媒体属性的新浪微博。

复杂化，并非人为地将简单变复杂，而是基于用户使用体验的复杂性、微妙性，对信息资源与技术资源进行复杂组合。和谐化，是着眼于用户的使用体验的流畅性、高效性、方便性而对资源组合进行相应调整和处理。复杂化主要集中在后台，和谐化主要体现在前台界面，二者看似矛盾，但有机结合。

在浏览网页的时候，我们常常在网页广告栏中看到近期关注过的商品的广告，这种"精准投放广告"淡化了垃圾信息的色彩而成为有用信息，而此种"和谐化"的体验背后是百度后台经过"复杂计算"由广告推送引擎投放的。这是对"资源组合的复杂化与和谐化"的一种简单解释。

组合即创新的思想来自熊彼特。在创新经济学经典《经济发展理论》中，熊彼特认为生产就是把"所能支配的原材料和力量组合起来"，但小的、调整性的、连续性的"新组合"不算是创新（虽然它也能带来收益增长），而只有大的、间断性的"新组合"才是创新。[②]

信息网络经济中，无论是信息还是信息处理技术（软件），由 Bit 为统一基本单位，信息与技术资源的组合特质异常突出。熊彼特所说的

---

① C. K. Prahalad, Gary Hamel, "The Core Competence of the Corporation", *Harvard Business Review*, May – June, 1990, pp. 79 – 91.

② ［美］约瑟夫·熊彼特：《经济发展理论》，何畏等译，商务印书馆 1990 年版，第 73 页。

"组合"显然不是简单的 1 + 1 叠加，网络创新同样不是信息与技术资源的简单叠加，而是高度的"复杂化与和谐化"的组合，而且"新组合"——创新前所未有地经常性、持续性发生。

创新是新组合，核心竞争力是资源组合的复杂化与和谐化。在组合这一点上，核心竞争力与创新是相通的，其背后基础是网络经济资源——信息与信息处理技术的 Bit 化。信息 Bit 化，统一单位，便于多渠道传播；信息技术 Bit 化，更深入的解读是人工逻辑—计算机语言的介入，使软件类似并超越人脑而智能化地进行比特信息的"复杂与和谐化"组合。

锻造核心竞争力是网络媒体的重要战略，其内涵丰富，我们后续还要论述。但从资源层面，信息与信息技术资源组合的复杂化与和谐化，是网络媒体锻造核心竞争力的鲜明特征和重要路径。

（二）获得持续竞争优势：依托但不倚仗既有资源，拓展"关系"资源

1. 从组织内部资源到组织外部资源

组织内部资源是企业自身既有资源。它对经营有双重影响：一方面它是企业经营的重要基础，有助于企业率先取得竞争优势；另一方面有形成思维惯性、创新惰性的不利影响。资源基础理论一般认为，企业除现金以外的任何资源，由于其用途的特殊性会导致下一步经营决策的灵活性下降。①

新闻网站长时间沿着"网络版""报网互动"的思路画延长线，而忽视调动更多外部资源，为用户提供更全面的价值，结果导致流量落后、营收空间有限。

波特竞争优势理论区别于比较优势理论，承认既有的、静态的、物质性资源的重要性，但更强调后来的、动态的、科技性资源。该前网络时代的资源观在网络经济中得到了更充分、全面的诠释。

---

① 王开明、万君康：《企业战略理论的新发展：资源基础理论》，《科技进步与对策》2001 年第 1 期。

（1）人、财、物、信息的节点化——网络资源特征

数字内容、电子商务、物联网是信息、财、物的节点化的直白解释。用户登录 QQ、微博、电子商务、社交网站等账号，开展丰富多彩的网络生活，发表大量言论、发生各种社交行为，"账号"被逐步赋予与真实人密切相关而又有区别的"人格与个性"，这就是人的节点化。

人、财、物、信息这四种基础经营资源的节点化，并在网络中"距离为零"，使得资源调配具有方便性、经济性，还有更为深刻的，就是"弹性"。网络技术是以"弹性为基础的"，"经过重新排列其组合，不仅所有的过程都可以逆转，组织与制度也可以修正，甚至彻底改变。"① 它意味着资源间的排列组合可随时构建、解散、调整，而这是管理弹性的关键。

（2）超大容量、智能计算——网络渠道特征

网络承载数字信息，容量超大，且有人工逻辑—计算机语言的深度介入而具有智能计算能力。超大容量与智能计算，二者互补，使网络媒体保持信息海量、和谐有序的良好状态。

网络以超强渠道能力而成为资源、价值的巨大载体。网络媒体仅凭借自身资源无法填补"价值缺口"，唯有借助伙伴资源，共同为用户创造价值，实现价值分享。

新浪、网易、搜狐三大最早的商业门户网站，借助新闻单位伙伴推出门户，借助电信运营商伙伴实现盈利，借助用户创造内容开启 web 2.0 业务……如果追溯更早，在没有盈利的情况下，借助国际风险投资起航。

网络资源特征与网络渠道特征，二者决定了拓展组织外资源的重要性。

2. 关系资源——一种"资源的资源"

经济学中资源的内涵由最初的劳动力、土地、资本向品牌、用户、知识、能力等拓展。进入网络经济，"关系"逐渐成为一种受人关注的资源。

---

① ［美］曼纽尔·卡斯特：《网络社会的崛起》，夏祝九等译，社会科学文献出版社2001年版，第83—85页。

关系营销学是围绕"关系"要素而展开的营销理论。自 20 世纪 80 年代起，关系营销学划分为五个阶段：保持顾客，锁住顾客，数据库营销，承诺与信任理论，关系、网络与互动理论。[①] 其中，关系、网络与互动理论的代表瑞典学者戈迈森认为，关系营销就是有关关系、网络、互动的营销；互动形成关系；网络是关系的集合。[②]

社会学的社会资本理论，明确社会资本是存在于社会关系网络中实际的或潜在的资源集合体。[③] 当代社会资本研究的代表林南认为，社会资本是通过社会关系而获得的资本，是期望在市场中得到回报的社会关系投资。[④]

新闻传播学界近几年对于"关系"的认识迅速深化。传媒长期关注内容资源，而忽视"关系和关联"的价值建构作用，[⑤] "关系为王"应成为媒体经营的思维变革。[⑥]

"关系"被各学科共同关注，并非理论洞见的自我深化，而是来自网络对于社会关系的强化与重构。各方观点视角差异，但共通之处在于"关系"作为一种"资源的资源"正在网络社会与经济中扮演着重要角色。

既有资源为本，常常是形成竞争优势的基础资源、核心资源，但网络资源、网络渠道特质使得组织外资源成为网络媒体经营不可或缺的经营关键。为获得持续竞争优势，积极发展关系资源，包括伙伴关系、用户关系、员工关系等，将是未来的战略焦点。

---

① 庄贵军：《关系市场与关系营销组合：关系营销的理论模型》，《当代经济科学》2002 年第 3 期。

② Evert Gummesson, "Making Relationship Marketing Operational", *International Journal of Service Industry Management*, Vol. 5 No. 5, 1994, pp. 5 – 20.

③ ［法］布尔迪厄：《文化资本与社会炼金术》，包亚明译，上海人民出版社 1997 年版，第 202 页。

④ ［美］林南：《社会资本：关于社会结构与社会行动的理论》，张磊译，上海人民出版社 2005 年版，第 18 页。

⑤ 喻国明、张佰明：《试论媒介一体化经营平台的构建》，《新闻传播》2011 年第 3 期。

⑥ 彭兰：《社会化媒体与媒介融合：双重旋律下的关键变革》，《传媒》2012 年第 2 期。

二　商业门户网站与新闻单位网站的资源对比分析

网络媒体主营信息传播，同时具有典型的技术 + 媒体特征，新闻信息资源、信息处理技术资源是最主要经营资源，关系资源是最新经营关注，同时资金、体制、品牌等资源也是重要经营资源。从这几个方面，我们对商业门户网站和新闻单位网站进行简要分析。

（一）新闻信息资源

以人民网为代表的中央重点新闻网站有新闻出版总署颁发的正式新闻采编资质，第一控股股东《人民日报》（社）旗下子报、子刊众多，因此人民网原创新闻资源和可供转载的关联新闻机构新闻资源众多。地方重点新闻网站的代表上海东方网，第一控股股东上海文广（SMEG）旗下有上海东方传媒（SMG）、东方明珠等国内一流传媒，文新集团也是重要股东，与人民网类似，股东和关联新闻机构可供东方网转载的新闻资源丰富，（2012 年）东方网的正式新闻采编资质已原则具备，原创新闻在积极发展之中。

商业门户网站不具备新闻采编资质，原则上没有原创新闻资源，通过与新闻机构合作、利用用户创造内容，商业门户网站重点以新闻信息资源集聚、组合、"二次加工"的方式呈现价值。商业门户网站在知识信息、文化信息等方面用功独到，如新浪爱问、网易公开课等，以弥补原创新闻信息资源不足的缺憾。

（二）信息处理技术资源

商业门户网站针对产品、面向市场的技术环节处于领先，各门户都有代表性的技术产品与创新，如网易的大话西游系列游戏、有道词典与搜索，搜狐的搜狗输入法、浏览器、搜索。新浪技术不甚突出，但微博产品的社交 + 媒体的社区建设亦有众多创新，此外新浪注重与谷歌、百度等技术巨头合作以弥补短板。腾讯是技术"复杂化与和谐化"最好的公司，其资源与产品的关联整合能力，短时内难以被模仿和超越。

新闻单位网站针对政府和系统内市场的技术服务较为出色，如东方网协助政府的电子政务、电子党务项目，协助新闻系统网站建设项目，这部分收入大约占总营收的 30% 。①

（三）关系资源

关系资源是网络经营的最新关注，具体所指为伙伴关系、用户关系、员工关系。员工关系涉及组织文化，在这里不做讨论。

商业门户网站的伙伴关系资源分布广泛，主要在内容、技术、营销、资本等几个方面，这些伙伴关系主要针对产品、面向市场。相比而言，根据相关资料和笔者亲身调查，新闻单位网站的伙伴关系资源主要集中在政府、国有企业、本新闻系统，未来仍需面向市场做进一步拓展。

用户关系资源有两个重要看点——访问量和社区。访问量是一种"浏览"关系，目前商业门户网站领先新闻网站一个数量级。社区反映的是用户之间的关系状况，社区人数多、活跃度高则用户与用户关系紧密，相应地，网站的用户关系资源就更加稳固。目前，腾讯 QQ 和新浪微博是最领先的两个社区，这两家也可以说拥有最强大的用户关系资源。

（四）资金、体制、品牌

商业门户网站是中国民间智慧借助国际风险投资起家，后登陆美国纳斯达克和香港联交所证券市场。受风险资本经营风格熏染、成熟资本市场规范，具有民营资本性质的商业门户网站一开始就面向市场经营，至今已经有比较规范的公司化管理制度。良好的经营成果使其或滚动发展，或分拆上市，总体上，商业门户网站资金充沛。此外，管理层（或创始人）占有较大持股比例，公司的个人风格特点鲜明。商业门户网站连续 10 多年处于中国网络的主导地位，虽然市值被新"三大"所赶超，但商业门户网站的新闻品牌影响力仍不断强化。

新闻单位网站大多由传统新闻机构主办，传统媒体延伸网络的经营思维惯性比较明显，21 世纪的前 10 年大多属于事业编制。2009 年转企改制启动，2012 年 4 月人民网上市，标志新闻网站经营全面启动。目前，其他中央和地方重点新闻网站正在上市准备之中。国有资本的新闻

① 曹虹：《东方网计划年内递交上市申请》，《东方早报》2012 年 4 月 29 日，第 A10 版。

单位网站转企后，仍明确肩负党政宣传职责，相应地在政府信息与服务采购市场上有更多的机会。新闻单位网站经营启动晚，但新闻职业精神得以良好的继承和弘扬，在群众中具有更高的新闻品牌公信力，但流量落后使其影响力有一定的弱化。

第三章

价值主张：向 STP 中注入
"关系" 思维

价值主张是网络媒体组织向什么用户、提供什么样价值的基本战略构想。传统营销学中 STP 模型提供了这一问题的基本解决路径：细分用户，依据组织资源瞄准目标用户，通过价值提供与营销传播，在用户心目中确立一个明确定位。

但从网络经营理论和当代中国网络媒体实践来看，STP 呈现出一定的局限：在组织封闭的线性思维主导下，它忽视了对网络经营新特征的关注，这一从工业经济、服务经济走来的经典理论需要在网络媒体实践中进一步深入诠释与修正。

第一节　STP 的精髓与缺陷

一　STP 的精髓：价值提供与用户需求的匹配关系

市场细分（Market Segmentation）是按照地理因素、人口因素、心理因素、行为因素等把顾客分成不同的群体。目标营销（Market Targeting）是公司对各个细分市场进行评价，然后作出进入选择。公司应选择产生最大顾客价值的细分市场并保持优势。市场定位（Market Positioning）是通过产品设计，相对于竞争对手，在顾客心目中占据一个差异化、清晰、令人满意的位置。[1]

---

[1]　［美］菲利普·科特勒、加里·阿姆斯特朗等：《市场营销原理（亚洲版·第2版）》，何志毅等译，机械工业出版社 2010 年版，第 29—30 页。

波特战略竞争理论明确总成本领先、标歧立异、目标集聚为企业竞争的三条基本战略。① "心目中的位置"，实际包含产品价值提供和营销传播两个层面，《当代广告学》对定位的解释似乎更加实用化，就是当被问及某公司时，顾客首先能想到的一两个词语。②

从理论演变脉络来看，STP 是集用户中心、战略竞争、营销传播的基本思想于一身的理论模型。

识别读者特征与需求，以特色内容和鲜明市场口号瞄准目标读者，牢固树立读者的忠诚度，这种做法在中国新闻史上有许多成功的案例。历经 20 世纪 90 年代晚报、都市报掀起的热潮，中国报业市场在 21 世纪初步入同质竞争时代，读图、厚报、活动、评选等经营手法轮番登场，而 "高度决定影响力" 的《南方日报》、"理性、建设性" 的《经济观察报》、"厚报时代的薄报精英" 的《新华每日电讯》等让我们眼前一亮。

STP 能有效解决同质竞争基于一个基本事实：任何一家媒体不可能满足用户所有的需求，只能以独特的价值提供给特定人群——其精髓是媒体提供价值与特定用户需求的一种匹配关系。

（一）网络媒体产品——价值载体

产品是价值的载体。产品设计与生产、优化产品线、制定产品发展战略是企业经营的基本问题。网络媒体的产品划分相对困难——传统媒体（如报纸）可以划分为内容与广告两大块，而网络媒体作为一个价值集聚平台，如此简单划分既不符合实际，又可能错过经营中的关键环节。根据目前中国网络处于领先地位的 "三大三小"③ 和中央及地方重点新闻网站最主要的产品（或平台产品），我们将网络媒体产品分作几类：传播内容产品、传播服务产品、搜索、广告产品、应用。

---

① ［美］迈克尔·波特：《竞争战略——分析产业和竞争者的技巧》，陈小悦译，华夏出版社 1997 年版，第 33 页。

② ［美］威廉·阿伦斯：《当代广告学（第 8 版）》，丁俊杰译，人民邮电出版社 2005 年版，第 199 页。

③ 从市值上看，腾讯、百度、阿里巴巴为 "三大"，新浪、搜狐、网易为 "三小"，"三大三小" 是中国网络的主导性市场力量。

1. 传播内容产品

包括时政新闻、财经新闻、体育新闻、娱乐新闻、社会新闻等新闻类内容，还包括文学、科技、教育、健康等文化知识类内容。新闻类内容和文化知识类内容，如同报纸的新闻版和副刊，最具有媒体属性，是网络媒体核心产品。

其价值提供主要是新闻资讯平台价值，传播方式主要是点对面的大众传播，价值创造主体是专业新闻机构、出版社、政府部门、企事业单位和专业作者等。

2. 传播服务产品

（1）含义与分类

传播服务产品主要是指提供上传空间，供用户发表内容、沟通信息、表达观点、维系与构建社会关系的产品，包括电子邮件、即时通信、论坛、博客、微博等。此外还包括无线增值服务、游戏、电子商务平台产品等。

传播服务产品提供公共平台价值、社交平台价值、工作消费娱乐平台价值。其传播方式涵盖了人际传播、群体传播、组织传播、大众传播人类四种传播方式。其价值创造主体有二：网络媒体和用户，前者是平台的提供者和主持者，后者作为平台上的活动者，是平台价值真正的创造者和体现者。

传播服务产品是一种传播工具的提供，如果传播内容产品是"鱼"，那么传播服务产品就是"渔"。

（2）传播服务产品的网络外部性

电子邮件、论坛、即时通信、博客、微博，朝"解放个人节点"的方向发展：内容发表更容易、互动性更强、传播范围由小到大、社交功能不断加强，如今个人媒体功能已经实现。

外部性是产品具有"强加"于市场交易之外的成本或收益的特性，[①] 产品的外部性使得成本难以被补偿，收益难以被支付，通常我们

---

① ［美］保罗·萨缪尔森、威廉·诺德豪斯：《宏观经济学（第 17 版）》，萧�译，人民邮电出版社 2004 年版，第 29 页。

把具有强烈正面外部性的、给用户带来利益的产品称作公共品。从这一角度来看，媒体经营管理核心问题就是"外部性补偿问题"——既以"外部性"发挥意识形态、文化功能，又从中获得成本补偿、维系产业发展。媒体二次销售商业模式就是这样的一种补偿方式。

网络媒体的公共性更加强烈，"网络外部性"也越发引起关注。2008 年诺贝尔经济学奖获得者保罗·克鲁格曼认为，当大量的其他人也使用某种商品时，该商品对个人的价值也越来越大，而此时该种商品被认为有网络外部性。① 并非所有的网络产品都有网络外部性，比如一般的内容产品（如新闻）以点对面向大众传播，并不具有明显的网络外部性，虽然它的受众越多，越具有相应的广告价值，但并非这里所说的"网络外部性"。克鲁格曼专门以"传真机"为例对"网络外部性"进行了说明——当世界上只有一台传真机或只有一个人使用传真机时，不会产生"传真机效应"（或网络外部性）。② 对此，有学者对传播产品进行了细分，电影播放的边际效应递减（如同工业产品以及传统媒体的内容产品），而电子邮箱的边际效应递增。③ 由此可知，具有强大网路外部性的产品是具有沟通或"关系"构建功能的传播服务产品。

梅卡夫法则 $V = n^2$，即网络总价值为节点数量的平方，但我们在运用梅卡夫法则的时候，常常简单地以为网站的价值是用户数量的平方，而忽略了他们应该是彼此连接、构建交流关系的"节点"。

内容是媒体的主业和强项，但网络媒体需要高度关注具有互动和关系构建功能的"传播服务产品"。以"传播内容产品"进行版权贸易而获得巨额利润，在数字网络时代刚刚开启的时候使比尔·盖茨成为世界首富，但随着网络生活的全面展开，内容版权直接盈利的难度在不断加大。

如果说二次销售是传统媒体对"内容产品"外部性的一种补偿机

---

① ［美］保罗·克鲁格曼、罗宾·韦尔斯：《微观经济学》，黄卫平等译，中国人民大学出版社 2009 年版，第 661 页。

② 同上。

③ 胡春：《网络经济学》，清华大学出版社 2010 年版，第 40 页。

制，那么要对网络媒体更强的公共性和网络外部性进行补偿，就必须对商业模式进行进一步拓展。

3. 搜索产品

搜索产品，即搜索引擎，是对整个互联网或某一大型网站内信息进行收集、整理，并依据用户查询要求进行相应信息呈现的产品。搜索引擎有助于整合网站信息，提升用户使用效率和体验，并能提供精准投放和竞价排名广告服务。搜索引擎典型性地体现了网络媒体的智能计算能力，被商业门户网站和大型新闻网站高度重视。目前，搜狐搜狗、网易有道、人民网即刻等都在着力市场拓展。

4. 广告产品

广告首先是一种传播。网络传播产品，尤其是传播服务产品的发展，为广告不断赋予新的特征。Web 1.0 时代的展示性广告，web 2.0 的互动式广告，移动互联网的应用嵌入式广告，远远超越传统的内容＋广告的层面，而是融合在各种传播内容产品、传播服务产品、搜索和应用产品之中，由精确投放软件推送，个人针对性加强，正在淡去强烈的促销色彩，而加入"有用""有趣"的信息。

5. 应用产品

应用产品（APP）是基于某一系统或产品平台而开发出来的海量、个性化、创新性信息产品。系统平台或产品平台通过开放应用编程接口（API, Application Programming Interface），并设一定的分成比例，激励众多第三方开发出海量应用产品供最终用户选择、使用。

应用产品可将网站微化成客户端，可将网站众多产品进行重新切分、重组、整合，也可基于系统或产品平台开发出创新产品。应用类型包括内容、工具、游戏、广告、电子商务等。应用产品对于网络媒体向个人定制化转型、向移动互联网延伸具有重要意义，代表了当前网络产品的主流。

以上网络媒体产品是在"难以划分"的情况下的"人为划定"，它参照中国网络处于主导地位的网络公司产品及其财务报表，但"划定"仍有偏颇。这实际源于一个事实，网络产品彼此融合，边界模糊，高度复杂化、和谐化。这是对用户真实生活状态的模拟，而网络媒体将各种产品高度"复杂化、和谐化"的能力可以成为一种难以被模仿的核心竞争力。

（二）用户需求：CNNIC 报告及个案调查

1. CNNIC2000—2012 年终报告显示

2000—2012 年，网络应用使用率排名前两位的如下表：

2000 年	2001 年	2002 年	2003 年	2004 年
电子邮箱 95.07%	电子邮箱 92.2%	电子邮箱 92.6%	电子邮箱 88.4%	电子邮箱 85.6%
搜索引擎 66.76%	搜索引擎 62.7%	新闻组 21.3%	看新闻 59.2%	看新闻 62.0%
2005 年	2006 年	2007 年	2008 年	2009 年
浏览新闻 67.9%	收发邮件 56.1%	网络音乐 86.6%	网络音乐 83.7%	网络音乐 83.5%
搜索引擎 65.7%	浏览新闻 53.5%	即时通信 81.4%	网络新闻 78.5%	网络新闻 80.1%
2010 年	2011 年	2012 年		
搜索引擎 81.9%	即时通信 80.9%	即时通信 82.9%		
网络音乐 79.2%	搜索引擎 79.4%	搜索引擎 80.0%		

2006—2011 年，网络使用率排名靠前的应用还有网络新闻、网络游戏、网络视频、网络购物。网络新闻使用率排名历年依次为：2、4、2、2、3、4，使用率分别为 53.5%、73.6%、78.5%、80.1%、77.2%、71.5%；网络购物的使用率历年依次为 23.6%、22.1%、24.8%、28.1%、35.1%、37.8%；网络视频使用率历年依次为 36.3%、76.9%、67.7%、62.6%、62.1%、63.4%；网络游戏的使用率历年依次为 26.6%、59.3%、62.8%、68.9%、66.5%、63.2%。

数据表明，2007 年网络视频、网络游戏使用率都有成倍增长，这是之前两年 web 2.0 启动，土豆、优酷视频分享业务开展，网络游戏收费模式，中国网络带宽大幅提升综合作用的结果。这也在说明"三大对话技术"中，"人与网络信息对话技术""终端与终端对话技术"在2005—2007 年突出性发展，而随后不久苹果手机出现——"人与终端对话技术"创新发展，进一步启动个性化应用和移动互联网市场。总体上，三大对话技术的轮番发展促进网络媒体市场的逻辑，可以在CNNIC 数据中得到较好的印证。

　　数据表明，网络新闻作为网络的基础应用，是网络产品中的"常青树"，但近两年跌出前二。可能性有二：网络生活全面展开，应用日渐丰富、功能强大，分摊了网络新闻浏览时间；新闻以融入其他应用产品的方式呈现（如社交网站、微博等）。网络游戏是商业门户网站（除新浪外）的盈利大项，使用率在 2007 年达到 60% 左右，从 2009 年开始持续下滑。网络购物使用率自 2006 年以后呈现稳健增长，在年轻群体、女性群体中使用率更高。

　　2. 在校本科生与年轻职业群体个案调查

　　笔者于 2012 年 5 月中旬在上海某专业院校的新闻专业 1、2 年级本科生、某综合性大学继续教育学院新闻和传播两个专业新生中发放了"网络及微博使用调查"问卷。这两个群体，分属于在校大学生和年轻职业两个群体（根据 CNNIC2000—2011 年报告，"学生和年轻职业群体"是占比最大的两个用户群体）。此次调查，我们得到了两个个案群体使用数据，能够对 CNNIC 所提供的科学抽样调查起到印证、补充作用，并能对目前网络媒体经营有一定的启发意义。

　　在校本科生个案，发放问卷 150 份，网络使用情况有效问卷 137 份，微博使用情况有效问卷 131 份。年轻职业群体个案，发放问卷 100 份，网络使用情况有效问卷 87 份，微博使用情况有效问卷 85 份。问卷共设 30 个题目，节选统计见附录。以下是一些主要数据的分析结论：

　　在上网动因调查中，"查资料""聊天""看视频"名列前三，"看新闻"排名中上，"购物"表现突出，"游戏"动因很小。

　　两个案中，"查资料""聊天""看视频"均名列前三，本科生"聊天"占比更高，达到 81%；年轻职业群体"查资料"占比更高，达 82%。这可与 2011 年年终 CNNIC 报告中显示的"即时通信、搜索为前两大应用"有一定的相互印证关系。

　　"购物"在上网动机中表现突出，两个个案群体的占比分别为 48%、70%；"游戏"占比在两个案中排名均在后两位，同为 28% 左右。"购物""游戏"这两个指标分别比较明显地高于和低于 CNNIC 在 2011 年底的全国网民平均数值，可能的解释是：电子商务增长势头强劲，本科生和年轻职业群体网上购物更加活跃；网络游戏继续缓慢下

滑，"年龄越小，玩游戏越多"现象①仍然存在，本调查的两个个案群
体在18—30岁，因而"游戏"动机相对较小。

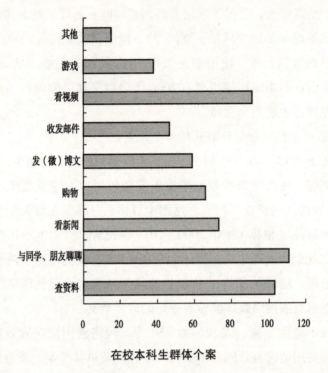

在校本科生群体个案

　　"看新闻"作为上网主要动因的占比排名中上，与2011年年底
CNNIC报告中"网络新闻"使用率排名第4的情形类似，占比分别为
53%和63%，比CNNIC统计的"网络新闻"使用率全国平均值71.5%
低了不少。

　　以上分析，虽然有个案差异的因素存在，但从CNNIC报告和上海
这两个个案综合考虑，随着社交、电子商务的发展，"网络新闻"的吸
引力正在下降（或者说过去的单一内容呈现式"网络新闻"的吸引力
在下降），在上海两个个案中"网络新闻"吸引力下降的更为剧烈。本
次还对"接触新闻的方式"进行调查，"主动寻找""弹窗推送"值分
别为1.15和1.09，亦即有将近一半的被调查者，是通过各种弹窗来接

_____

① 早在2007年年终CNNIC报告就显示"年龄越小，玩游戏越多"的现象，当年18岁
以下游戏使用率高达73.7%，比18—24岁年龄段高出10个百分点以上。

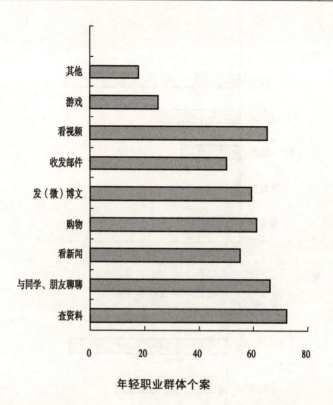

年轻职业群体个案

触新闻的，"网络新闻"正在以融入其他各种工作、消费、娱乐应用中的方式呈现，目前的主要弹窗有腾讯、飞信、搜狐、暴风影视等。

此外，在邮箱账号、微博账号的推广覆盖率上，新闻单位网站与商业门户网站相比劣势悬殊，在地方网站的访问上，表示一年来没有上过任何上海网站的比例分别为50%和43%。

（三）"匹配"问题的转化：弥补"价值缺口"

STP 的精髓是价值提供与用户需求的匹配关系。但 CNNIC 报告和上海"大学生和年轻职业群体"个案显示，聊天、查资料、视频娱乐是年轻群体的主要上网动机，网购也呈现快速增长态势，过去 11 年中"网络新闻"是各种网络应用中的"常青树"，但近两年也有明显下滑趋势。新闻单位网站浏览量与商业网站差距悬殊，除新闻外其他网络应用劣势明显。

由于网络经济"一站式"服务特征明显，商业网站过去 12 年的发展实际和新闻单位网站现状说明，网络媒体的"匹配"问题已主要地

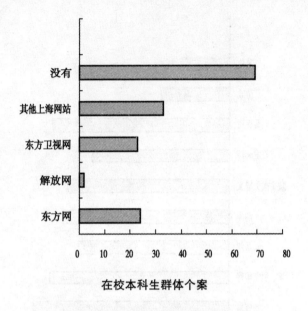

在校本科生群体个案

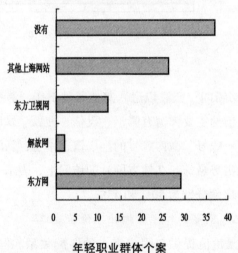

年轻职业群体个案

转化为弥补"价值缺口"问题。"价值缺口"是网络强大的价值承载能力与网络媒体组织有效价值提供之间的差距。

1. 商业门户网站的"试错式"弥补

最初的三大商业门户以新闻集聚了人气，但网络并非单纯为"新闻"而生，随着三大对话技术每一次阶段性发展，网络都在进一步介入人们的新闻资讯与传播、工作、消费、娱乐生活之中，"价值缺口"

不断敞开。

过去十几年中，新浪、搜狐、网易一直在为弥补价值缺口而"试错"经营，新浪在 2000 年前后与国美、易趣及众多 IT 企业合作电子商务业务，2003 年与韩国 NCsoft 联手推出《天堂》网络游戏，但目前新浪在电子商务和网络游戏上还几乎没有营收。2011 年 8 月新浪总裁曹国伟表示，虽然移动互联网和电子商务是未来十年中国互联网发展趋势，但新浪只重点关注在产业链中扮演什么角色，并非全产业链都做。① 这是深刻理解网络经济后的一种理性判断。

网易于 2002 年就推出即时通信工具网易泡泡，并在几年间不断被业界认为在"门户与游戏"之间进行摇摆，但好在牢牢地抓住邮箱、游戏两大强项，"有态度"的新闻品牌也凸显其门户地位。

搜狐"试错"似乎更多，早在 1998 年就推出国人最早的搜索引擎，2000 年收购社区网站 Chinaren，2001 年推出搜狐商城。但目前 Chinaren 社区老化严重，2009 年 7 月搜狐又以"白社会"正式进军 SNS 市场，2011 年搜狐的搜狗引擎才首次实现盈利，而电子商务几乎销声匿迹。

近两年，网易、新浪又开始在奢侈品电子商务上尝试，2011 年 8 月"新浪奢品"上线，2011 年底运行不到一年的"网易尚品"关闭。

三大对话技术发展，价值缺口不断敞开，意味着市场机遇，同时意味着巨大挑战。试想，如果新浪不对博客、微博应用作出回应，后果将会怎样？正是在填补价值缺口中的不断"试错"，才使得商业门户网站在"试对"了的业务中取得网络经济最为宝贵的先发和领先优势。回顾历程，新浪试对了坚守新闻、博客、微博，网易试对了游戏，搜狐虽然没有明显贡献营收的"试对"项目，但是有搜狗输入法、浏览器、搜索等拳头产品，让人们经常有机会接触到搜狐强大的综合业务。腾讯似乎一开始就"试对"了，那就是"关系"产品。

商业门户网站是民间智慧携国际风险投资起家，后又依托纳斯达克市场，与生俱来的"冒险精神"加上市场激情与实干，不断试错与耕

---

① 网易：《曹国伟：新浪拟涉足轻物流电子商务》（网易－网易科技，http：//tech.163.com/11/0823/13/7C566SAM000915BF_3.html，2012－6－8 浏览）。

耘，成就了今天商业门户网站的市场地位，也向世人展示了中国网络的独特风景。

需要说明的是，三大商业门户网站始终都坚持了新闻转载和聚合业务，2004 年腾讯也开始进入门户业务。事实证明，新闻"易碎"，但新闻作为一种产品却是"常青树"，正是媒体属性集聚了人气，为商业布局和社会影响力拓展了空间。

2. 新闻单位网站的"针对性"弥补

媒体属性是以提供新闻及其他内容为主的功能特性。严格地说，商业门户网站只是具有媒体属性的网站，这一点可以从 Chinarank 所提供的子网流量上看得更清楚。新浪子网流量贡献前五名是新浪首页、新浪博客首页、新浪新闻中心、新浪财经、新浪视频，由此，新浪是最具有媒体属性的商业门户。这在笔者所作的个案调查中得到了印证，四大商业门户网站的新闻满意度情况为：

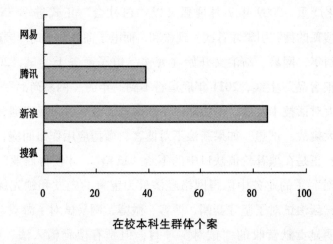

在校本科生群体个案

在校本科生和年轻职业群体对新浪新闻表示满意的比例分别为64%、70%，值得注意的是腾讯新闻的满意度排名第二，这似乎可以让我们得到一个有趣的推论"使用率越高，则新闻满意度越高"，[1] 这一点当然需要进一步验证。但不容忽视的事实是腾讯庞大的注册用户群

_____

① 除流量因素外，在与其他商业网站的比较中，新浪新闻最为稳健，而腾讯"今日话题"下的"评论""思想"则显得比较有个性。

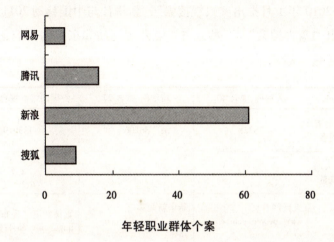

年轻职业群体个案

体、强大的社交功能、"强制性"的新闻弹窗正在强烈影响着年轻群体对新闻的感知。

Chinarank	新浪排名 4	搜狐排名 5	网易排名 7	微博排名 12	腾讯排名 2
三月平均百万独立访问者	238434	167518	150666	73963	470843
三月平均人均页面浏览量	9.7	9.5	8.8	16.8	24.7
2012/5/16—5/23 子网流量贡献前五	新浪网 www.si-na.com.cn 37%	搜狐 www.sohu.com 41%	网易 www.163.com 43%	微博首页 www.weibo.com 97%	QQ 面板 – 腾讯主页跳转 ptlogin2.qq.com 64%
	新浪博客首页 blog.sina.com.cn 31%	搜狐新闻 news.sohu.com 39%	网易邮件中心 mail.163.com 23%	微博搜索 s.wei-bo.com 8%	QQ 空间 qzone.qq.com 49%
	新浪新闻中心 news.sina.com.cn 25%	搜狐视频 tv.so-hu.com 31%	163 邮箱 email.163.com 21%	im.weibo.com 7%	新空间 qzs.qq.com 42%
	新浪财经 finance.sina.com.cn 17%	搜狐博客 blog.sohu.com 12%	网易通行证 reg.163.com 20%	微博相册 photo.weibo.com 2%	QQ 邮箱 mail.qq.com 36%
	新浪视频 video.sina.com.cn 14%	搜狐通行证 passport.sohu.com 10%	网易新闻中心 news.163.com 17%	微访谈 talk.wei-bo.com 2%	QQ 商城 store.qq.com 30%

    由于体制差异，新闻单位网站并没有迅速抢占网络技术发展提供的市场机遇，相对滞后，如人民网 2010 年 2 月推出"人民微博"、6 月推出"即刻搜索"；中国网络电视台 2009 年 11 月推出视频分享频道"爱

西柚", 2010 年 1 月推出"央视搜索"；新华社与中国移动 2011 年 3 月
联手推出"盘古搜索"；一些地方重点新闻网站如东方网、千龙网都采
取了"跟跑"战术。

Chinarank	人民网 排名 40	新华网 排名 27	中国网络电视台排名 13
三月平均百万独立访问者	28728	36206	133979
三月平均人均页面浏览量	5.7	9.0	4.7
2012/5/16—5/23 子网流量贡献前五	人民网首页 www.people.com.cn 47%	新华新闻频道 news.xinhuanet.com 78%	直播频道"爱布谷" bugu.cntv.cn 41%
	中国共产党新闻网 cpc.people.com.cn 11%	新华网首页 www.xinhuanet.com 56%	网络电视台首页 www.cntv.cn 21%
	时政频道 politics.people.com.cn 10%	吉林、山西、宁夏等频道各占 1%	视频分享"爱西柚" xiyou.cntv.cn 14%
	财经频道 finance.people.com.cn 10%		俱乐部 club.cntv.cn 8%
	健康频道 health.people.com.cn 7%		社区 my.cntv.cn 8%

人民网流量贡献在 7% 以下的子网依次为国际频道、军事频道、文
化频道等，具有互动功能的"强国论坛"流量贡献仅为 5%，人民微博
为 4%，新华网和中国网络电视台网也有类似的情形。

Chinarank	浙江在线排名 180	东方网排名 310	千龙网排名 676	北方网排名 136	华声在线排名 665	大众网排名 486	四川在线排名 1312
三月平均百万独立访问者	4743	4483	2345	4097	2229	2668	1230
三月平均人均页面浏览量	6.9	2.1	1.6	36.2	2.7	3.1	2.0

（续表）

Chinarank	浙江在线排名180	东方网排名310	千龙网排名676	北方网排名136	华声在线排名665	大众网排名486	四川在线排名1312
	浙江在线首页 www. zjol. com. cn39%	东方新闻 news. eastday. com 52%	千龙体育 sports. qianl ong. com58%	新闻前线－北方网 news. enorth. com. cn41%	华声在线首页 bbs. voc. com. cn 77%	大众网 www. dzww. com 76%	四川在线首页 scol. com. cn 94%
	时政新闻（有态度）china. zjol. com. cn 26%	东方网 www. eastday. com 15%	千龙军事 mil. qianlong. Dcom41%	北方论坛 forum. enorth. com. cn 32%	华声军事 js. voc. com. cn 39%	大众网论坛 bbs. dzww. com 23%	亲子频道 baby. scol. com. cn 5%
2012/5/16—5/23 子网流量贡献前五	浙江新闻 zjnews. zjol. com. cn 23%	东方网－东方财经 finance. eastday. com 14%	千龙娱乐 ent. qianlong. com 34%	北方网－时尚呼吸 fashion. enorth. com. cn 25%	湖南在线湖南省新闻 hunan. voc. com. cn 26%	大众网要闻 news. dzwww. com 13%	
	浙江博客 blog. zjol. com. cn 18%	图片频道－MSN中国 msnphoto. eastday. com 12%	千龙科技 tech. qianlong. com 34%	北方网娱乐风暴 ent. enorth. com. cn 7%	精英博客 blog. voc. com. cn 22%		
	潮鸣论坛 bbs. zjol. com. cn 18%	新闻晚报 xwwb. eastday. com 8%	千龙北京 beijing. qianlong. com 30%	IT 浪潮 it. enorth. com. cn 7%			

七大地方重点新闻网站情况参差不齐，处于领先地位的是东方网和浙江在线，二者同属于中国东部经济发达地区，但差异也比较明显，东方网依托上海金融、时尚之都的地位，在财经、图片频道上比较突出，但传播服务产品，如论坛、博客等频道劣势明显，相比之下，浙江在线在传播内容产品和传播服务产品上比较均衡。

总体上，以上数据表明，地方新闻网站、中央新闻网站、商业门户网站的"三月平均百万独立访问者"的数量级别分别为"千、万、十万"；新闻单位网站同商业门户网站相比，传播服务产品（论坛、博客、微博等）流量贡献小，用户生产内容—互动—社交功能不足。

2012 年 4 月人民网上市，新华网、中国网络电视台后续待发，东方网也已进入上市辅导阶段，新闻单位网站经营启动迹象明显。对此，我们认为有如下方法。

（1）体系外借鉴

转企改制的实质是公司化改造。虽然国有的、具有强烈意识形态属性的新闻网站与一般公司仍有差别，但面向市场、从经营中要收益、培育自我造血机能，这一趋势是明确的。商业门户网站一开始就面向市场，其经营实践清晰地反映了网络经济的若干规律，因此新闻单位网站经营进行探索，不能仅仅停留在本系统内部进行，必须向体系外借鉴。

（2）针对性弥补"价值缺口"

"价值缺口"是网络不断增强的价值承载能力与网络媒体有效价值提供之间的差距，它是因网络技术不断发展而形成的客观存在。"价值缺口"对于网络媒体组织不但意味着市场机遇，而且意味着市场挑战，因为新的网络媒体应用常常会在功能上覆盖以往的，对旧应用形成强烈替代。

依据市场现状、网络技术特点、新闻单位网站自身资源，做好"针对性"至关重要，其含义有二：及时回应最新的"价值缺口"；借鉴商业门户网站经营经验，结合自身资源优势与目标取向，在一两项产品上"补齐做强"。

比如，最新的"价值缺口"出现在移动互联网领域，人民网吸收中国移动、中国联通为重要股东，募集资金中2.8亿用于投资移动互联增值业务，占总募集资金的一半以上。[①] 从商业门户和新闻单位网站流量数据对比来看，新闻网站的传播服务产品劣势明显，而其中的论坛、博客、微博又具有比较明显的"媒体属性"，在这些产品上"补齐做强"应该是一种比较有针对性的务实之选。

网络经济是技术与市场及时互动的经济类型，在新的"价值缺口"面前，若不能迅速在短时间内取得用户规模和相应的盈利模式，"赢家通吃"效应将会显现。就大多数新闻单位网站而言，除资源限制外，做大型的门户网站或电子商务的"时间窗口"似乎已经关闭，依据自身资源思考市场机会，做针对性价值弥补，当是可行之路。

二　STP 理论的局限：边界封闭下的经营思维

如何调动资源填补"价值缺口"，STP 理论向我们提供了价值主

---

① 人民网：《人民网股份有限公司首发招股说明书（申报稿）》（中国证券监督管理委员会网站，http：//www.csrc.gov.cn/pub/zjhpublic/G00306202/201201/t20120109 _ 204598. htm? keywords =人民网，2012 -5 -5 浏览）。

张、填补"价值缺口"的经典思路——注重用户分析，集中资源瞄准目标用户，以差异化产品和营销传播在用户心目中确立独特位置。但这种经典方法并不足以解决网络媒体经营的现实问题，或者说忽略了网络经营中更为关键的要素，因此显现出一定的不适应性或局限。

（一）管理学界对 STP 理论的微词

任何理论都有一定的缺陷，理论模型更是如此，如管理学界认为20 世纪 60 年代以后就流行起来的 SWOT 模型除了提供思考方法和程序，并不能帮助企业制定战略，[①] 而 80 年代波特的五力模型则过分注重静态分析、忽视伙伴合作、并有"完全信息"的理想化假设。[②]

其实，提供思考方法恰恰是理论模型简洁、实用性的体现，而理论模型的缺陷更多地是由于经济的变迁引发的管理思考重点的改变。更为关键的是，当一般性管理模型针对某一行业进行分析的时候，常常会出现针对性与适用性的问题，这种情形对于媒体这种特殊的产业尤为突出。探讨理论模型的瑕疵并非目的，而是要从新经济、网络媒体经营现实的视角重新发现与强调传统理论可能忽视的重要方面。

北京大学管理学院教授王建国认为，在网络时代中 STP 的主要缺陷是：产业边界过于明显，强调企业间竞争是产业内的零和游戏，产业间除非发生替代品没有竞争关系……而且具有工业经济时代明显的直线化思维痕迹。[③]

我们认为 STP 所阐释的基本原理无疑是正确的，其精髓在于企业的价值提供与顾客需求的匹配关系，但这一理论隐含了一系列假设：企业与企业之间、企业与用户之间边界分明；目标用户的需求是可以被企业准确把握的；企业可以以一己之力，通过产品设计、营销传播，准确向目标用户提供价值（价值载体是产品），并确定无疑获得价值回报——营业收入。而这几种假设恰恰与网络时代的经济主流相违背，也

---

① 王开明、万君康：《企业战略理论的新发展：资源基础理论》，《科技进步与对策》2001 年第 1 期。

② 李海滨：《五力模型批判》，《企业管理》2005 年第 8 期。

③ 王建国：《1P 理论：网络时代的全新商业模式》，北京大学出版社 2007 年版，第 4 页。

与网络媒体的经营现实有诸多出入，突出问题有二：

1. 缺乏交易成本考量，忽视外包与合作

新制度经济学创始人罗纳德·科斯是交易成本的早期开拓者，"市场的运行是有成本的，通过形成一个组织，并允许某个权威（一个'企业家'）来支配资源，就能节约某些市场运行成本。……他可以以低于他所替代的市场交易的价格得到生产要素，因为如果他做不到这一点，总可以回到公开市场。"[1] 科斯从交易成本的角度向我们解释了企业边界判断原理：当企业管理成本（或称内部交易成本）大于市场交易成本时，企业边界收缩，反之则扩张。

垂直一体化实质上就是企业边界扩张的典型表现，20世纪90年代初科技巨人 IBM 的亏损就是过于强调一体化而忽视外包所导致。网络时代，信息技术产品的高度专业化、市场交易成本下降，这两点常常决定了"外包"的必要性和经济性。中国数字电视产业的制播分离，就是一种"外包式"内容解决方案，数字频道资源的丰富和民营制作团队的专业化成长构成了"外包"可行性。"外包"是一种市场交易行为，此外还可以通过建立战略伙伴关系的方式，加强企业间的合作，如网易与新浪都曾先后与 Google 建立过战略合作伙伴关系。

实际上，在网络经济时代，过于强调一己之力，不但会导致成本畸高，而且可能根本无法完成填补"价值缺口"，试想如果 Iphone 的 APP 应用全由自己开发，一定会导致价值供应的短缺，因此它不但采取外包，而且是一种"众包"与"合作分成"的机制。

2. 直线化交易思维，忽视"第三方"分摊成本

STP 理论提纲挈领、简洁明确，从细分市场到产品的用户定位，一气呵成，但直线化交易思维明显，无法反映媒体二次销售的"曲折过程"，也更无法反映网络媒体经营的"复杂性"。

王建国教授在《1P 理论：网络时代的全新商业模式》中几次提及一个简单而有说服力的案例：打火机的成本是 0.5 元人民币，上面打上

---

① ［美］罗纳德·哈里·科斯：《企业的性质》，载罗纳德·哈里·科斯《企业、市场与法律》，盛洪等译，上海人民出版社 2009 年版，第 14 页。

餐馆的名称，可以以每个 0.25 元的价格卖给最终用户，并向餐馆收取 0.25 元，餐馆就是打火机企业和用户之间的第三方，第三方分摊成本，使打火机能够以低于成本的价格销售。与工业时代不同，网络时代企业的顾客很可能成为企业的资本或商品。①

因此，企业在价值主张时应该努力寻找"利益攸关"的第三方，即在目标用户、产品定位、渠道、促销方面相似的企业，这种经典案例有 2005 年前后，苹果 Itunes 与百事可乐、网络游戏《魔兽世界》与可口可乐的联合推广，等等。

（二）传媒经济学视域下的 STP

在传媒经济学视域下，"打火机"案例实际上就是传媒最基础的"二次销售"，餐馆就是"广告主"，受众作为"资本或商品"。传媒经营对 STP 的理解和应用都是"双重的"，即不但考虑内容、受众，而且考虑广告、广告主，而受众与潜在消费者（广告主目标用户）的重合度则反映了广告效率和效果。

尽管传媒人深谙"二次销售"，但网络媒体的价值主张还是较传统媒体有巨大的不同，突出表现在以下两个方面：

1. 开放组织边界，吸引大量合作伙伴和用户创造价值

网络因超大渠道容量而成为巨大的价值载体，除新闻资讯价值的提供，网络还全面渗透用户工作、消费、社交、娱乐，一言蔽之，网络媒体正成为用户的生活平台。为更全面提供价值，网络媒体开放组织边界，吸引媒体、图书、音乐、商业企业等众多合作伙伴共同创造价值。Web 2.0 和社交媒体时代来临，进一步开放组织边界，不但授人以"鱼"而且授人以"渔"，让用户在网络平台"自由"表达与行动，这种价值主张的含义更加深刻——这是公共平台价值和社交平台价值的提供，而且基于这样的一种思想，"自由"的用户会自主创造价值、寻找价值、享用价值——用户更了解自己的价值需求，厂商组织任何单方面的价值主张与策划都似乎要比 web 2.0 营销思想低一个层次。

---

① 王建国：《1P 理论：网络时代的全新商业模式》，北京大学出版社 2007 年版，第 6 页。

2. 价值主张顺序再思考，变广告主为合作伙伴

广告是媒体重要盈利模式。传统媒体先内容、后广告的价值主张顺序，在网络媒体的广告经营中正在发生改变。媒体经营的"双重考虑"——内容与广告、受众与广告主，本质上要求媒体与广告主充分交流、共享智慧。但传统时代媒体资源稀缺、渠道容量有限，媒体以我为主、先内容后广告的经营方式非常普遍，这对于时政类、专业类媒体也是必需的。尤其是时政类媒体，除了为用户提供新闻资讯价值外，还有自身的宣传导向、价值诉求，先内容后广告通常能更好地保证媒体舆论导向，防止过多的商业因素干扰，具有明显的合理性。

但网络媒体的渠道容量大、技术含量高、营销空间广阔，尤其电子商务和 Web 2.0 充分发展，广告主实际上有了自主免费的营销传播渠道，网络媒体与广告主建立伙伴关系，充分交流、共享智慧常常起到相得益彰的效果。

2012 年 12 月 19 日，新浪微博与小米手机合作试水首单"社交电子商务"，当日新浪微博推出在线支付工具"微博钱包"，新闻、广告、活动、电子商务在这次合作中模糊了界限，合作触发了人们对新事物的关注。2008 年至 2011 年，人民网排名前 20 的大广告客户与人民日报的重合率仅有 1—2 家，[①] 这从实证数据表明网络媒体的广告主类型、广告主价值诉求已经发生了某种改变。

网络媒体摒弃单纯"先内容后广告""我卖你买"的直线型交易思维，变广告主为合作伙伴，将是一种趋势。

第二节　细分与识别：两种增加

一　用户细分指标：在"质、量"中加入"社会关系"

（一）追求目标受众的"质与量"

天下熙熙皆为利来，天下攘攘皆为利往。商业重利，天经地义。西

---

①　人民网：《人民网股份有限公司首发招股说明书（申报稿）》（中国证券监督管理委员会网站，http：//www.csrc.gov.cn/pub/zjhpublic/G00306202/201201/t20120109＿204598.htm？keywords＝人民网，2012－5－5浏览）。

方现代经济学的鼻祖亚当·斯密，出于对自由、自然、和谐的市场机制的理想，认为“我们每天所需的食料和饮料，不是来自屠户、酿酒师或烙面师的恩惠，而是出于他们自利的打算”。① 斯密将“利己”与“利他”统一起来，对西方经济学产生了深远的影响，几乎所有的经济、管理学者都把“盈利”作为第一要务。

哈罗德·孔茨认为，管理就是要创造盈余，意指效益和效率。② 传媒管理学者皮卡特认为，无论是商业性还是非营利性的，传媒公司都要面对财务、经济压力，盈利能力匮乏将产生衰败螺旋。③

因而，以一般企业为研究对象的营销管理学都会把“商业”“盈利”放在重要的位置，市场细分、选定目标市场一定会以其“盈利前景”为重要指标，如科特勒认为，公司应选择最大顾客价值的细分市场并保持这种优势。④

受一般营销学的影响，传媒倾向于关注两个用户细分指标：“质”和“量”，即受众数量和受众消费能力，⑤ 20 世纪初的都市报大多以“厚报”取“量”，而一些专业财经报纸如《经济观察报》，强调目标群体“有财富、有权力、有思想、有未来”，显然是为了取“质”。

对“质与量”的追求，几乎成了传媒人的一种惯性思维，如笔者所调查的某电视台频道广告招标书强调“用户群体高于社会平均收入水平”，再如上海某直投报纸的自我描述是“以高学历、高收入、高消费白领为主要目标，直投 50 个地铁站口和 500 个商务写字楼”，但从其报纸版面和实际投放效果来看，很难做到这一点。

---

① ［英］亚当·斯密：《国民财富的性质和原因的研究》，王亚南等译，商务印书馆1972 年版，第 14 页。

② ［美］哈罗德·孔茨、海因茨·韦里克：《管理学（第 9 版）》，郝国华等译，经济科学出版社 1993 年版，第 2 页。

③ ［美］罗伯特·皮卡特：《传媒管理学导论》，韩骏伟等译，人民邮电出版社 2006 年版，第 1、8 页。

④ ［美］菲利普·科特勒、加里·阿姆斯特朗等：《市场营销原理（亚洲版·第 2版）》，何志毅等译，机械工业出版社 2010 年版，第 29 页。

⑤ 于正凯：《百度的左与右》，《新闻界》2008 年第 6 期。

（二）网络媒体用户细分指标：加入"社会关系"的维度

力求经济效益与社会效益的统一，以"盈利"保障媒体运营的良性循环无可厚非，而注重目标用户的"质与量"确实抓住了注意力经济的关键要素，但媒体经营要对"重质轻量"保持高度反思，网络媒体经营要对如何取得"质与量"进行深入思考。

1. "量"为先

媒体是以普遍服务、公共至上为原则的，如果片面强调"质"，则有违该原则。传统媒体强调"质"是一种媒体定位战略，取稀缺资源获得最大盈利的经营原理。网络媒体经营中，"量"实质是一种最关键的"稀缺资源"，少数付费增值服务正是因"量"而生，广告服务用户量级也远高于传统媒体，而且精准投放广告、互动广告等新型广告品种都是基于海量用户而运作——总体上，网络媒体经营是在大量用户基础上的海量数据中寻找价值回报。

免费提供——集聚大量用户——寻找盈利机会，已经成为网络主流、通行做法，2000 年三大门户网站跑马圈地、2010 年微博大战都在重复这一经营线路。有"量"才有广告经营的更大空间、才有增值服务的盈利机会。

"量"不但意味着商业机会，而且是市场议价的重要砝码。这一点在 2011 年 10 月左右"淘宝商城涨价事件"中能够充分体现。我们可以用"反供求曲线"① 来解释"淘宝涨价"，与经济学中常用的供求曲线相反，在淘宝的用户量达到平衡点之前，由单位成本所决定的供给价格为 P2，大于用户愿意接受的价格 P1，但厂商只能以 P1 提供（亏本经营），当用户规模积累超过平衡点之后，用户愿意接受价格为 P2，而此时厂商由单位成本决定的可供给价格已经降至 P1，涨价和盈利由此发生。当然，淘宝提价也是为了整合"天猫商城"，但用户规模是产品升级、增值服务开发、议价能力的基础。

反供求曲线、正反馈效应、梅卡夫法则说明的是同一道理，就是网络用户的"量"的重要性。在确保整个网站强大流量的基础上，以子

① 胡春：《网络经济学》，清华大学出版社 2010 年版，第 48 页。

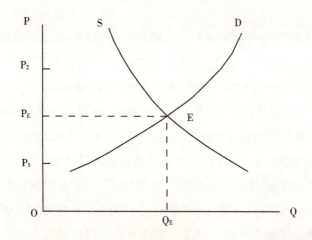

反供求曲线

网或相关联独立域名网站瞄准"高端用户"，即求"质"，是可取的，如 2011 年新浪推出的"奢品"电子商务频道。目前东方网的众多电子商务网站，如"在上海""吃菜菜""上海导购"，一部分流量需要从主网站链接获得，因此主网站的访问量的基础作用仍不可小觑。

2. 加入"关系维度"

人的本质是社会关系的总和。亲属、同事、同学、朋友是人的基本社会关系，而在日常工作、消费、娱乐中，共同兴趣、共同话题，甚至共同位置（如 LBS 应用能提供位置信息）都有可能构建某种"新关系"。人总有话想说，社会人有传播和关系构建的本能。忽视人的这种本能需要，对于传统媒体而言是囿于渠道能力的限制，而对于网络媒体而言则意味着重大的价值缺失。

在网络媒体用户细分中加入"关系"维度，意味有二：一是大力发展具有关系维系和关系构建功能的传播服务产品，为用户提供社交平台价值；二是充分重视用户"既有的关系"，帮助用户构建"新关系"，这是开发、运作"关系"类传播服务产品的基本原理。

（1）发展传播服务产品，提供公共平台价值和社交平台价值

1999 年 5 月 9 日，人民网强国论坛（原名"强烈抗议北约暴行 BBS 论坛"）成立，成为中国最早的时政论坛，凝聚爱国热情、传递网络舆论、公民参政议政，今天强国论坛已经成为最具"权威性"的公

共平台。

关系和传播总是密不可分，传播界定人与人的关系，而关系在传播中得以构建和发展。① 任何一次传播都包含"内容"和"关系"两个层面的信息。② 内容与关系是传播"这枚硬币"的两面。

论坛、社区、博客、微博、即时通信，这些传播服务产品除"内容"功能外，"关系"功能（或社交功能）依次递增。更为重要的是，传播服务产品彼此之间，传播服务产品与传播内容产品之间，常常"复杂化、和谐化"地关联融合，使"内容"和"关系"功能相得益彰。

如今，人民网由强国论坛发展出人民博客、人民微博、聊吧等系列"关系"类传播服务产品。做强、做精专业新闻传播为用户提供新闻资讯价值，在此基础上发展传播服务产品为用户提供公共平台价值和社交平台价值，是新闻网站亟须弥补的"价值缺口"。

（2）充分重视用户的"既有关系"，帮助用户构建"新关系"

细分市场的通常指标是地理因素、人口因素、心理因素、行为因素。③ 传统媒体经营实践，提挈要领，重点放在用户的"质与量"上。网络媒体强大的"关系"维系与构建功能，要求我们在用户细分时充分考虑用户的"社会关系"维度。具体而言，就是充分重视用户的"既有关系"，关注用户互动的动机、频率、主题、方式、场所、时段等特征，以这些重要指标为依据，不断对传播服务产品进行改进和升级，帮助用户维系"既有关系"并构建"新关系"。

2000 年搜狐收购的 Chinaren 社区是当时最主流的校友社交产品，而腾讯 QQ 正处于起步阶段。现在回头来看，重视用户"既有关系"，满足校友交流需要，是 Chinaren 的成功之处。随着时间的流逝，校友离开中学、大学逐步进入新的工作和生活领域，社交圈子也在不断地拓展，新的互动动机、互动主题、互动方式不断出现，对此搜狐并没有及

---

① ［美］斯蒂文·小约翰：《传播理论》，陈德民等译，中国社会科学出版社 1999 年版，第 451 页。

② 同上书，第 453 页。

③ ［美］菲利普·科特勒、加里·阿姆斯特朗等：《市场营销原理（亚洲版·第 2 版）》，何志毅等译，机械工业出版社 2010 年版，第 29 页。

时进行回应，用户新的社交圈子也无法打开，Chinaren 品牌老化日益显现。腾讯 QQ 一开始就将 "个人" 与 "账号" 绑定，"以我为主" 的使用体验让个人有充分的社交圈子扩展自由，同时腾讯高度关注用户互动的话题、方式等各种指标，不断改进升级产品，由即时通信工具到空间、日志、微博、微信等，用户的传播与社交需求得到了充分满足。用户在 QQ 上的社交圈子错综复杂，这些社交圈子拉住了用户个体，也将他（她）们牢牢地黏在腾讯平台上。

因此，在用户细分时加入对用户 "社会关系" 的考察和研究，对于开发具有 "关系构建" 功能的传播服务产品，保持产品年轻活力，增加用户互动，增强平台黏性，具有重要意义。

二 增加对合作伙伴的识别与开发

依托组织自身资源，识别用户需求，双方 "一对一" 对应考察，寻求用户需求与厂商组织价值提供的 "匹配"，这是 STP 价值主张的基本思路。但网络经济现实已经改变，用户 "一站式" 服务需求和 "个性化" 服务需求增加：面对 "一站式" 需求，网络媒体呈现 "价值缺口"，面对 "个性化" 需求，网络媒体亟须 "弹性" 价值供给。

这种情形使得单一经营主体或少量供应商无法胜任，要求网络媒体必须借助大量的合作伙伴，与之结成以 "价值丰富" 和 "弹性供给" 为特征的价值网络。这种新的、主导性的经营逻辑，要求网络媒体在价值主张阶段，就应充分考虑合作伙伴的识别与开发。

犹太人的商业谚语说，好的合作伙伴是成功的一半。合作伙伴对网络媒体经营的战略意义则更为重大。

（一）合作伙伴的开发意义

1. 填补 "价值缺口"，提供一站式服务

与报纸、广播、电视等传统媒体相比，网络媒体产业发展的 10 几年呈现前所未有的高度动态。这种高度动态源于网络技术发展特性：高速发展与功能覆盖。摩尔定律从一个侧面反映了这种特性。

这种高度动态，使传统理论（如 STP）静态地分析用户在某一时点的需求并进行价值主张显得不切实际。事实上，商业门户网站一直努力

填补由于三大对话技术发展而不断敞开的"价值缺口"，努力为用户提供一站式服务。新闻单位网站，虽然从某种程度上错过了一站式服务发展的良好时间窗口，但从 CNNIC 报告和上海个案调查中显示，其"价值缺口"还是十分明显的，与新闻传播密切相关的传播服务产品就是一个明显"短板"。

一站式服务是个相对概念。曾经被认为能"通吃天下"的三大门户网站，后来也被腾讯、百度、阿里巴巴赶超而成为市值上的"三小"。[①] 对于网络媒体而言，尤其是新闻单位网站，一站式服务意指网络媒体将其传统主业进行延伸、关联，由大众新闻传播到大众与人际传播的高度融合，由新闻产业到知识产业，再到大文化产业，以满足用户更全面的价值需求。因为，用户时间稀缺，网络价值承载能力"无限"。

如何填补"价值缺口"，唯有借助合作伙伴。新浪的创始人王志东曾说，授权与合作伙伴取得新闻、信息组合再造价值是新浪的强项。[②] 没有采编权，商业门户网站因合作伙伴而起家。

商业门户网站登陆纳斯达克时值网络泡沫破灭途中，网络广告尚不成熟，股价 1 美元以下。借助电信运营商伙伴开展无线增值业务，商业门户网站在上市 2 年后实现了首次盈利。

之后"三大对话技术"发展不断敞开"价值缺口"，游戏、搜索、视频、电子商务、博客、微博等应用陆续登场，商业门户网站无一回避、竭力"弥补"，就是为尽可能地提供一站式服务。其间，商业门户网站与大量内容供应商、网游开发商、商业企业、技术提供商等建立伙伴关系，开展实质合作。

归根结底，填补"价值缺口"需要各个领域专业化的知识、技术能力，这是单一组织无法在短时间内能够具备的，工业时代的劳动分工正在被网络时代的知识分工所取代——网络时代拒绝知识分工，如同斯

---

① 和阳、吴丽：《中国互联网应该走向成年：专访新浪网创始人、点击科技有限公司董事长王志东》，《商务周刊》2011 年第 2 期。

② 文西：《王志东：新浪为何不着急赚钱》，《文化月刊》2000 年第 12 期。

密时代拒绝劳动分工一样，是短视的。

2. "弹性"价值提供，满足用户个性需求

网络媒体的价值提供具有"弹性"特征。"弹性"体现在网络媒体经营的宏观战略和微观产品两个层面。

宏观战略层面，每一种专业化的知识、技术能力都是有用的，但其商业盈利前景并不确定，[①] 组织自身培育或收购某种专业知识技术，其时间和财务成本高，商业风险大，而借助合作伙伴，则可收放自如，以共赢为合作机制，及时得到某种专业资源。弹性管理是网络经营的一大特征。[②]

微观产品层面，网络产品常以大量的组合、关联呈现在用户面前，目的就是通过不停地组合变化"尝试触碰"用户的需求——这是一种价值提供与用户需求的"弹性"匹配。比如，点击一则新浪新闻，根据该新闻的主题、时间、地点、人物等要素，下方会出现相关微博账号的推荐，如果再次单击该条新闻，会出现另外一批微博账号推荐。再比如，微博平台上的海量应用就是由众多专业组织和技术网民依据开放的 API 接口开发而成，海量应用实现了用户的个性化选择。

无论出于宏观战略还是微观产品层面，发展合作伙伴才能保持价值提供的弹性。

（二）合作伙伴的识别原则

结合网络媒体经营实践，合作伙伴的识别有以下共性原则。

（1）资源互补

概括地讲，资源是网络媒体人、财、物、信息的总和，而"关系"

---

① 技术逻辑和商业逻辑的不同，早在 1912 年熊彼特就有阐述，"经济上的最佳和技术上的完善二者不一定要背道而驰，然而却常常是背道而驰的……"引自 [美] 约瑟夫·熊彼特：《经济发展理论》，何畏译，商务印书馆 1990 年版，第 18 页。瑞典学者乔纳斯提出 IT 悖论，即 IT 技术与商业回报之间具有高度不确定性，而他认为这是商业模式研究的重要原因，见 Jonas Hedman, and Thomas Kalling, "The Business Model Concept: Theoretical Underpinnings and Empirical Illustrations", *European Journal of Information Systems*, （2003）12，pp. 49 - 59。

② [美] 曼纽尔·卡斯特：《网络星河：对互联网、商业和社会的反思》，郑波等译，社会科学文献出版社 2007 年版，第 84—86 页。

作为一种"资源的资源"也越来越受到重视。具体而言，媒体的资源优势集中有二：品牌公信力和影响力，传播专业资源及内容资源。但由于网络媒体经营涉及新媒体技术、数据营销技术，以及需要填补众多在工作、消费、娱乐方面的"价值缺口"，大量发展资源互补性的合作伙伴至关重要。2012 年 7 月《解放日报》报业集团旗下的《新闻晨报》与腾讯合资创办"腾讯·大申网"上线，这是党报集团与民营网媒之间的深度合作，腾讯可以借助的是党报系统的权威性、影响力及政府关系资源，而腾讯在用户资源、新媒体技术与营销技术上对党报系统提供支持。①

腾讯·大申网是由中国最大的互联网公司腾讯公司和中国传媒影响卓越的解放日报报业集团暨《新闻晨报》联手打造。双方正式组建了新的合资公司——上海腾闻网络科技有限公司全面负责腾讯·大申网的运营。

（2）战略匹配

战略（strategy）一词，在管理学界和实业界都在使用，中外含义也有差别。在战略管理大家迈克尔·波特那里，"战略"就是"竞争方法"。国内管理学界也广泛使用"战略"一词，但很多情况下已经不局限于"竞争"这个相对狭小的领域。笔者认为，竞争是战略的核心，但从更大角度来看，战略是企业对"大目标、大方法"的决策。

战略匹配，即公司组织间在"大目标、大方法"上的类似性而导致配合、合作的可能性。东方网目前正拓展"民生类"电子商务业务成为新的利润增长点，如"吃菜菜"和"爱酒网"。其中"爱酒网"是王朝酒业和东方网合资兴办的葡萄酒电子商务网站，双方战略匹配在于都想通过电子商务来增加自己的营收，前者的资源在于法国葡萄酒品牌和商品，后者的资源在于丰富的营销传播渠道和媒体影响力。

（3）商业信誉与合作精神

商业信誉是法律层面的诚信原则。经营主体信守用户承诺，严格履

---

① 腾讯网：大申简介（腾讯－大申网，http：//sh. qq. com/aboutus. htm，2012－6－28浏览）。

行供方、买方商业合同，而逐步形成了社会对其经济实力、经营能力、社会信用等方面的美誉评价。商业信誉置于全体社会面前，是企业社会立足、市场经营的基础。商业信誉的评判，常常来自于对经营主体的有形经济实力、可见行为、合同文字承诺与兑现的考查。

合作精神是基于合作的信任原则。合作精神特点有二：一是以信任为基础，合力做大市场蛋糕，实现价值共赢；二是努力为对方创造价值，予即得，以融洽关系换得精诚合作。基于对未来共同创造价值的愿景，基于对对方未来能力成长与利益共享的信任、鼓励与期盼，合作精神的评判更多地来自于双方沟通与体会。

商业信誉基础而外显，合作精神升华而内敛。从一定程度上讲，商业信誉着眼于眼前、可见利益，合作精神着眼于未来、潜在利益。

加多宝与广药集团的"王老吉之争"就是当下合作争端的典型案例。[①] 在文化传媒业，自 20 世纪末开启的民营出版、民营影视制作在与国有出版社、电视台合作的过程中也有许多不尽人意之处，这其中有体制、政策原因，也有合作精神欠缺的问题。

三大门户网站的创始股东，新浪的王志东、搜狐的张朝阳、网易的丁磊都有同国外风险投资艰苦谈判的经历，他们也是最早一批接触风险资本的中国人。创业者害怕失去控制权，风投者希望公司架构与经营逐步规范，这常常是双方争论的焦点。为什么双方会为了一个还远没有看到真金白银的事业而走到一起？唯有对对方的信任和对盈利前景的信心，而就合作关系而言，首要的就是"信任"。风险投资者的基本合作逻辑是：

---

① 广药集团与加多宝的"王老吉"之争，不仅仅是合作精神的问题，而且涉及国有企业合作决策机制问题、腐败与企业信用问题，这种问题在国有—民营的合作中常常发生。

（1）良好的关系是合作的关键。

（2）要想用合同去预先防止以后的问题是非常有限的。合同的基本目的是促成有诚意的双方共同向前，而不是互设堤防。

（3）用单纯的合同方式谈生意一般都谈不成。你一定要有信任和对人的基本评估。这就是为什么律师一般都不会是好的商人——因为律师总是以最坏的底线为出发点。①

第三节　市场进入与定位：以"关系"为路径和归宿

一　借力关系：市场进入

市场进入是产品进入目标市场、在目标市场中推广的过程。进入壁垒是与市场进入密切相关的概念，它是阻止新企业、新产品涉足某一市场的力量。对于传媒产品而言，壁垒主要来自于资本需求、规模经济、产品差异化、渠道限制、政府政策规制等。②

网络媒体强大的渠道能力、特殊的经济回报方式，决定了其市场进入壁垒的特点——资本需求和规模经济最为显著。而同时，网络传播服务产品，尤其是即时通信产品、微博产品具有人与人"关系"维系与构建的功能，亦即，具有强大的网络外部性，这使得"借力关系"成为突破资本与规模壁垒的重要手段。

（一）资本需求和规模经济：最显著的两种进入壁垒

结合网络媒体的渠道特征和经营现实，网络媒体产品的进入壁垒有如下特征：

1. 网络媒体创新突破"产品差异化"壁垒

产品差异化，是迈克尔·波特所强调的三条企业基本竞争战略之

---

① ［美］茹茜安·琨德林：《一个风险投资家的自白：高风险企业创始融资纪实》，姚坚等译，中国社会科学出版社 2001 年版，第 111—113 页。

② ［美］罗伯特·皮卡特：《传媒管理学导论》，韩骏伟等译，人民邮电出版社 2006 年版，第 66 页。

一，同时也构成了对新进入企业或产品的强大壁垒。因为，差异化造就了消费者对于产品的认知度和忠诚度，新进入者只能创造出更具差异化的产品，并付诸大量的营销成本，才能成功进入市场。①

网络媒体作为一种"技术＋媒体"的新传播渠道，使得技术创新成为突破既有的"产品差异化"壁垒的利器。网络新闻对于传统新闻的强烈替代性就是这种突破。柯达胶卷在长期的经营中，以产品质量、专利、品牌形象筑造了牢固的市场壁垒，但日本的佳能、索尼以数码相机产品轻松突破了这一壁垒。2012 年 1 月柯达申请破产保护，而 1975 年柯达发明了世界上第一台数码相机，个中缘由，值得深思——原因可能有二，柯达对自创新的数码相机技术与产品采取保守态度、缺乏自我颠覆勇气；柯达的自创新数码产品的产品差异化壁垒过低。

在中国十几年的网络媒体发展历程中，由集聚式门户新闻，到博客，到微博，到手机应用、客户端，网络媒体技术创新成为突破"产品差异化"壁垒的利器。

但需要说明的是，以上各种网络媒体技术并非中国原创，我们的创新是一种"模仿式"创新，如商业门户网站模仿雅虎、腾讯模仿 ICQ、淘宝模仿 EBay、微博模仿 Twitter。在全球范围来看，网络原创技术大多来自于美国，而在中国互联网市场相对封闭，且人口众多，市场规模巨大，模仿那些能够获得用户规模或已经找到经济回报方式的创新，能够减小"试错"风险，避免可能沉没的巨大的机会成本。

模仿创新有两大途径：一是技术改进与重新整合；二是营销创新，即结合中国市场的行为、习惯、文化，进行产品与营销层面的创新。中国网络的模仿创新，类似于 20 世纪七八十年代日本的机电制造，通过对美国原创技术专利的购买或模仿，将几种技术高度"复杂化与和谐化"地融合并应用于产品设计与生产，从而形成了难以模仿的"核心

---

① ［美］罗伯特·皮卡特：《传媒管理学导论》，韩骏伟等译，人民邮电出版社 2006 年版，第 67 页。

竞争力"。① 在营销上，中国的淘宝是一种"集市文化"，百度"更懂中文"，新浪则是"全球华人社区"，（新浪）微博则介于 Facebook 与 Twitter 之间，估计将在很长的一段时间里保持比较强烈的媒体属性。

无论是在技术层面，还是在营销层面，创新都是突破"产品差异化"壁垒的利器。比如，在过去十几年中，最早的三大门户网站新浪、网易、搜狐都试图在即时通信产品上有所突破，网易在 2002 年推出网易泡泡、新浪在 2004 年收购 UC 即时通信平台，还有搜狐早先推出的搜 Q，但都无法撼动 QQ 的地位，反而自己的产品最后无疾而终。而新浪微博作为一种创新产品，凝聚大量人群，搭建社交 + 媒体平台，并附加即时通信功能；中国移动的飞信，则是以手机短信为切入点，并逐步社区化。这样两种产品才算是"挤入"即时通信领域。

东方网的电子商务业务群，在 2012 年伴随转企改制才算正式启动，"在上海""吃菜菜""东方定制"等，都是一种营销诉求创新，就是立足上海，与上海老名牌合作，加强上海民生服务，以此希望突破淘宝、一号店等大型电商构筑的壁垒，从大市场中分割出一块小市场。该营销创新原理是正确的，但成功关键仍是"人无我有，人有我强"，即如何能提供"大网"中没有的好产品，如何能提供有（信誉、服务、价格等）竞争力的"大网"中也有的产品。目前来说，需要做的工作仍很多。

2. 渠道壁垒弱和政策规制相对宽松

网络强大的渠道能力，包括容量、速度、互动性，一言以蔽之，网络实现了人类四种传播方式的高效融合。"媒体"的定义也更加宽泛，网络不但是媒体平台、公共平台，而且是社交平台，工作消费娱乐平台。伴随着"三大对话技术"进一步发展，网络渠道更加丰富，如新一代 IPV6 网络，将容纳更多的域名并具有强大的物联功能。因此，在技术上，网络媒体的渠道壁垒相对较弱。

在美国，互联网走了一条从军用到国家科研再到商用（民用）的

---

① C. K. Prahalad, Gary Hamel, "The Core Competence of the Corporation", *Harvard Business Review*, May – June, 1990, pp. 79 – 91.

道路，除了国家力量的推动，还有大量来自社会各方的力量。网络社会学者曼纽尔·卡斯特将互联网发展推动力概括为"大型军事研究、科学研究、自由文化的罕见组合"。① 国家、企业家、技术精英（或黑客）、民间草根等多方参与，使得互联网的政策规范加大了难度，但令人惊奇的是，在国家、社会、市场之间，在自由主义、技术主义、精英主义、甚至"共产主义"交汇的互联网世界里，管理达到了"相对稳定的状态"。② 这实际上是一种网络自治能力的体现。

在中国，国家力量铺设网络基础，并在网络升级中扮演重要角色，是网络媒体产业的启动性和导向性力量。国家相对宽松的网络媒体政策使得民营的商业门户网站得以生长，并为传播中国和为中国在全球互联网中赢得地位做出了贡献。同时，互联网天生的自由、开放、草根的文化气质，国家、企业、网民众多参与方，网络集媒体、商业、社交等诸多平台功能，这些情形使得网络具有多监管主体格局，如中宣部、工信部、国家广电总局、工商总局等——多头监管实质意味着监管宽松与弹性——总体上，网络媒体的政策规制，相对于传统媒体较为宽松。这实际也意味着中国网络媒体也应该强化自我监管、网络自律，如 2012 年 5 月 28 日新浪微博开始执行《新浪微博社区公约（试行）》。

3. 最为显著的资金壁垒和规模经济壁垒

搜狐张朝阳在 2011 年 5 月接受《第一财经·中国经营者》专访时所说，只要有流量，赚钱水到渠成，赚钱方法已经成熟，就是广告和收费两大类，中国互联网 10 多年的发展已经证明这一点。③ 在谈及微博盈利时，他说品牌广告、搜索广告、游戏收费等都是现成的盈利模式，只要平台足够强大，到时就是如何嫁接的问题。④

---

① ［美］曼纽尔·卡斯特：《网络星河：对互联网、商业和社会的反思》，郑波等译，社会科学文献出版社 2007 年版，第 19 页。

② 同上书，第 38 页。

③ 搜狐网：《打响搜狐微博反击战》（搜狐–搜狐视频，http://tv.sohu.com/20110515/n307571015.shtml，2012–7–7 浏览）。

④ 陈清：《张朝阳怀揣 6 亿美元亲上阵 搜狐全副武装挑战新浪微博》，《IT 时代周刊》2010 年第 24 期。

网络经营的源头活水就是用户规模。

规模经济，是工业经济时代就已存在的概念，它适合一切边际成本低于平均成本的产业。每增加一个单位产品的生产，平均成本因规模而下降的经济性，这就是规模经济。① 通常，传媒产品都具有明显的规模经济性，而网络传播产品的复制成本为 0，原理上它具有无限大的规模经济效应。

网络规模经济，已经从生产视角转向用户视角，不在于新闻生产或传播服务生产的规模有多大，而在于真正的用户有多少，用户规模是规模经济的试金石。一站式服务和个性选择需求，使得网络媒体必须弥补"价值缺口"、利用各种关联组合提供"个性选择"。网络规模经济是提供用户个性选择基础上的规模经济。

用户规模是广告要价和增值服务收费的基础，而先行进入者庞大的用户规模构成了对后来者强大的规模经济壁垒。而庞大的用户规模又是大笔资本免费提供价值换来的，这也就构成了令后来者咂舌的资金壁垒。

规模经济壁垒和资金壁垒是网络媒体产品市场进入最显著的两种壁垒，使得"风险投资""烧钱""跑马圈地"等成为互联网界的常用词汇，2009—2011 年新浪微博大笔资金投入、用户规模迅速成长，在未见清晰盈利模式的阶段，新浪的股价已经一飞冲天，从 40 美元最高摸至 140 美元。股票市场看重的是"预期"和"未来"，但用户规模确实是网络经营的第一基础。

规模经济壁垒和资金壁垒是网络媒体产品市场进入最显著的两种壁垒，并不意味着一味地砸钱换流量，取得用户规模，而需要做策略上的思考和安排。

（二）借力"关系"低成本市场进入

借力"关系"进入市场，是过去十几年中国网络媒体实践已经证明的正确方法，随着"社交媒体"的出现与发展，"借力关系"的内涵

---

① ［英］吉莉安·道尔：《理解传媒经济学》，李颖译，清华大学出版社 2004 年版，第 10 页。

也在深入发展。

1. 商业门户网站借力"关系"的历程

中国互联网产业的整体历程，大致以三次海外融资高潮为标志，划分为如下表格显示的几个阶段：

年份	标志	功能
2000—2004	新浪等三大商业门户网站上市	门户网站：新闻资讯
2004—2007	腾讯、盛大、百度、阿里巴巴上市	工作、消费、娱乐、生活
2007—2011	优酷、人人上市	视频分享、社交
?	?	移动互联?

需要说明的是，上市是新网络技术形态、功能形态、商业形态发育成熟，成为产业形态的标志。比如 2011 年人人网上市，实际上 2007—2011 年是其经营逐步成熟的孕育阶段。

媒体与内容和传播方式密切相关，因此网络媒体可以划分为以下几个阶段：

年份	标志产品	功能
2000—2005	门户	新闻集聚
2005—2009	博客、播客	Web 2.0 用户生产内容
2009—	微博	社交 + 媒体平台、移动互联

2012 年人民网上市，标志着新闻单位网站转企改制取得阶段性成果，全面经营启动。

商业网站引领了中国网络经济的发展。

2000 年商业门户上市，时值网络概念正在下跌途中，2002 年在与电信伙伴的合作中，以无线增值业务首尝盈利。

2004 年工信部发出强化无线增值业务管理的通知，商业门户营收分成和市场拓展都受到了很大影响。2004 年是商业门户网站艰难的一年，这在新浪、网易的财务报告中均有显示。

2005 年博客"适时"启动。博客、播客等 web 2.0 应用的意义有三：增加市场兴奋点、低成本内容生产、社交功能初显。

2009 年，微博启动，进一步降低内容生产门槛、强化社交功能，这也给新浪这种坚持做媒体，而在游戏和网络增值业务上无所斩获的网站提供了转型的重大机遇。具体而言，以新浪为例，在中国网络媒体发展的三个阶段，借力"关系"进入市场，被证明是一种低成本、高效的方法。

（1）门户 - 集聚式新闻：借力伙伴关系

新浪等三大商业门户网站并没有时政新闻采编权，从科技、体育、娱乐等领域"边缘突破"，在早期网民中逐渐集聚人气，并及时抓住技术进步所带来的融资、政策机会，加大与传统媒体等伙伴合作，最终成就了它们在新闻传播与综合服务方面的"门户"地位。

"门户"概念源于新浪的早期领导者之一姜丰年在 1998 年的著名文章《门户大战》，① 当时"门户"概念既抽象又直白：用户打开互联网的第一个屏幕。之后，抽象的概念被新浪、搜狐、网易的实干家们迅速落实，"门户"成为涵盖新闻、邮箱、软件下载、搜索等综合服务的大型网站的代名词。

"门户"与"新闻及内容传播"内在牢固关联。商业门户网站的产品越来越多（如新浪微博、网易游戏、搜狐影视），但时刻没有脱离"新闻"这一"起家主业"。这既是一种公司战略，也是用户心目中对它们的"定位"。可以说，"门户"与"新闻及内容传播"已经存在内在的牢固关联。这一点从业界大量文章中可以看出，如当网易在 2005 年左右游戏营收比重逐步加大的时候，就不断遭到业界和网民的关于"网易变网游""网易远离门户"的质疑，而丁磊总是矢口否认，并不断从南方报业集团等国内优秀媒体中挖来精兵强将来补充内容力量。②

---

① 范晓东：《微博：新浪的转型利器》，《互联网周刊》2011 年第 17 期。

② 李寅：《丁磊学习盛大网易离门户越来越远?》，《人力资本》2006 年第 3 期；李雪梅：《网易变网游》，《IT 经理世界》，2005 年第 23 期。

"门户"理想，何其远大。它注定早期实践者必须集纳各方力量迅速在这一平台上填充价值。在 2005 年之前门户塑造的过程中，借力媒体、机构、公司等伙伴关系是其突出特点。以新浪为例，说明如下：

体育、财经边缘突破，借力机构，积累影响，正名天下：1997 年新浪前身——四通利方体育沙龙《大连荆州没有眼泪》被《南方周末》转载；1999 年"新浪财经纵横"频道上线。1998 年四通利方与华渊合并组建新浪，次年被 CNNIC（中国互联网络信息中心）评为优秀网站第一名。2000 年 4 月新浪借助国际风险投资和金融伙伴登陆纳斯达克，7 月成为中国奥委会唯一网络合作伙伴，12 月 27 日成为首家具有登载新闻资格的商业网站。

2000 年后，新浪借助众多伙伴，发力内容、广告技术、增值服务，全面实施门户战略。

内容：2000 年 9 月与搜房网合作推出新浪家居栏目，为日后新浪乐居分拆上市播下种子；2002 年 5 月与《中国妇女》、欧莱雅等日化品牌推出"伊人风采"女性频道。

广告技术：2000 年 10 月与拥有"动态广告报告与目标定位"核心技术的 Doubleclick 公司合作，次年 3 月就推出新型网络广告服务。

增值服务：2002 年与中公网合作、2004 年与韩国游戏公司 Plenus 合作，拓展网络游戏业务；2003 年与摩托罗拉合作拓展无线增值业务；2004 年收购即时通信平台 UC。

新闻传播涉及意识形态领域，资源由新闻单位把持、资质有严格规定，与新闻单位合作获得内容资源，借媒体、社会机构（如 CNNIC）进行社会传播与推介是商业门户逐步树立自身影响力的必要途径。在 2005 年之前，web 2.0 技术还没有展开、用户个人"节点"能量尚未充分释放，机构、公司等组织是内容、技术、广告等重要资源占有方，借力伙伴关系进入市场是门户时代的重要手段。

名正言顺则行远。正名阶段的新浪，更主要借助的是传统媒体、国家机构、国际市场，这些伙伴或拥有重要资源或把持主流话语权，为新浪成为事实上的"媒体"助力。当然，新浪为用户市场提供价值是不言而喻的基础性努力。

（2）Web 2.0—博客：借力用户关系

Web 2.0 概念最初由网络出版商奥瑞利公司于 2004 年提出，认为 web 2.0 基于参与构架、超越传统页面、带来丰富体验。[①] 尽管概念界定仍有争议，但通常认为谷歌广告（AdSense）、维基百科（Wiki）、博客（Blog）等是 Web 2.0 的典型应用。

Web 2.0 的本质是什么？仁者见仁，但从个人、传播、社会的角度来看，Web 2.0 解放了"个人"节点，使"个人"通过"传播"广泛参与"社会"。

博客是网络媒体最典型的 Web 2.0 应用。2005 年中国商业门户网站大规模启动博客服务，实质上解放了"个人"节点，释放了个人的内容创造力，而同时"你的也是我的"，商业门户网站实现低成本内容扩张。

由门户到 web 2.0，用户关系成为市场进入的重要着力点。在 2003 年左右，博客中国、中国博客网已经凭借新概念先发启动。2005 年 10 月，数千名知名博主收到来自新浪总编陈彤的来信："我以新浪网总编辑的名义，代表新浪网，诚挚地邀请您入驻新浪 BLOG。"[②]

从措辞上已经可以看出，新浪博客营销开始针对个人用户。2006 年初新浪名人博客开始具备广告商业价值，徐静蕾的博客广告案就是例证——该案同时意味着"合作—分成"这一基本机制问题已经开始由伙伴延伸到用户。

Web 2.0 时代，普通用户成为内容的重要创作主体，借力用户关系显然成为网络媒体产品市场进入的重要抓手。

（3）微博—移动互联网：借力用户与用户的关系

微博是以 140 字为限的微型博客，除此以外，微博通过"JHJ"

---

① 陈志新：《web 2.0 概念、特征及其应用探析》，《河北北方学院学报（自然科学版）》2006 年第 6 期。

② 新华网：《圈地心态可见 新闻背景门户网站"急转弯"？》（新华网 - 传媒在线，http://news.xinhuanet.com/newmedia/2005 - 11/08/content_ 3747982.htm，2012 - 7 - 15 浏览）。

（话题）、"@"（通知或提及某人）等众多功能激发用户互动。互动的基本动因是基于"话题"和"既有关系"之间的交流，互动的基本结果是"既有关系"的维系和"新关系"的构建。

2009 年是具有标志性的一年。全球金融爆发后的第一年，网络三大对话技术全面升级的第一年。人—终端对话：智能手机；终端—终端对话：3G；人与网络对话：应用，在这一年有突出进展，标志着移动互联时代的到来。

2009 年 9 月新浪微博推出，它是兼具社交、媒体、移动互联功能的新型产品。用户与用户之间的关系，成为微博产品市场进入的发力点。新浪完善微博功能，加入图片、音乐、游戏，设立风云排行榜，推出用户影响力计算公式和用户成长体系，平台开放引入大量第三方开发应用程序。其重要目的，就是激发用户互动，培育微博社区，以用户与用户之间的关系强化用户与新浪平台之间的关系。结果，微博用户 2010 年 1 亿，2011 年 3 亿，网络外部性实现用户规模爆发式增长。

二　定位本质：一种关系的确立与维系

（一）定位溯源与深入分析

市场定位（market positioning）是通过产品设计，相对于竞争对手，在顾客心目中占据一个差异化、清晰、令人满意的位置。[①] 产品定位（product position）就是使产品在未来用户心目中确立一个词语，就像李维斯确立的词语是"牛仔服"、沃尔沃确立的是词语是"安全"，等等。[②]

以上市场营销学和广告学的经典著作对"定位"进行了详细的阐述，"市场定位"强调厂商的营销努力，"产品定位"强调用户的心理

---

① ［美］菲利普·科特勒、加里·阿姆斯特朗等：《市场营销原理（亚洲版·第 2 版）》，何志毅等译，机械工业出版社 2010 年版，第 9 页。

② ［美］威廉·F. 阿伦斯、大卫·H. 谢弗：《当代广告学精要（英文影印版）》，东北财经大学出版社 2008 年版，第 112 页。

感知，但有时二者表述又有所混淆。有的比较抽象，如强调在用户心目中占据一个"位置"；有的直白实用，如强调拥有一个"词语"。究竟什么是定位？仔细分析以上理论表述并结合营销实践，我们认为应该回答以下几个问题：定位的主体是谁？定位是如何取得的？定位是本质是什么？

（1）定位的双主体：厂商和顾客

营销经典 STP，市场细分—确立目标市场—定位，是基于资源稀缺的现实，差异于竞争对手，瞄准特定人群，寻求价值提供与顾客需求的匹配。它是一种厂商的战略行为，厂商是定位行动的主体，但最终定位成功与否还取决于另一主体——顾客。

东方网 2012 年推出的"东方定制"电子商务网站，该产品走"高端定位"路线，以产品质量、价格、促销等手段作出"高端营销"努力。但只有顾客普遍认可才是"高端定位"成功的标志，并非价格高，曲高和寡就是高端，并非厂商自我设想就能实现定位。面对新浪奢品、唯品会、美西时尚等电子商务平台和众多已有市场优势的高端服装品牌，在上海这个时尚之都走"高端"服装定位，"东方定制"还需一个长期培育的过程。

（2）定位的取得：厂商与顾客的互动

定位的取得有赖于厂商与用户的互动，这种互动有两个层面：一是产品层面的价值提供与交换；二是营销传播。

同样以"东方定制"为例，定位的取得不但依赖于定制服装在面料、款式、做工、服务方面的优异表现，还依赖于"定制观念"的传播。当"量身定制"被普遍认可并付诸行动，成为"高端选择"的时候（这也可以认为是一种观念回归），定位才得以成功。

当前，销量排行、价格仍是电子商务平台的主要营销手段，"高端定制"在原理上是行得通的，但有赖于顾客消费心理进一步成熟以及社会风尚在某一时段对"定制"给予高度关注。2013 年 3 月下旬习近平主席偕夫人出访俄罗斯等国，"第一夫人"身着国产定制服装、展示中国风采，引发百姓热情关注，常处"低调"的国内定制服装企业也一下子成为市场聚焦，逆势走红。① 这理应成为东方网—东方定制一个良好的营销契机，长期来看，需东方网乃至更多的"定制平台"共同发力、培育这个国产品牌的、定制的市场。这是一个厂商与用户长期保持互动的过程。

（3）定位的本质：一种关系的确立与维系

厂商与顾客长期的互动，包括价值提供与营销传播，最终形成的是一种关系：即厂商的承诺—顾客的期待—承诺兑现与期待满足，关系得以确立。

关系的确立与维系，二者之间没有明确的界限。一次成功的价值交换或营销传播，不足以建立厂商和用户的关系；厂商与用户的既有关系，如果不发展、不维系，则可能淡化甚至断裂。

第四节　案例：人民网和东方网的定位分析

商业门户网站的定位研究已经不少，新浪以"新闻门户"为基础，以微博的"媒体＋社交"平台为最新主攻，定位于"全球华人社区"；网易以"邮箱""游戏""网易公开课"等市场优势产品维系人气、创造盈利，以"有态度"为新闻平台口号，定位于务实、犀利、资深网游的综合门户；搜狐有"搜狗输入""搜狐视频"等市场优势产品，与新浪规模相当的新闻平台，10 多年来定位有所摇摆，但始终保持"时尚、娱乐"的风格定位，近年随着搜狐视频的重点投入，大有转型"综合娱乐传媒"之势头；腾讯则以核心产品 QQ 即时通信工具，账号绑定用户，关系网络绑定用户，有效开发多种增值服务，逐步成长为中国市值最高的门户网站，在新闻传播方面，自 2004 年起与地方传统新闻媒体合作，沿着"腾讯·大网"的路线一路前行，合作伙伴的优质新闻资源，加上腾讯强大的资金、技术、用户资源，其新闻之"强"，已显抗衡新浪之势。

---

① 李媛：《"第一夫人"服装中国造 服装股"飘红"》，《新京报》2013 年 3 月 25 日，B04 版。

　　各商业门户网站以不同的主打产品（价值载体）和公司诉求（营销传播），通过价值提供与营销传播与用户长期互动，逐步形成一种"特定关系"，这就是定位。

　　以新闻为例，"主流、全面、稳健"是用户对新浪新闻的一种"期待"，而"态度、冲突"则是用户对网易新闻的一种"期待"。网站承诺—用户期待—承诺兑现、期待满足的过程不断地继续、重复，一种相对稳固的关系就形成了。

　　定位取决于产权结构、企业目标、资源特质、主打产品、传统延续、竞争环境等诸多方面。新闻单位网站在产权结构和企业目标上与商业门户网站有重大差异，是决定它们定位差异的最主要方面。

　　国有控股、明确的宣传任务，决定了新闻单位网站本身就不是以"利润最大化"为竞争取向，而是在"宣传与市场"的平衡中经营。人民网上市实质上是对新闻网站"平衡艺术"提出了更高的要求。当前更多地考虑"市场"其实有更深层的"宣传"意义，如果无法从市场中取得收益，无法保证"有效覆盖"，何谈宣传效果？

　　因此，我们重点从市场的角度，从资源、产品、竞争环境等角度来分析人民网和东方网的定位。

一　人民网：大众性突破

（一）资源、产品、竞争环境

　　人民网控股股东为中央党报人民日报社，虽经转企改制，但人民网的党务、政府、国企关系资源，新闻采编政策资源，内容资源，高端用户资源，作为"第一官网"的品牌资源等，是明显的优势资源。

　　《人民日报》社、《环球时报》、中影集团等实力传媒，中国移动、中国联通两大电信运营商，金融机构中银投资等都名列大股东行列。人民网拥有 121 张新闻出版总署颁发的记者证，完整的内容采编、策划、发布、增值服务产业链，从资质到硬件国内其他新闻网站无法企及。1948 年成立的人民日报是中央党报、发行量最大的日报之一，1997 年正式开通的人民网作为最早一批新闻单位网站积累了丰富的办网经验和内容数据。"第一官网"的品牌资源，使"地方领导留言板""强国论坛"等成为网民与政府沟通的最有权威性的公共平台，同时人民网为中央级党政机关提供网站建设、技术服务、舆情信息资讯等服务。党员、企事业人员、公务员、专业人士等社会主流群体是其主要用户资源。

在产品方面，人民网坚持以原创新闻内容为核心竞争力，依托本网专业记者队伍、《人民日报》遍布全球的记者站，以及 400 多家媒体合作伙伴，每天以 15 种语言，16 个版本 24 小时向全球发布，有新闻频道、中央及地方网少数民族网和外文网等报道板块群。

在竞争环境方面，人民网与新华网、中国网络电视台网站同属中央级重点新闻网站，三者存在一定的竞争，但相对而言，更重要的竞争对手来自于商业门户网站。目前根据 Chinarank 数据显示，在"三月平均百万独立访问者"这一指标上，人民网与商业门户网站相差一个数量级。

在资源、产品方面，以人民网为代表的新闻单位网站与商业门户网站"强弱对应"现象非常明显——人民网原创新闻强，权威性强，综合服务弱；商业门户网站原则上无原创新闻资质，娱乐性、大众性强，综合服务强。

（二）定位：权威性、大众性、公信力

人民网明确将自己定位于"权威性、大众性、公信力"。定位最终取决于网站通过价值提供、营销传播与用户互动的结果。从用户角度，将人民网定位进一步浓缩，最核心的就是"权威性"。

公信力是新闻机构生命的根本，也是目前我们新闻单位网站普遍强于商业门户网站的地方，这很大程度上得益于良好的新闻传统和以"新闻出身"的领导管理层。对此，笔者在相关资料查阅与亲身体验中有强烈的感受。

"大众性"在不少情况下与"权威性"构成矛盾，大众性要求媒体充分渗透市民生活，鼓励市民发言与行动参与，强调平民化、世俗性的交流方式等，而权威性则要求媒体关注时政严肃话题，并及时、准确报道，强调内容真实和观点的鲜明、统一。在我们通常的理解中，二者常常分别代表了"发散"和"集中"两个取向。人民网自己也坦言，在"大众性、娱乐性"方面落后于商业门户网站，[①] 这实则是"权威"与"大众"本身取向就有矛盾的一面，因此平衡二者关系，取得"大众性"新突破是人民网亟待解决的问题。

1. 组织用户新闻生产

权威来自于权力、道德、资本、专业等方面。对于媒体而言，权威性最主要来自于真实、全面、有力的新闻报道，或进而言之是能够探究本质、揭示真相的新闻。

李普曼曾言新闻与真相的差别，新闻重在事实，而真相则重在明晰事实之间的关系、揭示隐藏事实，当社会可辨认、可检测达到一定程度时，真相与新闻重叠。[②] 马克思主义新闻学也将揭示事实本质作为一种最高要求。

在新媒体高速发展的今天，社会个体节点的智慧、能力、勇于揭示真相的道德勇气被前所未有地"激活"，社会"辨认与检测"真相的能力在提高。这时真正有力的新闻报道不单纯来自于媒体本身，还来自于媒体组织用户参与新闻生产的能力，这也可以理解为对人民网"权威来自人民"口号的一种具体诠释。

1999 年人民网就创办了全国最早的时政论坛，今天强国论坛、E政广场、人民博客、人民微博、地方领导留言板、聊吧等已经组建成人民网庞大的社区。社区每天产生大量的新闻爆料、新闻线索、评论、大众诉求，其中不少文章已具备"新闻报道或评论"要求，并被网编选出刊登，人民社区提供信息也是网站新闻策划、报道、活动及经营的重要资源。

---

① 人民网：《人民网股份有限公司首发招股说明书（申报稿）》（中国证券监督管理委员会网站，http：//www. csrc. gov. cn/pub/zjhpublic/G00306202/201201/t20120109 _ 204598. htm? keywords = 人民网，2012 - 5 - 5 浏览）。

② ［美］沃尔特·李普曼：《公众舆论》，阎克文等译，上海人民出版社 2002 年版，第283 页。

2. 利用传播情境梯次

传播情境是影响传播行为、传播效果的各种因素的总称，媒体终端形态、内容板块、时间、地点等都是影响传播情境的重要因素。从日报到桌面要闻、地方频道、社区板块，再到手机，传播情境变化的最大特点就是由"公共性"到"私人性"的演进。大众性不但强调大众参与，而且强调平民化、世俗性的交流方式，目前人民网的做法是《人民日报》原版呈现，要闻（原创与伙伴媒体新闻）与社区内容分开，同时注重用户提供的新闻线索、言论与新闻板块的有序穿插，在更具有"私人性"的手机终端上，一些个性、激情、犀利的用户内容常被置于显著位置，网编用词也更加个性化，如"携手人民新闻，誓死捍卫钓鱼岛"。①

人民网的资源、产品和竞争环境等，决定了"权威性"是其定位核心，但基于网络媒体经营特质（如用户规模要求大、web 2.0 应用渐成主流、渗透市民生活等）和进一步扩大媒体影响力的需要（如克服过于集中于"高端用户"的情形），大众性突破是人民网下一步的努力重点。

坚持真实、准确的原创新闻报道，维系和强化权威与公信；利用web 2.0 应用，鼓励、组织用户参与新闻生产，加强用户沟通，区分不同传播情境，将大众传播与人际传播良好结合，才能最终实现"权威性、大众性、公信力"更加平衡的网络媒体定位。

二　东方网："在上海"——"夹在中间"的突围

"夹在中间"是指地方新闻网站不但受到新闻体系内网站竞争，而且受到商业网站竞争的特殊产业竞争环境。"在上海"是东方网推出的系列电子商务网站中的一个，电子商务是东方网地方突围的一项重要经营举措。实际上，我们取其更宽泛的意义，"在上海"意指贴近上海用户、整合上海新闻资源、依托上海产业，是整个东方网的一个理想

---

① 人民网：人民网－手机人民网首页（http：//wap. people. com. cn，2012 － 9 － 30 浏览）。

定位。

（一）资源、产品、竞争环境

并非起家于某一报纸或电视台，东方网于 2000 年 5 月 28 日由上海几家媒体共同出资组建，经转企改制，2012 年 4 月 28 日，上海东方网股份有限公司正式揭牌，目前大股东有上海文广影视集团、东方明珠股份有限公司、上海文新报业集团、上海精文投资有限公司（上海市委宣传部下属投资公司）等。同其他新闻单位网站类似，东方网的媒体背景和政府关系资源，使其在新闻原创、政府信息服务采购业务上具有比商业网站更大的优势。

在产品上，网站内容从要闻、上海新闻到财经、汽车、文体等新闻种类俱全，博客、微博、论坛、社区等 web 2.0 应用齐备，Chinarank 数据显示"东方财经""图片 – MSN"、"新闻晚报"为流量贡献较大的子网频道。

在竞争环境上，在新闻体系内，中央级重点新闻网站如人民网等对地方有一定的整合替代效应。上海网站中解放日报报业集团旗下的解放牛网、文新报业集团的新民网，这两家以报社为依托的新闻网站采编实力强大，尤其新民网在上海新闻业界和用户当中都有相当影响力，对东方网更是构成直接竞争。在新闻体系外，四大商业门户网站的地方频道，凭借其强大的综合实力，对东方网构成竞争，尤其解放日报报业集团旗下的《新闻晨报》与腾讯联合组建合资公司"上海腾闻"共同运营"腾讯·大申网"地方频道，这种新闻单位与商业网站的深度合作，使得东方网竞争态势更加严峻。总体上，"夹在中间"的产业竞争环境特征明显。

（二）定位与突围："在上海"

在 2012 年 4 月上海东方网股份有限公司正式成立之后的公司宣传册上，"点东方 看上海 知天下""Eastday，Everyday"（东方网，每天）的口号赫然于封面。由以上资源、产品、竞争环境分析得知，东方网在新闻资源与能力方面面临新闻系统内外网站的有力竞争，但其最大的优势在于它是一家身处上海、由众多媒体集团参股的地方门户网站，新闻实力可能不是最强，但综合实力在上海尚有很大优势，浓缩一个核心定位就是——在上海——它意味着贴近上海用户、整合上海新闻资源、依托上海产业，做以上海为核心辐射周边地区的新闻及综合服务网站。

1. 整合上海新闻资源

与人民网"以原创新闻为核心竞争力"不同，东方网走的是新闻原创与合作并举、新闻与用户内容并重，以内容整合为主的路子。东方网首页上部两大栏分别为"新闻"和"用户内容"，两栏宽度相等，前者细分"要闻"与"原创"，后者则"微博、博客、论坛"依次向下排列。这种做法有些类似商业门户网站，强调媒体伙伴合作和用户创造内容，同时探索、鼓励新闻原创，这样可以以较低成本提高网站人气、加强与用户互动。

经笔者调查，目前（2012 年 6 月）东方网总体上具有新闻采编资质，但正式颁发到员工个人手中的记者证尚在落实之中，而且同解放牛网、新民网相比记者队伍优势尚不明显，此种情况下走整合新闻之路无疑是合理选择。

2012 年东方网在转企改制和上市冲刺的同时，也进行了影响力再造——直播上海市政府新闻发布会、直播经济适用房摇号等民生新闻、直播陆家嘴财经论坛等重大新闻事件，加强第一时间发布。开通微博账号"韦彦义"（微言大义：中国特色社会主义理论微博），总编徐世平亲力亲为微博直播十八大，关联微博与东方网各内容板块，加强互动管理。打造上海快速资讯频道东方直通车，培育政府、机构用户产品"东方舆情"，加强品牌管理。与人民网即刻搜索、中广网达成战略伙伴关系，① 加强媒体渠道合作管理。

2. 贴近上海用户

贴近实际、贴近生活、贴近群众，是党的十六大以来党中央对新闻报道提出的重要原则指示，这仍是搞好网络新闻传播的重要指南。网络强大的渠道能力实现了对群众生活，即工作、消费、娱乐、社交的全面

---

① 东方网：公司新闻（东方网 – 公司新闻，http：//www. eastday. com/eastday/shouye/07index/enews/index. html，2012 – 12 – 20 浏览）。

渗透，传统媒体的"我播你看"正在向网络媒体的"你用我提供"发生重大转变，这就要求网络媒体除提供"新闻资讯价值"外迅速弥补"工作、消费、娱乐、社交等平台价值"，实现"受众观"向"用户观"的转变。

立足上海，贴近上海用户，弥补价值缺口，拓展经营空间，理应是顺应网络媒体经营规律之举。人民网等中央重点新闻网站和商业门户网站的地方频道，虽然对东方网有"夹击"之势，但真正的上海地域与文化优势仍在东方网。笔者在东方网体验式调查中能够深刻地感受到这一点，记者、编辑、广告人员、技术人员、电子商务人员等不少来自上海本地，他（她）们常以上海话交流，谈论上海话题，工作中常常体现热情、严谨、细致的风格。热爱上海——他（她）们更懂上海。如何更好地将中国本土文化、上海地域文化与新媒体文化兼容并蓄，再次在网络媒体领域展示中国现代城市标杆的风采，将是东方网未来需要"精打细磨"的地方，这也将是上海市民更好地获得贴近、贴身服务的新媒体福祉。

东方网选择了近年增长势头迅猛、竞争又异常激烈的电子商务领域，2011年以来陆续推出上海老字号商城"在上海"、服务上海民生的"吃菜菜"、发挥上门服务优势的"东方定制"、契合媒体文化的"爱酒网"和"东方收藏"，以及上海电商导购平台"上海导购"。这些网站都采用独立域名，东方网首页链出，一方面使新闻门户与电商网站相互助力，另一方面可以有效防止过多"商业内容"可能对"新闻"造成潜在不利影响。

3. 依托上海地方产业

依托上海地方产业有两个层面的含义，一是发展上海广告主，二是广泛发展上海不同产业界合作伙伴，为电子商务等多种经营拓展空间。东方网子网流量贡献最大的是财经频道，无疑是借助了上海作为全国金融中心地位的优势。此外，上海作为中国最大的城市，云集了金融、汽车制造、现代服务业等国内顶级企业，积累了一批具有文化意蕴的老品牌，这些都是东方网经营的宝贵资源。此外，广告主与多种经营合作伙伴之间也有一定关联性，比如天津皇朝酒业就曾经是东方网的广告主，后来双方合资组建"爱酒网"成为东方网电商群落中的一员。

依托上海地方产业辐射周边地区，2012 年东方网继续在发展商业合作伙伴上稳步前行，前后与熊猫线缆有限公司、江苏悦达集团（纺织品）达成电子商务领域合作协议。①

---

① 东方网：公司新闻（东方网 – 公司新闻，http：//www. eastday. com/eastday/shouye/07index/enews/index. html，2012 – 12 – 20 浏览）。

第四章

价值创造："关系"创造价值

所谓"关系"创造价值，并非指"关系"本身，而是指网络媒体组织通过几种重要"关系"对象创造价值，这几种关系对象是：伙伴、员工、用户。

之所以强调"关系"创造价值，是基于网络媒体的经营现实——组织边界模糊，涉及大量合作伙伴；组织内部员工（领导者、记者、编辑）身份与职能多重，新组织文化亟待培育；组织为用户创造价值，用户也在为网络媒体平台创造价值——因此，网络媒体与伙伴、内部员工、用户的关系，在价值创造中扮演重要角色。

第一节　从价值链到价值网络：伙伴创造价值

一　从价值链到价值网络

（一）波特价值链理论的启示与局限

迈克尔·波特的"竞争三部曲"具有明显的前后相继性，《竞争战略》提出"五力模型"从产业结构层面寻找企业组织的战略机会，《竞争优势》中的"价值链模型"则着重研究组织内部价值创造活动，以优化产业链来取得"竞争优势"，而《国家竞争优势》则将产业、企业组织的竞争原理上升到国家层面，谋求国家在国际竞争中的优势。

价值链理论，将价值创造抽象为由基本活动（内部后勤、生产经营、外部后勤、市场销售、服务）和辅助活动（基础设施、资源、技术研发、采购）构成的价值链模型，① 以此模型为企业寻求在成本、产品、目标市场等方面的突破，最终取得竞争优势。

1. 价值链模型启示

波特的价值链模型以其清晰的逻辑线条、缜密的系统思维，成为经典的管理工具，被包括新闻传播在内的许多行业组织所应用。以网络媒体为例，价值链理论给我们带来的经营启示体现在如下几个方面：

（1）价值创造各环节前后相继、有机关联

价值链模型中，基本价值创造活动前后相继，基本活动与辅助活动有机关联，要求新闻传播组织将策划、采访、写作、编辑、评论、传播、广告开发活动统筹于目标市场、风格取向相对集中统一的连贯过程，同时与技术部门、后勤部门等保持协调，方可成功实施价值创造。各环节的前后相继、有机关联，还意味着价值增值、价值创新是依赖于各个环节而产生的，应高度重视各个环节的"微力量"。

2012年6月19—29日人民网的"神舟九号全景报道"专题，邀请了总装部、国防科委、中国科学院等合作院所，携手中国载人航天工程网、中国网等合作媒体，借助"重量级"合作伙伴实施"全景"报道，彰显人民网"权威性"。

此外，人民网以人民电视开播专家采访，以人民微博策划的"助推火箭"、"为宇航员鲜花"等用户参与活动取得了"大众性"突破。

在整个专题中，每一个环节都在为整个主题集聚价值，而微小环节的创新，如版面的"太空生活日记"、3Dflash展示、互动活动设计，都使整个专题呈现新意。②

（2）价值链竞争

企业组织之间的竞争，外在是产品竞争，而背后是价值链竞争，这是价值链模型对网络媒体经营的一个重要提示。当前，新闻单位网站的访问量不及商业门户网站，虽然也在集聚"媒体伙伴"内容并在增值

---

① ［美］迈克尔·波特：《竞争优势》，陈小悦译，华夏出版社1997年版，第37页。

② 人民网：《神舟九号全景报道》（人民网－科技，http：//scitech. people. com. cn/GB/25509/55912/239673/index. html，2012－7－1浏览）。

服务上不断做出努力，但产业链不"强"仍是目前弱势的主要原因。

价值链不强集中体现在，囿于资金限制内容供应不足，囿于技术条件应用开发不足，囿于传统新闻采编与内容制作思维在内容切分、重组、关联方面不足。东方网在同新民网和解放网的新闻业务竞争中，在原创新闻链节上不够强大，但通过将原创新闻链节与论坛、博客、微博等互动内容链节相关联，并恰当地、适时地进一步与电商板块链节相关联，则有可能在价值链条的竞争上取得先手。

中央及地方重点新闻网站的邮箱、论坛、博客、微博等一应俱全，但价值链条的价值创造和传递能力，以及价值链关联能力不足，使得以上产品在整个网络媒体市场上边缘化明显。

（3）产业价值链定位

将波特专注于组织价值创造的价值链模型向产业扩展，可以得到"产业价值链"，个体组织在整个产业链中的定位将直接决定它的竞争优势和经济回报。

20世纪90年代宏碁集团创始人施振荣提出了"微笑曲线"理论，认为在整个价值创造与实现的产业价值链条中，高回报率集中在链条的两端：研发与市场，而生产、制造则处于产业价值链中部的低回报率区域。用这种理论去解释公共品、外部性特征非常明显的网络新闻传播似乎很有说服力，商业门户网站凭借技术、市场、内容整合优势占据"微笑曲线"两端，而传统媒体和新闻单位网站则担负成本极高的新闻生产环节。

21世纪的前10年，为了不错过发展机遇，中国网络媒体产业政策给了商业门户网站良好的环境，它们以"集聚新闻"起家，不断开发、应用最新的网络媒体技术，主打广告和增值服务市场，如今已经成长为

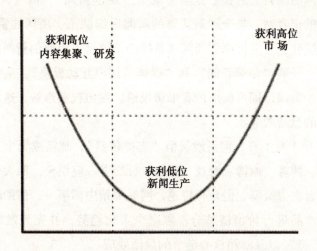

微笑曲线

数十亿美元的上市公司。体制制约、市场起步晚，使得新闻单位网站错失了一定的发展机遇。对此，我们认为新闻单位作为传统的、意识形态层面的、专业的新闻生产力量，付诸高昂的采访成本，为的是坚持新闻专业主义，为公众提供具有公信力的资讯，为党和政府提供真实可靠的舆情民意，这种国家重器的基本职能仍应继续发挥作用，这不是简单的个体新闻组织经济利益的"小事情"，而是涉及整个国家的福祉。

　　但是在经营层面，"微笑曲线"较为清晰地解释了过去 10 年商业门户网站和新闻单位网站由于产业链定位差异而造成的经营情况的差别，它也提示了转企改制后新闻单位网站应及时对自身主营业务，尤其是重要营收业务的产业链定位进行审视，以求在竞争中取得主动。

　　（4）核心价值链条与链节

　　核心竞争力是竞争优势根源。① 在价值链视域下，核心竞争力是指企业组织众多价值链条中的核心价值链，以及某一价值链条中的核心链节。发挥"核心"的辐射作用，盘活价值链条，激活其他价值链节，最终增加企业的市场识别度和竞争优势。

---

　　① C. K. Prahalad, Gary Hamel, "The Core Competence of the Corporation", *Harvard Business Review*, May – June, 1990, pp. 79 – 91.

　　人民网明确自身的核心竞争力就是"原创新闻"，借《人民日报》遍布全球的记者站、集全国最优秀的新闻采编队伍、所居的重要地位，人民网无疑要充分发挥原创新闻这条核心价值链。以原创新闻核心价值链为依托，发展"集聚新闻"和"媒体与用户互动板块"，从中发现热点、焦点、争议，即可派出记者采访报道，发出权威声音，这就是核心价值链条的盘活效应。

　　2013年1月1日，网易改版但"态度依然"，邮箱成为个人门户入口，新闻、博客、微博、游戏、购物、社交等一应俱全。四大门户中网易新闻综合实力最弱、但最有特色，网易邮箱中国第一，借助邮箱这一典型个人产品进行价值链整合，顺应个人化趋势，并充分发挥核心的"态度生产链"以及邮箱核心链节的盘活效应。

　　价值链应该是条精力充沛、精彩舞动的"活龙"，核心价值链条和链节肩负盘活长龙的关键使命。

　　2. 价值链模型的局限

　　"五力模型"分析了网络媒体的产业结构的"融合"特征——产业边界、组织边界模糊，这实际上动摇了波特价值链理论的逻辑起点，它着重于对组织内部和产业内部分析。

　　百度平台聚集着数十万的网站联盟伙伴和广告主伙伴，商业门户网站与众多传统媒体签订合作协议，人民网也有上百个签约媒体伙伴，据了解东方网专门成立了"合作发展部"以发展各种电子商务和电子政务平台，网络经济的发展现实越来越凸显了传统理论的某些局限性。

　　（1）组织封闭思维

　　按照制度经济学原理，组织存在的理由在于以内部运营管理成本替代市场交易成本，从而提高资源利用效率。网络超强的渠道能力降低了市场交易成本，单纯依赖组织内部进行资源调配与生产，一则资源短缺，二则效率低下。组织封闭思维，容易造成对市场需求的漠视与误判，缺乏对社会与市场更多智慧资源的吸取，这对于大众性特征明显的网络媒体经营影响更加严重。

　　（2）静态零和博弈

　　如何在固定的市场蛋糕中获得更大的价值回报，同竞争对手展开零和博弈，是波特理论的一大局限。这种静态竞争观点正在被动态、共赢的经营理念所取代，为利益相关方创造价值，共同做大市场蛋糕，实现共赢是一种趋势。

（3）单向直线思维

波特价值链基于这样的假设，将组织内部的基本活动与辅助活动妥善安排，从中发现降低成本、标歧立异或专注目标市场的战略可能，最终实现毛利率和营收提升，以取得竞争优势。这种单向直线性思维弊端在于：忽视网络商业模式间接性盈利的特征，忽视与市场各参与方的双向交流。

理论是对现实经济的抽象。波特理论诞生于网络经济之前，专注于现代工业与服务业，研究对象与时代局限是造成理论局限的主要方面。再有非常重要的一点，我们强调的"组织边界模糊"，实质是一种隐形的、经营层面的模糊，而在法律、人事、财务层面组织还是有明确的界限。现实和理论发展有一定的延续性，针对某一具体业务或变换抽象层面，价值链模型仍能被网络经营所应用。只是总体上，价值链不是交互"关系"分析的理想工具。[①]

（二）价值链向空间扩展：价值网络的动因、机制

随网络经济崛起，价值链向空间扩展，由组织价值链到产业链，到价值网络。价值网络是由共同创造某一价值的企业连接而成的整体。[②]

1. 动因

芮明杰教授认为价值网络的形成是模块化生产发展的结果。[③] 模块化生产有三个基本要素：界面、标准、模块。"模块"是半自律性子系统，各子系统（模块）按照一定的规则相互组合，能形成更加复杂的系统或过程。[④] 来自不同组织的功能模块，有统一的外部接口标准，共同聚集于平台界面，形成价值网络。各个模块彼此互补、协调，实现价

① 李垣、刘益：《基于价值创造的价值网络管理》，《管理工程学报》2001 年第 4 期。

② 吴海平、宣国良：《价值网络的本质及其竞争优势》，《经济管理》2002 年第 24 期。

③ 余东华、芮明杰：《模块化、企业价值网络与企业边界变动》，《中国工业经济》2005 年第 10 期。

④ 杨公仆：《产业经济学》，复旦大学出版社 2005 年版，第 19 页。

值创造和组合性价值增值。

模块化生产能够非常好地解释 Iphone 和新浪微博开放 API 接口的平台：各种应用以"众包"的方式由专业软件开发商和有专业技能的用户开发，这些应用就是"模块"，公开的 API 接口就是"标准"，Iphone 和新浪微博就是"界面"，这样 Iphone 和新浪微博这样的核心市场主体，就同众多"合作伙伴"结成价值网络。这种价值网络对于核心市场主体的管理意义在于"弹性"，对于广大用户的意义在于"个性化选择"。

从生产技术（尤其信息生产）发展的角度来看，模块化生产确实与价值网络的形成密切相关，而从更大的视角，从经济与社会，企业与市场互动的角度来看，价值网络形成的动因可归结为以下三个方面。

（1）用户价值需求变化

从工业经济到服务经济，再到网络经济，市场（用户）主流的价值需求形态正在发生变化。网络经济时代，产品与服务的不可分割性是价值网络形成的根本原因。[①] 此外，用户需求的高度个性化，即经营主体被期待提供多样性选择，也是价值网络形成的重要动因。

	市场需求的价值形态	企业生产技术发展
工业经济	有形价值（产品）	生产线——精益生产、模块化生产——电脑软件介入的智能化信息生产
服务经济	无形价值（服务）	
网络经济	有形＋无形价值（产品＋服务），个性化需求	

（2）资源稀缺性

产品与服务的不可分割性，或者说，有形价值与无形价值的不可分割性，就是我们通常所说的"一站式服务"；个性化需求要求经营主体在微观产品上以各种关联组合提供多样选择，保持价值提供的"弹性"。

数字网络技术对于现代经济基础层改造而产生的电子金融支付、现

---

① 吴海平、宣国良：《价值网络的本质及其竞争优势》，《经济管理》2002 年第 24 期。

代物流、电子商务和门户网站,使得"一站式服务"越来越成为可能。立足上海的东方网,目前主营新闻门户和电子商务,虽然难度不小,但"一站式服务"的目标取向已非常清晰。

"一站式服务"对于网络媒体而言,主要是围绕"信息传播"而展开,即为用户提供新闻资讯价值、公共平台价值、社交平台价值,并尽可能提供渗透于用户工作、消费、娱乐的多种信息服务价值。

相对于用户价值需求的变化,单一的市场经营主体的资源就显得更加"稀缺",而合作可以广泛集聚资源,创造价值,并使"弹性"提供价值成为可能。

(3) 合作可能性

合作可能性,在于资源调配和沟通的可能性。网络趋势是人、财、物、信息的节点化、比特化,网络中节点距离为0,使得资源调配、转移成本,以及沟通成本大为降低,亦即,网络经济中的电子金融、物流业、网络传播的高度发展极大地拓展了合作空间。

基于以上三个动因,价值网络成为网络经济典型的产业组织形式,见下图:

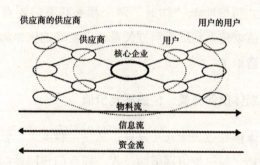

企业组织层面价值网络①

---

① 马士华:《论核心企业对供应链伙伴关系形成的影响》,《工业工程与管理》2000 年第 1 期。

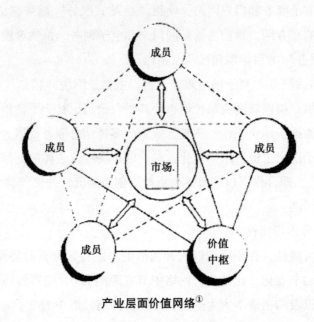

产业层面价值网络[①]

2. 机制

机制是促使价值网络正常运作的规则或条件。从基础层面讲，价值网络的机制是"价值"与"沟通"两个相互联系的要素，即通过为合作伙伴创造价值以建立和维系双方关系，以良好的伙伴沟通保持伙伴关系并为用户创造价值。

二　网络媒体伙伴分类：创造不同价值

中国网络媒体在过去十几年发展，从一定程度上，就是经营主体广泛发展合作伙伴，编织价值网络的过程。商业门户网站的成功在于利用价值网络实现"一站式弹性价值提供"，实现了用户个性选择基础上的网络规模经济效应。具体来说，网络媒体合作伙伴有以下几种类型。

1. 内容伙伴

是指提供新闻和知识文化类内容的公司或机构。国家明确规定商业

---

① 吴海平、宣国良：《价值网络的本质及其竞争优势》，《经济管理》2002 年第 24 期。关于价值网络图解很多，依据笔者理解选取"企业层面"和"产业层面"的价值网络图示。

门户网站不具备时政新闻的采编资格，因此发展同新闻单位的伙伴关系，转载、集聚、整合新闻单位的新闻是商业门户网站的主要媒体业务。新闻单位网站有采编资质，但就网络超大的渠道容量而言，仍需借助新闻单位伙伴填补"内容缺口"。在新闻内容方面，新闻单位网站强在原创，商业门户网站强在集聚整合。

在知识文化类内容方面，除网易公开课频道表现较为突出，整体上网络媒体亟待培育有影响力的知识文化类品牌频道，这需要出版社、期刊社、博物馆、高校、科研院所等众多合作伙伴。维基百科树立了公众知识生产的典范，这种 web 2.0 应用也是网络媒体强化知识文化类内容的重要手段。

内容伙伴贡献新闻资讯价值、知识文化价值，是网络媒体经营的基础。

2. 技术伙伴

是指为网络媒体提供传播技术、信息整合与营销技术的机构或公司。

网络媒体具有"技术＋媒体"特征，每一次软硬件技术创新都不同程度地影响了网络媒体的传播模式，并进而影响其经营走向，微博和智能手机就是典型代表。

与日渐丰富的传播模式对应，大量信息和用户数据"涌现"，用于整合信息与精准推送的营销技术至关重要，如用户关系管理系统（CRM）、精确广告投放系统等。据笔者了解，上海第一财经网站在 2008 年左右已经开始运用 CRM 系统，为整个第一财经的报纸、电视台及网站提供营销数据支持，但即使第一财经这样专业的主要涉及数据的网站，目前仍处于摸索阶段。坦率地讲，目前客户数据营销技术的高端仍然掌握在 Google、亚马逊、百度这样的巨头手中，以上专业性很强的软硬件技术、营销技术，常常并非网络媒体自身所具备的资源和能力，而需要与技术伙伴进行深入的沟通与合作。

传播技术——海量信息和用户数据——营销技术，这是一个渐进、彼此强化的过程。商业门户网站在这方面具有优势，处于海量信息传播和大数据营销的发展阶段。新闻单位网站亟待强化传播技术合作，取得产品和用户规模突破，即使在当前"小数据"阶段也要有意识地培育营销技术合作伙伴，以适应未来发展趋势。

网络革命的核心不是"信息"，而是"信息处理技术"，[①] 对传播技术、信息整合与营销技术应给予高度重视，而这并非媒体的专业强项，[②] 要顺应"知识分工"大趋势，加强与技术伙伴合作。

技术伙伴的主要价值贡献，不在于信息生产，而在于传播方式创新、信息整合呈现、用户数据商业价值挖掘。这是网络媒体竞争的关键。

3. 广告主伙伴

即媒体二次销售的买主，是网络媒体主要收入来源。强调与广告主的伙伴关系，就是要摒弃"我卖你买""我有媒体，你打广告"这种传统的交易型关系，由于网络媒体广告具有更高的技术、创意含量，更加需要媒体与广告主的深度沟通，以集合智力资源，提升广告传播的覆盖与效果。广告主伙伴价值在于对网络媒体的直接盈利贡献，此外广告主（赞助商）还可以参与活动策划等方式贡献于网络媒体的内容生产。

4. 商业伙伴

主要指网络媒体在电子商务领域的合作方，包括大量供货商、电商平台、导购平台等。

2012 年 5 月 28 日，集合了一号店、东方 CJ 等大型电商平台的"上海导购"正式上线，[③] 这是东方网在电子商务领域的又一重大举措。在上海市徐汇区斜土路，东方网大楼一楼门面有装修考究的三个大厅：王朝东方法国红酒文化中心、东方画院、东方连心卡，品牌文化、商品、支付工具一应展示，清晰地展示其进军电子商务的战略动向。

---

① ［美］曼纽尔·卡斯特：《网络社会的崛起》，夏祝九等译，社会科学文献出版社 2001 年版，第 35、83 页。

② 新浪、搜狐、网易、腾讯、百度的创始人王志东、张朝阳、丁磊、马化腾、李彦宏都是技术出身，中国网络的主导者"三大三小"情形大都如此，技术因素对网络经营的影响非常明显。

③ 东方网记者周峰：《超级电商平台"上海导购"上线 满足市民全方位购物需求》（东方网–上海新闻，http://sh.eastday.com/m/20120528/u1a6586023.html，2012–6–24 浏览）。

商业伙伴的价值在于为网络媒体打开多种经营之门，新闻的产品特性（如公共性、外部性）决定了其盈利回报能力不是很强，[1] 地方门户网站在新闻传播又处于"夹在中间"的竞争格局，东方网立足地方走多种经营当是合理突破。

5. 政府：特殊的"伙伴"

公众、媒体、政府的三角关系是新闻传播学研究的核心问题之一。公众意见众说纷纭，媒体坚守新闻专业主义但又时常面临盈利压力，政府监管实则是在媒体效率与公共利益之间的均衡，[2] 这意味着三者之间有一个矛盾—沟通—和谐的循环过程，来共同推进社会进步。在网络传播领域，民营商业门户网站、国有新闻单位网站、公众"自媒体"的格局，使得政府与媒体之间的关系有一个从"媒体控制"到"媒体管理"再到"媒体合作"的发展趋势，[3] 原国新办副主任王国庆将与国外媒体之间的关系定位为"建设性合作伙伴"，这意味着政府与媒体的关系向平等、交流、合作更进一步。[4]

随着社会的发展，媒体监督政府、媒体作为政府与公众交流平台的职能不断加强，一种特殊的"伙伴"关系正在建立。

国家力量和政策扶植是中国网络媒体产业的启动性驱动力，政府又是中国宏观政治、经济、文化的领导者，为网络媒体产业营造宏观环境。在微观层面，政府是重要时政新闻源，是协调社会各方关系的重要角色，网络媒体应努力发展与政府关系，为服务公众和自身经营助力。

在具体做法上，商业网站应积极承担政府和公众交流平台，主动接受政府监督、管理，加强网站自律，培育用户自治。目前新浪开办

---

[1]　网络产品盈利能力差异性较大，如网易拥有中国第一邮箱品牌，但丁磊也坦言邮箱是一种盈利能力弱的产品。人民网：《丁磊的邮箱战略：打造互联网身份证》（人民网 – IT，http：//it. people. cn/n/2012/0809/c1009 – 18701084. html，2012 – 9 – 1 浏览）。

[2]　朱春阳：《现代传媒集团成长理论与策略》，上海人民出版社 2008 年版，第 21 页。

[3]　宏磊、谭震：《在第一时间抢占舆论制高点——国务院新闻办副主任王国庆谈新闻发言人制度》，《对外大传播》2005 年第 10 期。

[4]　白烁：《政府与国内媒体能成为合作伙伴吗》（南方网 – 南方时评，http：//www. southcn. com/opinion/mtrp/200701050331. htm，2012 – 10 – 7 浏览）。

"政府微博助理"欢迎各地政府注册微博账号，并发布"新浪政务微博报告"设立"政务微博排行"、"政务微博十佳应用"等榜单，截至2012年第三季度新浪政务微博账号超过5万。① 可以说，新浪的新闻影响力与其良好的政府关系"经营"密不可分。

新闻单位网站与政府关系更为密切，新闻网站担负政府政策宣传使命，同时也是党政信息服务采购的主要供应者，直接贡献于新闻网站的"营业收入"。人民网承担中央党政网站建设，为政府部门提供网络舆情咨询和数据库等服务，2008—2010年此类营收占总营收的比例均在20%以上。② 据了解，上海东方网利用转企改制之机积极进行"二次创业"，电子商务和电子政务是两个经营重点，其中电子政务主要承担上海市级、各区级政府部门网站建设、上海宣传系统电子社区项目、舆情咨询服务等，2011年总营收2.63亿，电子政务占比就高达30%。③

除以上五种合作伙伴外，还有渠道伙伴、投资伙伴、战略咨询伙伴等。渠道指传统营销学4Ps中的place，但在网络经济中"渠道"已经远远超越其最初的地理概念，而是泛指产品接触到用户的方式。其中，"流量贡献者"又是业界常常所指的渠道合作伙伴，比如百度是中国桌面网络的王者，但在移动互联网领域却有近30%的流量来自UC浏览器④，网站下端的"友情链接"也是最常见、最大量的渠道合作伙伴。其他合作伙伴本文不再详细论述。

政府是网络媒体的监管者、领导者、合作者，对于网络媒体经营具有基础层面的重要价值。值得注意的是，人民网的政府服务采购营收占

---

① 《三季度新浪政务微博5万多》，《人民日报·海外版》2012年10月30日，第4版。

② 人民网：《人民网股份有限公司首发招股说明书（申报稿）》（中国证券监督管理委员会 网 站，http://www.csrc.gov.cn/pub/zjhpublic/G00306202/201201/t20120109_204598.htm? keywords=人民网，2012-5-5浏览）。

③ 曹虹：《东方网计划年内递交上市申请》，《东方早报》2012年4月29日，第A10版。

④ 还有一说是70%。站长之家：《"被百度收购"传闻背后：UCWeb故作矜持?》（站长之家-业界评论，http://www.chinaz.com/news/2012/0614/257560.shtml，2012-10-27浏览）。

比逐年下滑,2011 年上半年由之前的 20% 以上锐减到 13.02%,[①] 这反映了一个市场化趋势,新闻单位网站下一步经营突破,在于利用政府关系资源,发展同社会各界机构和公司合作,最终从市场上要营收。

三 核心竞争力视角:网络媒体伙伴关系战略

(一) 合作伙伴的本质

从价值链到价值网络,意味着网络媒体经营观念或经营关注重点也发生相应的转变——传统的供应商和购买者观念应该向合作伙伴观念转变。

供应商和购买者是"货币交易"的概念,供应商向经营主体出售的、经营主体向购买者提供的是能够"有效度量"的价值,以"货币"作为支付工具。而合作伙伴的情形则不同,如前面提到人民网"神舟九号全景报道",合作院所是国防科工委、中国科学院等,合作媒体是中国载人航天工程网、中国网等,前者贡献于内容报道,后者贡献于传播渠道扩展,但二者的价值贡献难以"有效度量",无须(无法)货币支付,而合作的结果是多方共赢——人民网完成"权威"报道,合作院所获得宣传机会,合作媒体得到流量增长,更为重要的是各方收获了一种"关系",为下一次合作做了良好的铺垫。

关系是以彼此价值提供、传播(交流)互动而建立起来的对对方行为的一组期待,它强调的不是交易的"瞬间",而是现在与将来的相对"稳定"的状态。合作伙伴本质上是基于共同创造价值、分享价值回报,充分沟通、发展合作关系的概念。

供应商、购买者	货币交易	短期利润	信息不透明,博弈	数量少、稳定
合作伙伴	价值创造与共享	长期关系与利益	充分沟通,合作	大量、弹性

需特别指出的是,"价值链""供应商""购买者"这些概念,并

---

① 人民网:《人民网股份有限公司首次招股说明书(申报稿)》(中国证券监督管理委员会网站,http://www.csrc.gov.cn/pub/zjhpublic/G00306202/201201/t20120109_204598.htm?keywords=人民网,2012-5-5浏览)。

非"过时、无用"，它们在分析网络媒体某一具体业务时仍然简洁、清晰、有效。无论学术研究还是经营实践，概念与名词的终极作用在于把问题说得清楚透彻、提供新启发，过于"咬文嚼字"或过于追逐"时髦用语"，都不足取。

"价值网络"和"合作伙伴"强调的是网络媒体经营的新特点、新观念，事实上，"合作伙伴"涵盖"供应商、购买者"，如有的关系营销学学者将其定义为基于产业链的"纵向合作伙伴"。①

(二) 网络媒体伙伴关系战略

战略，即竞争并取得竞争优势的方法。西方战略管理最著名的理论莫过于波特的竞争三部曲和普拉哈拉德的核心竞争力理论，尤其是后者因更加贴近于工商实践而备受推崇，在国内也广泛地被政府、商业人士广泛提及。但究竟什么是核心竞争力，似乎难以说清楚，"口号化"倾向比较明显。

普拉哈拉德并没有给出核心竞争力（core competence）明确的定义，而是在日本公司的案例中（如 NEC，Honda 等）和松散的叙述中，以归纳的方式来总结：核心竞争力是共同学习能力、众多技术复杂和谐化能力、工作组织和价值传递能力、跨组织边界沟通与协同能力。他还用了一个生动的比喻来描述它：

> 多元化公司好比一棵大树，树干和几个主要枝杈是核心产品，较纤细的树枝则是业务单元，叶、花与果实则属于最终产品。为大树提供养分和起支撑固定作用的根系就是公司的核心竞争力。②

由此可见，核心竞争力外在表现是产品，内在支撑是独特资源、能力以及富有凝聚力的学习型组织文化。本文认为，无论外在还是内在，

---

① ［英］马丁·克里斯托弗、阿德里安·佩恩，［澳］大卫·巴伦泰恩：《关系营销：为利益相关方创造价值》，逸文译，中国财政经济出版社 2005 年版，第 96 页。

② C. K. Prahalad, Gary Hamel, "The Core Competence of the Corporation", *Harvard Business Review*, May – June, 1990, pp. 79 – 91.

核心竞争力的精髓在于"强点"——即某一点、某一局部非常强大，能够以点带面，渗透扩展——针尖的压强最大，"强点"有利于用户识别，有利于市场突破。虽然每个公司都想拥有强大的"综合实力"，但实际上"综合实力"来自于"强点"的蔓延、核心竞争力的辐射，没有"强点"的"综合实力"并不能取得竞争优势。

诞生于 20 世纪八九十年代的竞争优势与核心竞争力理论，主要在相对封闭的组织边界内讨论资源整合强化，而如今网络经济则重点关注"关系"这种跨越组织边界的"资源的资源"，虽然关注重点有所变化，但这些经典理论的思想精髓却仍然具有重要价值，更何况"组织边界模糊"仍是一种相对情形。

中国网络媒体的经营实践表明，依托核心竞争力发展伙伴关系，利用伙伴关系进一步强化核心竞争力，是一种务实合理的做法。

1. 自身强

发展众多合作伙伴，尤其是具有一定实力的合作伙伴，是每个公司组织想做的事情。但价值网络的基础机制是"价值"和"沟通"，合作伙伴的本质是共同创造价值，分享未来可能做大的蛋糕。虽然目前网络媒体强调"关系为王"，[①] 但如果内容不强或自身没有其他强大的实力，关系建立就会缺乏基础，合作谈判也会缺乏"议价"底气。

丁磊的网易以钻研、务实、不断学习来强化自身实力，赢得良好合作机遇，并取得相当的市场竞争优势：在最早的三大门户中营收最大，新闻也最具特色。网易游戏长期占总营收的百分之八九十的水平，常被人质疑是"做游戏还是做门户"，但从目前网易的新闻地位和特色来说，游戏似乎可以理解为是一种对新闻的"反哺"，毕竟"新闻"是一项公益性强而盈利能力相对较弱的业务。新闻专业主义是以独立的职业或行业为基础的，[②] 而新闻专业主义在现实上是一项需要"高成本支

---

① 彭兰：《社会化媒体与媒介融合：双重旋律下的关键变革》，《传媒》2012 年第 2 期。

② 黄旦：《作者图像：新闻专业主义的建构与消解》，复旦大学出版社 2005 年版，第 19 页。

撑"的事业。①

21世纪初，网络泡沫破裂的巨大震荡还远未消除，各商业门户网站资金上捉襟见肘，网络仍处于"弱媒体"时期（广告营收难度较大），网易专注于无线增值和在线娱乐，在无线增值业务中做得最扎实，在网络游戏中起步最早，门户上采取"跟跑"策略，尽显"务实"本色。难能可贵的是，依靠自有团队（实际上是收购了一家小规模团队）、依托本土文化，2001年底网易推出原创游戏《大话西游》，之后又推出"大唐"和"天下"，"大话"突出"爱情"，后二者突出"武侠"，随版本不断升级，展现中国古典文化"网络风采"的本土游戏在网易生根开花、渐成规模。

媒体与文化有天然渊源。如果电视上的动画片尽是"米老鼠"、网络上的游戏尽是"魔兽"或"警匪枪战"，那是可悲甚至可怕的事情。从这个角度来看，尽管网络游戏背负着许多指责和非议，但网易的本土游戏还是有许多积极意义的。

2008年8月，网易获得美国游戏巨头旗下的星际争霸、战网、魔兽的独家运营权。在游戏界，有"得魔兽者得天下"一说，网易获此良好合作机会，无疑与其在"游戏界"和"媒体界"的综合影响力有关。在游戏业务上，我们看到了网易学习、钻研、自强换取合作机会的优秀案例。

2011年初，丁磊向网易员工发贺年邮件："网易的口号是'网聚人的力量'，我相信学习能让网易人更有力量，学习型的网易也必然更有力量。"② 显然，网易在有意识地培育组织的学习文化。

以钻研、务实、学习强化自身，网易的表现比较突出。丁磊曾说媒体热衷谈兼并收购，而他"搞不懂也最不愿意"这样做，③ 话语中很明显透露出网易"自身强化"的经营偏好。

①　前《财经》主编、中山大学传播与设计学院教授胡舒立2012年1月在复旦大学新闻学院演讲时曾明确表达这一观点。

②　网易：《丁磊发贺年邮件：要求网易员工不止息地学习》（网易－网易科技，http://tech.163.com/11/0201/19/6RR2JASB000915BF.html，2012－10－1浏览）。

③　李寅：《丁磊学习盛大网易离门户越来越远?》，《人力资本》2006年第3期。

"自身强" 不可能一蹴而就, 抓准 "强点", 悉心培育、坚持、守候, 核心产品、核心能力以及为之提供原原动力的核心组织文化才会逐步形成。同时, 具备核心竞争力的公司也会赢得良好的伙伴关系发展机会, 因此, "自身强" 是网络媒体关系战略的基础。

2. 伙伴强

发展合作伙伴, 编织价值网络, 顺应了网络经济规律, 但归宿于为用户提供富有竞争力的价值, 因此伙伴强至关重要。

2012 年 8 月新浪与百度在移动互联网领域结成战略伙伴, 在内容、搜索、技术、平台、资源五个方面展开合作。新浪的核心竞争力在于内容, 百度的核心竞争力在于搜索技术, 二者是桌面互联网领域的佼佼者。但在前景广阔的移动互联网面前, 新浪刚刚有 "媒体 + 社交 + 移动" 的新产品微博, 其功能完善、用户习惯培育、盈利模式还远未成熟, 百度也面临着需 UC 浏览器贡献流量的尴尬和潜在移动搜索对手的竞争, 双方合作有利于创造和共享更大的移动互联蛋糕。

有实力的伙伴, 包括内容、技术、广告主、商业伙伴等, 对网络媒体用户的价值获取、使用体验、成本福利等产生影响, 进而影响网络媒体的竞争力。美国的 AT&T 和中国联通牵手苹果手机, 无非希望以强伙伴取得市场竞争的主动。强伙伴受 "众人仰慕", 为合作而展开的竞争亦非常激烈。现实情形是我国大多数企业的核心竞争力不明显或是有核心竞争力但没有被充分挖掘、培育和强化。

发现潜在伙伴的核心竞争力, 在合作中培育、强化其核心竞争力, 这是与强伙伴合作更加深刻的内涵, 也是网络媒体更加务实和常规化的伙伴关系行动。

东方网新开辟的电子商务平台之一 "在上海", 集聚上海老字号商品, 力求对 "老字号产品进行个性定制与二次包装, 深度挖掘老字号产品的文化内涵"。① 新闻网站做电子商务, 老字号做网络销售, 这对于双方都是新事物。在整个市场格局中, 双方都比较 "弱", 但东方网

---

① "在上海" 网站: 公司简介 (在上海 - 关于我们, http://www.sh.com.cn/page - about.html, 2012 - 11 - 3 浏览)。

所要做的事情，就是要挖掘老品牌的内在"强点"，最终双方都做强。笔者在与东方网内部员工和上海市民的交谈中感觉，老上海人对"上海牌"手表、"海螺"衬衣、"蜂花"护发素等充满了感情，其实这些就是当时的全国性大品牌，全国人民仍记忆犹新。在市场原理上和文化情感上，这都是非常好的项目。

东方网瞄准了一个有品质保障和文化内涵的产品群类，采取了正确的伙伴关系战略，但目前需要做的事情是继续走进一步，就是真正地帮助老字号品牌挖掘、培育自身核心竞争力，使老字号重焕青春，而这是相当难的一件事情，需要老字号企业自身要在产品研发、营销宣传等做出巨大改变，甚至还需要借助社会时尚转变契机，其中变数很大。从一些时尚杂志和网站的朋友那里了解到，上海老字号中"双妹""百雀羚"是成功转型的代表。上海家化集团的"双妹"与橙果设计团队合作借 2010 年上海世博会契机重回高端市场。上海百雀羚日用化学公司的"百雀羚"在 2008 年左右，以"渠道"（包括电商渠道）升级为发力点，带动产品、价格、传播全面升级，并邀请时尚明星莫文蔚代言为"经典"加入"现代"元素。①

传统营销学中有一个耳熟能详的概念——整合营销传播（IMC），即协调广告、销售促进、公共关系、人员销售、直销这五种营销传播工

---

① 双妹官网商城：产品介绍（双妹官网首页－产品，http：//www. shanghaivive. com. cn/ProductXLList. action？TOPID = 1，2013－4－1 浏览）；腾讯拍拍：百雀羚首页（腾讯拍拍－百雀羚官方旗舰店，http：//shop. paipai. com/1977181518？PTAG = 10125. 4. 1，2013－4－1 浏览）。

具，使之在传递公司和产品信息时保持清晰、一致、令人信服。① 其实还有一个更大的、更基本的"整合营销"原理，就是产品、价格、渠道、营销传播，即 4Ps 的整合。以上两款上海老字号产品的成功转型就是 4Ps 的全面升级，核心诉求就是"经典 + 现代"。

这两个典型案例实际上促使网络媒体，尤其是转型中的新闻单位网站深刻反思。我们究竟能为企业主做些什么？提供整体营销方案，抑或介绍战略投资人或一流设计团队，抑或提供电商渠道解决方案，抑或提供真正流量大、精准、互动的新型广告平台，总之如果还是仅仅提供了一个类似报纸的"平面广告位"，那广告营收或（营销）服务营收难有起色。

强合作伙伴，令人趋之若鹜。在更多的时候，务实之选就是发现、挖掘合作伙伴的"强"点，真正帮助伙伴创造价值，最终实现双赢。新媒体营销环境巨变，形势逼人，有一种可能是，网络媒体应该"学习"新本领，学习网络技术，也要学习涵盖广告的更全面的营销技术，积累更全面的营销资源，改变"卖广告位"的惯性观念，真正为企业、品牌提供全面营销服务，才有可能发现"强伙伴"，在为伙伴真正创造价值的同时实现自身价值。

国货当自强，时机亦帮忙。2013 年 3 月底习近平主席偕夫人出访俄罗斯及非洲等国，"第一夫人"的国礼中就有百雀羚。② 笔者 4 月初访问百雀羚官网，提示访问量过大，待网站优化后重新开放。

双妹、百雀羚是转型成功的代表，但还有众多老字号品牌需要"在上海"助力。目前，"在上海"还有一些明显的"硬伤"没有很好的解决，比如笔者在 2012 年 3 月在该商城查询一双回力牌运动鞋的售价，比天猫的售价高出近一倍，甚至比实体店还贵。该问题的出现可能性有二：一是供货商伙伴实力弱、渠道成本高，导致价格过高；二是该

---

① ［美］菲利普·科特勒、加里·阿姆斯特朗等：《市场营销原理（亚洲版·第 2版）》，何志毅等译，机械工业出版社 2010 年版，第 257 页。

② 搜狐：《彭丽媛成国货推手 百雀羚作国礼》（搜狐 - 女人，http：//women. sohu. com/20130329/n370898041. shtml，2013 - 4 - 1 浏览）。

平台对于文化营销过于自信，对于品牌溢价估计过高。大众媒体时代，品牌与文化营销是营销传播的经典之作，而网络时代信息高度透明，权威、精英文化、品牌都在发生一定程度的"解构"，品牌、文化的力量仍很强大，但必须同现实的、清晰可见的价值与用户福利密切相连。

经营是一个系统工程，天时地利人和，市场原理行得通，还需有极佳的执行力，还有一个关键因素就是网络经济有明显的高风险、高资金投入的特征，目前我国新闻网站在资金供给、新人才储备、决策机制等方面还有不少心理的、现实的障碍需要突破，难度不小。

3. 整合强

核心竞争力是众多技术高度复杂化、和谐化的能力，[①] 这其实是一种整合能力。新浪的核心竞争力就是"内容"，更准确地说是"内容整合能力"。网络媒体的伙伴关系战略中，整合至关重要，其理想目标是网络媒体与伙伴核心竞争力之间的强强联合，[②] 这需要合作各方的商业信誉、合作精神甚至企业文化的匹配来做保障。强强合作不一定能结出丰硕成果，美国在线—时代华纳合并失败的原因之一就被认为是"牛仔文化"与"西装文化"的强烈反差。

以上，我们将理论与案例结合，以核心竞争力为视角，对网络媒体关系战略的一般要点进行了讨论。现实中各网络媒体的关系经营的风格与偏好各异，比如 2004 年网易与谷歌建立战略合作关系，2007 年 5 月双方战略合作终止，同年年底网易有道搜索正式上线，网易走了一条钻研、学习、着眼于"自身强"的伙伴关系战略。2007 年 6 月新浪就与谷歌牵手成为战略合作伙伴，之后新浪又与百度在桌面和移动互联领域展开合作，新浪偏好"整合"。

---

① C. K. Prahalad, Gary Hamel, "The Core Competence of the Corporation", *Harvard Business Review*, May – June, 1990, pp. 79 – 91.

② 陈菊红等：《虚拟企业伙伴选择过程及方法研究》，《系统工程理论与实践》2001 年第 7 期。

第二节　用户创造价值

读者订阅、观众付费收视，给传统媒体带来直接营收，并带来广告价值，广告价值由广告主支付而转化为媒体的广告收入——读者和观众被动的"阅听"就是在创造价值。

网络媒体发展到今天，被动的信息接受者和消费者已经终结，她（他）们已经转变为"以我为主"的搜寻者、咨询者、浏览者、反馈者、对话者、交谈者，[①] 而且用户已经成为网络媒体价值的主动创造者。

网络媒体提供传播服务产品，包括论坛、博客、微博等，用户使用传播服务平台创造价值，进而提升传播服务平台的价值，二者是相互增益的正反馈过程，发展用户关系是这种正反馈过程得以持续的关键。

一　用户：价值创造的新主角

用户是价值创造的新主角，其含义是，很少有一种经济像网络媒体那样，用户自己创造价值、自己（免费或付费）享用价值。传统媒体以及其他产业有着明确的价值创造主体和比较明显的"价值交换"痕迹，此情形已经改观，关键在于网络媒体不但提供传播内容产品，而且提供传播服务产品，从"鱼"到"渔"的转变，激活了每一个传播节点，使他（她）们成为新闻资讯价值、公共平台价值、社交平台价值等真正的创造者。

（一）公共平台价值

大众传媒影响公共领域结构并统领公共领域。[②] 传媒为特定私人、公司、机构所有，必然因经济利益和政治利益，而使理想化的"公共

---

① 刘燕南：《〈受众分析〉：解读与思考》，载丹尼尔·麦奎尔：《受众分析》，中国人民大学出版社 2006 年版，译者前言第 19 页。

② ［德］哈贝马斯：《公共领域的结构转型》，曹卫东等译，学林出版社 1999 年版，第 15 页。

领域"受到影响。但网络传媒的发展，使其"公共平台"价值得到前所未有的体现，拥有新媒体传播工具的广大用户是这种价值的真正创造者。

以人民网强国论坛为例，从早期的美轰炸我驻南大使馆到近期的钓鱼岛事件，公民就外交、军事、反腐、民生等众多话题，发表意见、观点交锋、新闻爆料、宣泄情绪。匿名性使用户能表达更加真实与深入的观点和情绪，虽常有"偏激"和"狂躁"，但正是在用户与版主之间反删帖与删帖的"矛盾"对抗中，呈现了真实观点与情绪，趋向于建设性、理性，具有"公共性、独立性、自主性"[1] 特征的公共平台才得以存在。此外，这一平台也有社会安全阀的作用。[2] 总体上，以强国论坛为代表的公共意见平台，彰显出民心可贵、民心可爱、民心可用，这也是党中央下定决心发展论坛、发展网络媒体的重要原因之一。

公众有参与社会公共事务的本能需求，更新的网络传播服务产品，会进一步激发公共参与的热情和能力。2011 年 1 月 26 日，中国社科院于建嵘教授建立"随手拍照解救乞讨儿童"新浪微博，2 月底粉丝近 24 万，发博 3700 多条，主流媒体纷纷响应，公安部门高调支持，不久即有 5 名儿童被成功解救，好消息仍不断传来……"微博打拐"成为 2011 年春节最感动人心的新媒体公共行动。微博高效建立新社会关系、"裂变式"传播的双重特征，激发了公众参与公共事务的热情与能力，同时也赋予了新浪微博良好的公共平台价值。

（二）社交平台价值

马克思强调资本对于社会关系的影响，并提出人的本质是社会关系的总和。取社会关系的一般含义，人确实有社会交往、维系与构建社会关系的本能和需要。从 QQ 即时通信工具到人人网等社交网站，再到兼具媒体＋社交双重功能的新浪微博，随着传播服务产品的发展，社会个

---

① 钟瑛、刘海贵：《论网络 BBS 议题特征及议题建构》，《新闻与传播研究》2004 年第 4 期。

② 陈彤旭、邓礼峰：《BBS 议题的形成与衰变——对人民网强国论坛的个案研究》，《新闻与传播研究》2002 年第 1 期。

体在不断强化"强关系网络"，不断发展和构建新的"弱关系网络"。关系作为一种资源的资源，对于个人生活与事业发展，对于公司经营都有重要意义。用户利用网络媒体社交平台，发展自己的关系资源，同时因其参与其间而增加网络媒体的社交平台价值。

（三）新闻资讯价值

自网络媒体设立传播服务产品，用户反馈、用户发言、用户"新闻爆料"功能不断加强，曾经只为专业人士（记者）所拥有的报道权旁落。2008 年"5·12 汶川地震"央视 24 小时滚动播出赢得国内外赞誉，但用户、新媒体成为首个 24 小时主要消息源。地震发生 1 小时内新浪博客就有上千篇描述地震情况的博文，新浪前所未有地向央视提供 20 多条新闻素材，"5·12 汶川地震"标志着网络媒体正式进入主流媒体行列。① 同在 2008 年，北京奥运会中网络媒体、手机电视新媒体更是向全球展示了中国形象和新型媒体风采，东方网董事长何继良先生认为，正是北京奥运会后，新闻网站改变了"小报小刊互联网"的边缘媒体形象。

主流来自于用户，权威来自于人民，这些标志性话语，实际在提示我们对新闻本源的思考。新闻是对新近发生的事实的报道，但"新近发生的事实"是新闻的本源，渠道、报道者不能左右新闻本源，当网络媒体发展逐步实现"人人皆媒体"时，最广大、最接近于新闻本源的群众常常是"新闻"最重要的发现者、创造者、传播者。

当前，在改革开放推进下社会转型加速，现实社会生活矛盾凸显，如贫富差距、社会成员趋向价值多元，② 当普通公民拥有兼具广播与对话的话语工具的时候，话语权实质上正下放民间。专业媒体机构与公司在专业报道、传递政府声音、组织与参与公民新闻、平衡社会舆论等方面肩负重任。

---

① 新浪网：《陈彤：新媒体第一次发生极端重要作用》（新浪－新闻中心，http：//news. sina. com. cn/c/2008－06－04/110815679714. shtml，2012－10－9 浏览）。

② 丁柏铨：《新闻理论探索：对现实问题的研究》，上海交通大学出版社 2012 年版，第 17—19 页。

（四）用户是整个网络生活的建构者

媒体建构社会，而网络像一个巨大的全息镜像将整个社会投射其上，每一个网络用户可以将目光对准镜像的某一个节点，放大观察、与其对话，同时也在将自身投射其上——现在不仅仅是媒体、新闻建构社会，而是广大用户通过丰富多彩的网络使用而成为整个网络生活的建构者——这也许是用户创造的最大价值。

笔者对新浪、网易、人民网、新华网、东方网的新闻和微博进行了数据收集，从 2011 年 12 月 26 日（周一）开始观察一周，然后每隔 15 天再观察一周，直至 2012 年 3 月 25 日（周日）观察第 7 周。

以新浪为例，笔者发现 7 周内前五位新闻共 245 条，与 7 周内微博"热门事件"榜单前五位共 35 条，发生重合的只有一条，即"归真堂取熊胆"。用户"转发、评论"的话题往往与生活密切相关，轻松、有趣、争议、公益、涉及具体人物的话题常常能够进入"热门事件"榜单，如"唱歌跑调是种病""'下班回家体'微博爆红""少年求爱未遂烧伤 17 岁少女""公交司机谢文师""药家鑫""诗人海子""全球新浪微博网友直播熄灯活动""'雷锋在我心中'微博寄语有奖征集活动"。

曹国伟在 2011 年中国互联网大会上表示，新浪微博关于时政内容只占 10% ,[①] 本调查对此有一定印证。此外，CNNIC 报告显示"网络新闻"近两年已有明显下滑趋势，加之本人所作的上海大学生和年轻职业群体个案调查显示"看新闻"在上网动机中排序靠后。

多方数据表明，网络媒体如需更好地新闻传播，大众性突破是关键，应尽可能地渗透到用户的工作、消费、娱乐、生活之中，而用户除借助网络传播服务产品创造公共平台价值、社交平台价值、新闻资讯价值外，更主要价值是整个网络生活的建构者。

---

① 凤凰网寒冰：《曹国伟：腾讯值得学习 从不觉得新浪微博如履薄冰》（凤凰网 - 凤凰科技，http://tech. ifeng. com/internet/special/cic2011/content - 2/detail_ 2011_ 08/23/8615616 _ 0. shtml? _ from_ ralated，2012 - 5 - 12 浏览）。

二　服务、话题、激活：发展用户关系两个层面与路径

发展用户关系鼓励用户创造价值，对于网络媒体经营具有两方面的意义：降低内容成本和有效营销。

2004 年用户对无线增值业务涉嫌欺诈和黄色反应强烈，工信部出重拳对无线增值业务进行整顿，各商业门户网站均受此重创。当时，网易、搜狐、腾讯都有游戏收入保底，而新浪仅有广告和无线增值业务两项营收，内容成本凸显，2005 年 9 月新浪强力推出"用户创造内容"的博客产品，直接与博客先行者博客中国和中国博客网展开正面交锋。可以说，新浪博客的推出恰在技术和市场双重时点，对于内容成本下降有重要意义。

有效营销，就是在合适的时间地点，以富有竞争力的产品满足用户的需求。2005 年前后，Web 2.0 启动引发了用户创造内容的新需求，用户对内容本身的需求也已不局限于由专业媒体提供，用户比媒体更了解自己的需求，"授人以鱼莫如授人以渔"，鼓励用户创造价值也有明显的营销意义。

发展用户关系是传统营销学的核心问题，富有竞争力的价值提供和营销传播是发展用户关系的两个关键，但今天仅以品牌、LOGO、口号、广告等传统营销传播手段发展用户关系已经有很大欠缺，网络媒体更需要以默默优质的服务传递对用户的信任与真诚。

网络媒体发展用户关系实质上分作两个层面：网络媒体平台与用户的关系、用户与用户之间的关系。

（一）高效、真诚服务：发展网络媒体平台与用户的关系

1. 高效服务

意味着网络媒体的众多传播产品的高度效率与效果，亦即传播内容产品及时、准确，传播服务产品界面友好、便捷，搜索快捷，应用丰富，广告精准互动、"有用信息"特征明显，总体上表现为网络媒体富有竞争力的价值提供和用户良好的使用体验。

更重要的是，高效服务的精髓在于各种产品的高度"复杂化与和谐化"，它是网络媒体核心竞争力的重要表现，也是用户"流畅"享用

网络生活的关键。

2005 年新浪博客"后发而先至"抢占博客中国和中国博客网的疆土，依靠的是其强大的"新闻、内容"品牌定位和产品功能，2009 年新浪微博更是以人气、内容、功能、搜索、应用、广告等达到"门户级水平"。

高效服务注重竞争力和用户体验，并非一味追求网络产品"大而全"，需"针对性"填补价值缺口的新闻网站应以自身定位及核心竞争力产品有序拓展。人民网强化"原创新闻"、东方网"立足上海"，每一种新产品、新价值提供都要尽可能做到与"核心"关联，要么不做、要么做好。据笔者使用和调查，网站打不开、视频不流畅、邮箱反应慢等仍是一些新闻网站的缺陷，这种"做而不好"情形极大地伤害了用户体验，只会徒增网络运营成本。

2. 真诚服务

难以考量，却能被用户清晰感觉，这对于"用户创造价值"的传播服务产品尤为重要，其焦点是把握好对用户管理的"度"。

在上海，笔者访谈了一个 25 岁男性网络用户，他说"主流网络媒体"包括商业门户和新闻网站都很少看，自己和同学朋友们主要看"宽带山论坛"网站，2012 年 4 月 2 日上海闵行区发生 1.2 级轻微地震，[①] 而主流网站报道又迟了一天，令他比较"失望"；即使看网络新闻，也先看评论，评论好、有看点、评论"刺激"再看，没有评论的新闻，经过"过滤"像是"摆设"，有些"五毛党"评论"智商太低、技术太差"。这仅是"稍显偏激"个案，但也在一定程度上说明，用户在网络媒体上每一次评论、转发都在为原创新闻作品附加新的意义或价值，在传播高度融合的情形下，专业记者与用户在共同影响新闻的传播状态。人民网蒋亚平曾概括强国论坛的删帖原则，只要不违法、爱国、健康、讲礼貌，能不删则不删。[②] 这种以"活而不乱"为目标的管理原

---

① 该轻微地震后经平面媒体证实。俞立严：《上海 1.2 级地震为何就有震感》，《东方早报》2012 年 4 月 4 日，A3 版。

② 彭兰：《强国论坛给了我们什么启示》，《信息网络安全》2008 年第 6 期。

则,值得提倡。

(二) 话题:平台活力与营销的双重意义

媒体影响人们头脑中的画面,报纸在告诉人们怎么想恐怕并不怎么奏效,但在告诉人们想什么上却惊人成功,[①] 这些来自西方新闻传播学有关议程设置的经典论述突出了媒体的"话题"功能。今天,传播主体由少数专业机构变为"人人媒体",传播方式由"点对面"转变为"多点对多点",网络媒体的议程设置至少在"主体和方式"这两个层面发生了重要改变。着眼于网络媒体经营实践,"话题"对于网络媒体具有增加平台活力和营销战略的双重意义。

1. "后台"设置、排行呈现:话题增加平台活力

与传统媒体直接通过新闻选择设置议程或话题不同,网络媒体尤其是以"用户创造价值"的传播服务产品则退向"后台",利用智能软件强大的检索计算能力,推出各种"排行",以此来"呈现"焦点话题。

后台设置、排行呈现的话题方式效率高、客观性好,能激发用户浏览、转发、评论的欲望,增加平台活力。无论是内容传播还是商品销售,此种话题设置方式强烈影响受众的感知、思维、潜在行动。淘宝网的销量、价格、信用、人气等排序是用户消费的重要参考,而实际上销量最大的网店是在"公众关注"下的"私人销售",其信誉往往不比线下交易差。

后台设置、排行呈现的话题方式是在内容、商品等数据量很大的前提下开展。现在新闻单位网站的传播服务产品的人气不足是亟待突破的瓶颈,一旦突破正反馈效应将会启动。东方网的"在上海"电子商务网站在 2012 年上半年也尝试"热销产品"排行,但数据小,排行反而不利于人气集聚,现在采用"前台设置"方式直接呈现商品和价格。

2. 基于营销战略的话题设置

后台设置、排行呈现的话题方式是基于"技术彰显效率与客观"的逻辑,但实际上话题设置同样受到商业、宣传逻辑的影响。从经营角度来看,基于营销战略进行话题设置是一种常规做法。

---

① 郭镇之:《关于大众传播的议程设置功能》,《国际新闻界》1997 年第 3 期。

　　新浪微博的风云排行榜涉及时事、影视、名人、财经、体育、汽车、科技、时尚等领域热词排行，规模宏大，与"门户级"微博的营销战略相吻合，当然也符合新浪从门户新闻到博客再到微博的"以内容、传播为主"的大战略。

　　网易新闻在数量规模、综合性上不及新浪，与搜狐比也稍显差距，在过去10年中人们常常质疑网易是"做门户还是做游戏"。但网易的新闻与论坛"跟帖"多、用户参与度高，深度报道、图片、版面设计表现突出，其背后与网易的人力资源密切相关——网易从2001年起开发以原创为主的网络游戏，积累了强大的网络美术、动画能力，2005年前后从中国作家出版集团旗下的《环球企业家》、南方报业集团旗下子报"挖"来大批新闻、内容精英，强化门户特色。2010年10月11日，网易改版明确"态度、争议"的新闻定位，之后一以贯之，以"另一面"引领深度报道栏题，发展有态度财经、有态度体育、有态度娱乐等子频道。2012年网易的"有态度"品牌广告，更加明确诠释其态度内涵："良心是态度的核心""慎言多思""扛得住压力，顶得起真相""要深入才有重点"等，从网易新闻我们似乎可以看到南方报系的影子。

　　就内容而言，网易品牌文化的核心诉求为"中国文化"，其核心竞争力是"有态度"的新闻和深度报道，与之相对应的是网编、美编的核心能力，以点带面，将核心竞争力扩展到整个网站。

　　网易微博无法与新浪的"门户级"微博相比，但推出每日争议话题排行、每周争议话题排行，以"微争议"诠释"有态度的微博"。据笔者从2011年12月26日（周一）至2012年3月25日（周日）期间共7周的完整观察，"微争议"较好地诠释了"有态度的微博"，话题犀利、用户互动活跃、不乏精彩观点。但也有明显"为争议而争议"的现象，比如2012年2月24—27日"乔丹维权你支持谁？"名列当日争议榜首，3月26—30日新的争议话题尚未成长起来"乔丹"话题又被置于争议榜首，人为痕迹明显。3月16—17日连续两天将交通事故中"腿身分离"截图置于视频频道栏题，这种过分追求刺激的做法显然并不合适。

网易新闻不是最强，但最有特色，竞争夹击之中有突围，定位鲜明并擅长核心竞争力扩展。其基于营销战略的话题设置方式，是网络媒体增加用户平台活力的出色案例。

（三）激活：用户为"自己"创造价值

高效、真诚服务，丰富而有特色的话题设置，是网络媒体发展用户关系进而实现用户创造价值的两个方面。更深入的、机制层面的则是要激活用户为"自己"创造价值。

网络媒体提供具有上传空间的传播服务产品，用户记录自身生活、表达社会观点、维系和构建社会关系，从本质上说顺应了人类社会交流和参与的本能，并是用户为自己创造价值的一种方式。

用户通过论坛、即时通信工具、QQ 空间、博客、微博等不断充实、丰满、扮演自己的网络节点的人格与形象，一个与现实自己有千丝万缕联系的"虚拟自己"正在形成。"虚拟人"可能与现实自己直接对应（比如微博 V 认证），也可能与现实自己有很大差异，在此过程中，用户能够为自己带来现实利益，如社会关系资源的积累、广告收入，但更多的情形是能满足"自我实现"的精神需求。无论是为现实利益还是为自我实现，实质上都是一个用户为自己进行价值创造的过程，网络媒体应给予高效、真诚服务，积极鼓励，不断"激活"用户这种价值创造的欲望。

以微博为例，它是兼具个人媒体和社交工具两大功能，用户可以发表微型博客、发展自己的粉丝队伍，满足自我实现的心理需要，用户还可以通过关注、转发、评论等维系既有社会关系，构建新社会关系。

关系是资源的资源，而新关系通常作为一种"弱连接"常常能为个体或组织带来新的、更好的机遇。微博较之即时通信工具、社交网络等有比较突出的"新关系"构建功能。这能为用户带来既有关系网络中所不具备的新资源、新价值。

新浪微博提供奖章、活动、话题推荐、关注对象推荐等功能，推出"影响力 = a×活跃度 + b×传播力 + c×覆盖度"[①] 的公式来计算个人影

---

① 新浪微博：风云榜帮助（http://data.weibo.com/top/help，2012 - 9 - 15 浏览）。

响力，并以此作为风云排行榜依据，目的就是激活用户为自己创造价值。

发展用户关系，激活用户为自己创造价值是网络媒体关系战略的基本机制。网络媒体平台上，"你的也是我的"，经营主体与用户在共生融合之中实现共赢。

第三节　员工创造价值

员工作为公司组织的付酬雇员理应创造价值，但网络媒体的领导者、记者、编辑以及其他部门员工正在承担"职责之外"的新角色，创造新价值，而良好的组织与员工关系是这种新转变的根本动力。

一　新角色、新价值

网络媒体组织边界模糊，合作伙伴、用户在价值创造中扮演重要角色，而此时网络媒体组织自身也正在发生角色转变。媒体正在成为公民新闻运动中的重要节点，信息整合和权威意见的提供者，社会多方利益、意见、情绪的平衡者。[①]

网络媒体组织的角色转变，有赖于记者、编辑、领导者乃至全体员工扮演新角色，创造新价值。

（一）"24 小时"记者、编辑、营销者

20 世纪 80 年代，在美国三大电视网 NBC、ABC、CBS 鼎盛时期，CNN 利用卫星技术推出全球第一家 24 小时新闻频道，"挑战者号"航天飞机爆炸、马岛之战、海湾战争等重大新闻事件报道迅速奠定了CNN 的新闻地位。从技术角度来看，"卫星转播"和"直播"是其突破的关键。

20 世纪 90 年代末，新浪（前身"利通四方"）"体育沙龙"视音频、文字直播世界杯亚洲预选赛，并被法国世界杯指定为唯一中文官方

---

① 喻国明：《新型传播方式的崛起与传统媒介的价值落点》，《新闻与写作》2010 年第 7 期。

站点，之后推出科技、财经频道，并首发"北约轰炸我驻南大使馆"，在"王海撞机事件"中网友评论数量创中文论坛纪录，1999 年改版后的新浪经过整合，"全球华人社区"雏形形成。2000 年年底，新浪等成为首批拥有新闻登载资质的商业网站。同 CNN 的情形类似，科技对时空和传播方式的突破，成就了新浪等商业门户网站的"新闻"地位。

从网络媒体诞生，记者、编辑就有了向"24 小时"全天候职业特征加速演进的趋势。电子设备、网络传播技术以"摩尔定律"式的速度提高性能、降低成本，今天网络报道者凭借手机、Ipad、数字摄像机等移动设备即可从现场向网络媒体平台上发布新闻。在发布时间上，新浪微博平台上的"人民网""新华网""东方网"等官方账号及其子频道栏目账号，通常是早六点、晚十点，如遇突发或热点事件，"24 小时"播报也常有发生。

即以 2012 年 11 月 20 日为例，人民网新浪官方微博全天发微博 56 篇，最早 1∶47 分，最晚 22∶59，这些微博或是人民网新闻提要，或直接播报，或转发其他媒体新闻，或与博友互动。这种网媒及子频道、栏目的官方账号一般由专人专管，但实际上全体记者、编辑，乃至全体员工，如广告部、技术部、电子商务部人员都可以以个人身份在本平台或其他平台的论坛、博客、微博上活动。他（她）们的活动，为本网的内容传播附加意义，拓展本网渠道，增加本网人气，这些难以"规定管理"的新角色实际上对本网的内容传播和营销贡献价值。

商业门户网站在博客、微博等传播服务产品的启动阶段，记者和编辑常常肩负发展新用户的职责。新浪总编王彤曾以"个人名义"邀请用户加入新浪博客平台，网易、搜狐的"记者"、编辑也有发展新用户的"任务指标"——以"内容"为主业的记者和编辑正在扮演"营销者"的新角色。这实际上是在充分利用员工的社会关系资源，为网站创造价值。这种做法在服务行业，如银行业、保险业等早已出现，充分利用每一位员工的社会关系网络，他（她）们是本公司业务（如信用卡、新险种等）拓展的重要力量。这种"全员营销"或"以营销为核心"的公司运营理念和实践，已经在网络媒体经营中发挥重要作用。

新闻单位网站的传播服务产品，如论坛、博客、微博起步稍晚，营销推广声势不足，后发劣势比较明显。以东方网微博为例，2010 年 4 月开通，至年底累计注册用户 5000 个。2012 年 4 月东方网转企改制完成新公司正式挂牌，东方微博开始发力，并强化与博客、论坛、新闻频道的关联，但由于"后台实名，前台自愿"的注册规定使得东方微博发展新用户的难度较大，注册微博账号需要登记身份证号，令不少用户"望而却步"。

东方网采取"借力关系，市场进入"的方法，即鼓励用户注册东方微博并绑定新浪微博，这样用户在东方微博上发文可以同步发送到新浪微博平台上，有助于用户影响力的扩大，也借新浪微博拓展了东方微博的渠道。

上面"借力关系"是借助伙伴产品的关系，而将"借力关系"运用到组织员工层面，鼓励本网记者、编辑及各部门员工注册、使用，并向自己的社会关系网络推荐东方微博，是一种可行办法。

（二）"高调"领导者

领导者对企业的经营战略有重大影响，许多商业网站甚至有领导者明显的个性烙印。网易的丁磊，毕业于成都电子科技大学，钻研、务实的本土工程师气质强烈地影响着网易的经营走向和风格特征。搜狐的张朝阳，留美博士，集技术精英和时尚人物于一身，搜狐个性十足。新浪有几任掌门，从王志东、汪延到曹国伟，较为明显的"职业经理人"特质塑造了新浪大气稳健的风格。当然，这与以上三家门户网站的股权结构密切相关，丁磊在其公司股份占比最大，张朝阳次之，而股权分散是新浪长期的股权结构特征，2009 年 9 月在新浪微博启动之际，以

CEO 曹国伟为首的管理层以 1.8 亿美元购入 560 万普通股，首次实现了管理层控股。总体上，较之传统企业，网络企业的领导者更频繁地与公众进行沟通，行事更"高调"，也更为网民所了解，这也许跟网络本身的"草根"基因有关。

几大商业门户网站中最"高调"的领导者恐怕是搜狐的张朝阳，2005 年组织并亲身参与"搜狗美女与野兽登山队"，2008 年出任"北京奥运官网首席记者"，2009 年参加上海电视节目《波士堂》大秀舞姿，等等。抛开个人性格，仅从企业经营的角度来看，这些"作秀"在搜狐大笔投入的关键时间节点，如搜狗引擎、成为北京奥运合作伙伴，无疑是一种亲力亲为、良好的营销努力。

"高调"领导者的真正内涵在于愿意并真诚与用户沟通、勇于对用户做出承诺、勇于做出表率付诸行动。"高调"不在于形式，而在于勇于说真话，敢于置于公众"监督"之下，追求"言必行行必果"的过程。

张朝阳曾坦言奥运是品牌营销的最佳时机，也坦言微博产品的判断失误，① 搜狐领导者的做法令人尊敬。在这些方面，新闻单位网站的领导者也在不断做出努力，2012 年 4 月人民网上市之际进入复旦大学，《人民日报》社长张研农，就如何"打通官方与民间两个舆论场"等敏感问题与学子坦率交流。2013 年初《人民日报》改版，其新浪官微直言，新的一年要努力说真话、写实情、实实在在服务读者。

在笔者的调查中，一般新闻单位网站记者不太愿意以自己的实名进行微博播报或发言，这时骨干记者、频道总监、网站领导的"高调"表率能起到良好的带动作用。东方网总裁徐世平带头以东方微博进行了"2012 区县行""微报十八大"等主题采访报道，以下是 2012 年 9 月 20 日的一则微博节选。

---

① 中国经济网记者梁梦晚：《张朝阳反思搜狐微博"战败"坦言亟须保持创新》（中国经济网－产业市场，http://www.ce.cn/cysc/tech/07ityj/guonei/201208/09/t20120809_21208477.shtml，2012－10－14 浏览）。

徐世平：#2012 区县行#网友可以通过@奉贤发布提问，也可以@徐世平或者我在新浪、腾讯的实名微博提问，我会挑选一些问题请教庄区长。①

"讷于言而敏于行"是中国传统的一种"行动"理想，而对以传播为主业的网络媒体，"勇于言"在新闻传播和领导方式上都似乎更加可贵。

二　共同愿景、实质性沟通：发展员工关系

传播科技促使传播市场需求发生改变，进而改变网络媒体组织的价值生产方式和内部沟通环境。领导者、记者、编辑乃至全体员工突破传统角色，齐心协力，方能助力于网络媒体的内容传播与产品营销推广。每一个员工的贡献都非常重要，但这种贡献难以"度量"和"硬性"地激励和管理，这实则是发展员工关系，建立组织文化的问题。

（一）内部营销的基本原理与网络媒体现实需要

1. 内部营销

发展员工关系是关系营销学中"内部市场"或"内部营销"的问题。将顾客视为外部市场或最终市场，将员工视为内部市场，将对外部顾客的营销规则运用于内部员工即为内部营销。② 内部营销有关组织文化，是对员工行为和态度产生深刻影响的不成文体系。③

内部营销，发展组织与员工关系，培育优秀的组织文化，是基于一个组织、员工、顾客之间的三角关系。组织善待员工，员工竭诚服务顾客，最终实现组织与用户长期关系。

---

① 徐世平：徐世平微博（东方网－东方微博，http：//t. eastday. com/index. php？m = blog&uid = 149&page = 3，2012 － 10 － 15 浏览）。

② ［英］默林·斯通、尼尔·伍德科克：《关系营销》，陈桂芳等译，上海远东出版社1998 年版，第 175 页。

③ ［美］阿德里安·佩恩、马丁·克里斯托弗等：《关系营销：形成和保持竞争优势》，梁卿等译，中信出版社 2002 年版，第 15 页。

企业、员工、顾客三角关系[1]

2. 网络媒体现实需要

诞生于服务经济的关系营销（包括内部营销）是基于零售、民航、银行、保险等服务行业的现实需求——发展与用户关系，最终需要每一个具体的服务员工去落实，而工业企业则主要是通过优质产品和大众传播（广告）与顾客接触，普通员工主要是在组织内部各司其职。从传统经济到服务经济，要求发展员工关系。

从传统媒体到网络媒体的情形有些类似。传播服务产品（电子邮件、即时通信工具、论坛、博客、微博等）被全社会普遍应用，而其本身又是网络媒体组织的重要产品，员工与顾客之间的关系被充分地"打通"。网络媒体的内容传播、产品推广、市场形象建立都越来越倚重于每一个员工的行为和态度。

再者，记者、编辑、技术人员等网络媒体员工是典型的"知识技术型员工"，是用大脑和符号工作的人。一方面，他（她）们的知识、技能、工作经验、社会关系网络是组织的宝贵资源，加以发挥将会创造巨大价值；另一方面，他（她）们凭借自身的"人力资本"而有比较强的同组织的"议价能力"，忠诚度较差、市场诱惑较多。[2] 这种情形使得对网络媒体员工的激励与约束，更多地采取"软性"措施，发展组织与员工关系，建立优秀组织文化是网络媒体经营的现实需要。

---

① 郭国庆、李祺：《内部营销推动员工创造价值》，《商业研究》2005 年第 24 期。
② 李成江、王春艳：《知识型员工价值研究》，《企业活力》2006 年第 2 期。

（二）构筑共同愿景、开展实质性沟通

1. 构筑共同愿景

愿景是人们头脑中的未来图景。愿景由价值观、使命感、目标三个相互渗透关联的要素组成。① 共同愿景由组织员工个人愿景汇聚而来，并获得能量。② 共同愿景是组织凝聚力之源，组织文化核心，对全体组织成员形成巨大的感召力，进而使得网络媒体的知识技术型员工自觉自愿地为组织、同事、个人竭诚奉献力量、创造价值。

这是一种理论的、理想的状态。现实的情形常常是愿景来自高层，愿景是贴在墙上的口号，愿景是组织高层某一时点的"时髦"管理用语，是员工短期关注而内心无法确信并长期坚持的东西。

构筑愿景的困境或症结集中在两点：利益和沟通。利益，应使组织和员工的利益诉求充分见面，应努力创建组织与员工利益相互捆绑、相互促进的制度或氛围；沟通，以"求真务实"为原则，即真心、坦诚，不掩饰，落脚于双方"实际利益"，开展"实质性沟通"。

媒体与员工（包括记者、编辑、主持人、部门领导者等）相互贡献价值，利益捆绑的工作特质非常明显。一方面，作品署名、出镜让记者和主持人有了"成名"机会，更为重要的是采访、策划等让记者、编辑有与政府部门、企业及社会各层面广泛接触的机会，这实际上是在积累他（她）们宝贵的社会关系资源。另一方面，媒体因为名记者、名主持人而成就一个栏目名牌，获得良好品牌影响力的案例也不胜枚举。记者成长的过程，是借重于媒体组织并为组织贡献价值越来越大的过程，同时也是记者"人力资本""议价能力"不断提升的过程，是记者"独立性"增强、脱离组织可能性加大的过程。这种"悖论"，不应回避，反而要正视，要为记者创造良好的个人成长机会，以远大的共同愿景感召员工尽可能长时间地为自身和组织的共同成长奉献力量，即使日后员工脱离组织，也不仇视、不对立，他（她）们仍愿以新的社会

---

① 沈燕：《知识型员工管理新理念——愿景管理》，《经济师》2005 年第 10 期。

② ［美］彼得·圣吉：《第五项修炼——学习型组织的艺术与实务》，郭进隆译，上海三联书店 1998 年版，第 244 页。

资源同原组织展开合作。

笔者接触了一名上海的传统媒体编辑,她告诉我部门领导大包大揽,让她没有接触外来资源的机会,工作8年所积累的名片几乎没有增长。还有一名在新闻网站工作的员工说,自己所在的内容部门工作氛围很好,但如果内容策划涉及与外界合作(尤其是本网站已有的广告主),与广告部门的关系就有点"紧张"。这实际上就是员工与部门领导,内容部门与广告部门之间利益关系没有理顺,利益共享机制没有建立的结果。

需要指出的是,商业门户网站之所以有今天的成就,除了利用新闻单位的新闻内容资源,还"挖"了不少新闻单位人才,前面已经提到网易的新闻定位特色、风格与它的人力资源有密切关联。当然,商业门户网站的人力资源也并非"铁板一块",人员流动频繁是整个网络行业的特征,"高薪"还是商业网站"挖"人的主要手段,构筑共同愿景、培育强大组织文化的工作也并非完美。笔者了解,现在新闻单位网站,常常以"赶超"某网站、提升本系统内网站排名,作为自己的目标,这作为短期目标完全可以,但并非是真正的"远大愿景"。

共同愿景需要真正激发员工的内心所想所愿,需要组织和员工坦诚相见,"求真"是关键。远大愿景不是近期利益,而是在新闻理想、社会使命上的高度共识,是对公信力、影响力不断提升且经营良性循环的媒体组织目标的共同追求。

在"求真"沟通上,依据体验和调查,笔者认为新闻单位网站面临的困惑要更大一些。新闻单位网站是国家宣传机构,又是国有产权的市场经营主体,宣传与新闻、新闻与经营本身固有的一些矛盾,常常会困扰网站的领导者和各级员工。

我国新闻单位网站的领导者,大多是新闻宣传战线出身,具有过硬的政治素质和长期的新闻宣传从业经验,在内部组织传播中长期对"政治"的强调使得新闻单位网站员工普遍具有良好的新闻作风和宣传意识,即重视新闻采访、强调新闻真实,不虚妄、不煽情,注重对传播的社会效益考量。这是新闻单位网站最大优势所在!

但另一方面也会无形中形成一种"自我保护"意识,"不求有功但求无过"，回避社会热点，漠视新闻规律，长此以往，这种工作状态会不断"消磨"曾经一起构筑的远大新闻理想和共同愿景。这并非网络媒体组织、领导、员工之间不愿意"真心"沟通，而是宣传与新闻、新闻与经营之间一些固有的矛盾在中间"阻隔"。与一般产业最大不同，媒体经营是在以上种种平衡之中进行的，在这一点上的共识是"真心"沟通的起点。在具体新闻业务中，组织、领导要勇于担当，既要保持新闻网站权威性、公信力的新闻格调，又要充分发挥记者、编辑的主动性和创造力，在大众性上不断突破。

共同愿景能改善组织与成员的关系，① 它让每个组织成员有一种感觉：我的背后有一个远比个人力量强大的组织在支持，我要为之奉献价值。

2. 实质性沟通

正视媒体经营规律，处理好新闻与宣传、新闻与经营的平衡关系，"求真"沟通是共同愿景的基础。而且，组织内"求真"还会对组织对外传播（大众新闻传播）产生重大影响。2001 年新华社、《人民日报·海外版》、人民网、中新网上有关"中国少女改写牛津 800 年校史"的新闻被评为当年"十大假新闻"，评选机构对之的评语是"最能满足国人虚荣心的假新闻"。② 2013 年元旦《人民日报》新浪官方微博称，新一年将努力写实情、说真话。

"求真"是基础，而"务实"则强调组织内沟通应着眼于"利益"和"行动"，开展实质性沟通。通常，组织内沟通容易变成自上而下的教育宣讲，容易局限于一些"肤浅"的沟通项目，③ 这就会使已经完成内部网络化改造的组织并没有形成实质、有效的沟通。

上海东方网的组织内网上有各部门领导、员工的联系方式，内部网

---

① ［美］彼得·圣吉：《第五项修炼——学习型组织的艺术与实务》，郭进隆译，上海三联书店 1998 年版，第 240 页。

② 陈斌、贾亦凡：《2001 年十大假新闻》，《新闻记者》2002 年第 1 期。

③ ［瑞典］艾弗特·格默森：《用内部营销建设新文化》，载［美］阿德里安·佩恩、马丁·克里斯托弗等《关系营销：形成和保持竞争优势》，梁卿等译，中信出版社 2002 年版，第 29—45 页。

络化改造早已完成，而且该公司注重与员工的实质性沟通。比如，内部公示"东方网好稿评选办法"，设立原创报道、访谈直播、社区话题、优秀标题、优秀专题、优秀内参等众多奖项，及时发布月度、年度评选结果并给予表彰和奖金。东方网·在上海电子商城创业之际，将员工对"老上海"的品牌记忆汇总，鼓励员工献计献策。向全体员工明确东方网目前所处"二次创业"阶段，设立"创新孵化基金"，凡东方网正式员工均有机会以具体项目投入到组织创新、创业行动之中。

这些实质性沟通，注重组织和员工的现实利益和行动，实际上是将发展组织与员工关系落实于新闻业务与经营实践中去。

第五章

价值维系：关系维系

网络媒体特殊的经济规律决定了用户关系维系尤为重要，它直接涉及未来的价值回报能否实现。关系维系的基本路径是价值提供与沟通，二者相互渗透，适用于网络媒体组织与用户、伙伴、员工的关系维系。网络媒体技术与市场高速发展的事实，决定了持续提供价值是用户关系维系的重中之重。

第一节　关系维系：价值实现的前提

一　成本与终身价值：传统营销学的观点

以 4Ps 为框架的传统营销学高度重视发展和维系用户关系，从预期顾客——首次购买顾客——重复购买顾客——客户——主动性客户——合伙人，① 沿着这条线路公司组织不断发展和深化同用户的关系。沿此线路，用户的忠诚度递增，尤其到了"主动性客户"阶段，用户会推荐其他人购买，而成为利用其自身社交网络的口碑传播者。到了"合伙人"阶段，用户成为公司的共同工作者，这种情形有些类似网络媒体中论坛版主、博客和微博的博主。

发展和维系用户关系兼具成本和利润双重意义。吸引一个新顾客的成本通常是维持一个现有顾客成本的 5 倍，因此公司要努力控制顾客流

---

① ［美］菲利普·科特勒、洪瑞云等：《市场营销管理（亚洲版·第 2 版）》，梅清豪等译，中国人民大学出版社 2001 年版，第 47 页。

失率，要争取占有用户的终身价值，即顾客终其一生购买该公司产品所带来的利润。①

诞生于 20 世纪六七十年代的以 4Ps 为框架的传统营销学，主要针对当时大众消费需求旺盛的特点，而在 20 世纪末，营销环境已经发生改变，尤其是消费者对广告已经越来越失去兴趣，4Ps 传统营销学不断遭受质疑。②

实际上，传统营销学也在不断地增加对"关系"的关注，如菲利普·科特勒在其新版的《市场营销学》中明确将营销定义为"公司创造价值，建立牢固的客户关系来从客户身上获得价值的过程"。③ 但总体上，传统营销学对"关系"的关注集中在公司与顾客之间的关系。

二　用户关系拓展：关系营销学的新视角

20 世纪 80 年代以后，依托于服务经济的关系营销学日趋成熟，它继承了传统营销学中有关顾客关系维系的观点，但已经改变了 4Ps 的理论框架，而是建立起以"顾客关系"为核心的六大关系市场模型的新框架。具体来说，顾客关系市场居于中心，围绕它的有供应商及战略伙伴关系市场、内部关系市场、推荐者关系市场、影响者关系市场、招聘关系市场。④

关系营销学对"关系"进行了拓展，由原来专注于"用户关系"拓展出另外五个关系市场，只有做好伙伴关系、内部员工关系、推荐者关系等才能最终实现公司组织与用户的良好关系，实现公司的良性经营。

---

① ［美］菲利普·科特勒、洪瑞云等：《市场营销管理（亚洲版·第 2 版）》，梅清豪等译，中国人民大学出版社 2001 年版，第 45—46 页。

② ［英］马丁·克里斯托弗、阿德里安·佩恩，［澳］大卫·巴伦泰恩：《关系营销：为利益相关方创造价值》，逸文译，中国财政经济出版社 2005 年版，第 3 页。

③ ［美］加里·阿姆斯特朗、菲利普·科特勒：《市场营销学（第 10 版）》，赵占波等译，机械工业出版社 2011 年版，第 4 页。

④ ［英］马丁·克里斯托弗，阿德里安·佩恩，［澳］大卫·巴伦泰恩：《关系营销：为利益相关方创造价值》，逸文译，中国财政经济出版社 2005 年版，第 80 页。

三　网络媒体经营现实：关系再拓展、价值实现的前提

传统营销学和关系营销学主要研究领域是工业经济和服务经济，而革命性的网络科技使整个社会与经济的底层结构发生改变——人、财、物、信息四大基础资源比特化、节点化，以"人与人"关系为核心的人、财、物、信息之间关系在"节点距离为0"的作用下得以快速构建——网络经济就是以富有效率和效果的方式构建"有意义"的关系而创造价值，并从中实现自身价值取得盈利回报。

（一）关系再拓展：用户与用户之间的关系

网络媒体是网络经济的代表。网络媒体经营实践对传统营销学和关系营销学的最明显拓展，就是"用户与用户的关系"成为价值创造与价值维系的焦点。

新浪2005年启动博客，Web 2.0用户生产内容实现低成本内容扩张，在一定程度上抵消了无线增值业务因电信政策调整而带来的负面影响，广告营收自2006年连续3年呈40%以上增长。2008年全球金融危机爆发，新浪广告遭受重创，营收过分依赖广告，缺乏"关系"产品的弊端也充分暴露。此时人人网、开心网等社交网站成为市场新热点，而腾讯凭借QQ强大用户关系网络继续前行。2009年新浪微博启动，媒体＋社交属性使得新浪微博的网络外部性效应井喷，2011年用户已达3亿。目前，新浪微博在努力将流量转化为盈利，在广告和增值服务开发上加大力度。

至此"用户与用户之间关系"对于网络经营的重要性被充分认识：传统门户新闻可以吸引用户来看新闻、读博客，但用户很快就会离开，"能吸引但留不住"的特征非常明显，而利用用户之间交流互动、利用用户之间交流互动所维系或新构建的关系，则可以使用户长时间在网站驻足并产生更加有价值的内容、有意义的话题、有美感的生活情趣。"用户与用户之间的关系"正成为维系"网络媒体与用户关系"的最重要手段，它带来网络媒体稳定的、大量的用户规模，而这是网络媒体广告与增值服务的前提。

人类有传播的本能。正像施拉姆所说，传播（communication）与

社区（community）有共同词根并非偶然，没有社区就没有传播，没有传播就没有社区。① 传播本能是人类社会生活的底层活动，可基于任何"主题"随时发生，而任何一次传播都包含"内容"和"关系"两个层面的信息，② 亦即，伴随任何"主题"的传播都能衍生出某种关系。

正基于此，除了人人网、开心网这样的专业社交网站，商业门户网站、淘宝、奇虎360、各种垂直网站等都开始推出 SNS 应用（社交网络服务），甚至超星学术网站也在 SNS 化，因为新闻、购物、游戏、读书等任何"主题"都可能引发人们的交流（人际传播），而且这种点对点的传播可能去掉功利性，更真实、更真诚、更生活化。从一定程度上讲，用户使用 SNS 有出于对更加理想的传播与关系的深层渴求。网站正是以满足用户的社交需求而最大化地取得流量和用户时间。

微博兼具社交和媒体属性，是商业门户网站和各大新闻单位网站的重点配置。新浪微博集主流媒体、政府机构、民间意见领袖，功能强大，属门户级别；搜狐微博保持个性、时尚风格，将旗下新闻、视频、博客等重要产品贯通关联；网易微博则以"微争议"延伸"态度"，草根气质坚决彻底；腾讯则是依托 QQ 凝聚的强关系网络，向更广泛的、弱的、新的关系网络拓展。一言以蔽之，各大商业门户网站的微博战略都是自身核心竞争力的延伸。

基于任何"主题"都能引发交流并衍生某种关系的原理，新闻单位网站的微博在自身网站经营全面启动过程中仍有众多机会。重新认识、挖掘、培育自身核心竞争力，以"强点"为依托有序延伸是新闻单位网站微博战略关键。

人民网借助人民微博平台上提供的新闻线索、呈现的焦点话题，组织采访、专业调查、深度报道以强化原创新闻；将主网新闻导入微博平台、转发评论、提升原创新闻的传播覆盖与影响力。这样"原创新闻"

① ［美］威尔伯·施拉姆、威廉·波特：《传播学概论（第2版）》，何道宽译，中国人民大学出版社 2010 年版，第2—3页。

② ［美］斯蒂文·小约翰：《传播理论》，陈德民等译，中国社会科学出版社 1999 年版，第 453 页。

的核心竞争力得以强化和延伸。

笔者从 2011 年底连续三个月，对新浪、网易、人民网、新华网、东方网进行数据集取，人民网微博 7 周转发排行如下：

	2011/12/26 周一	2012/1/10 周二	2012/1/25 周三	2012/2/9 周四	2012/2/24 周五	2012/3/10 周六	2012/3/25 周日
当周最热转发	反腐先锋队 A：乌坎村自治组织 140	鲁迅书屋：反腐 301	毛新宇：拜年 73	周蓬安：对人大、政协 6 条建议 422	鲁迅书屋：《人官沈浩！狗官丁俊》 192	吕凤鼎："告状贴" 689	wzgjxfjdsctsjl：建议国家信访局应建立信访督察和对信访人的回访制度 481

信访、反腐、强拆等社会焦点事件频现人民微博榜首，这与新浪微博生活化、娱乐化的情形反差极大，说明用户对人民网的"权威性""政治性"期待极高。人民微博所呈现的新闻线索与焦点话题，为人民网的原创新闻提供了资源基础，为新闻报道的针对性、大众性创造了条件，沿着微博与原创新闻关联互动的路径，人民网的原创新闻将更加强大。但同时，信访、反腐、强拆等社会焦点涉及中国社会转型期的深层问题，新闻报道难度大、困难多，是对新闻单位的严峻考验。

相对而言，东方网作为地方重点新闻网站，新闻走"转载与原创"并重道路，微博应尽可能呈现丰富多彩的上海生活，为广告经营和增值服务拓展出更宽松的空间。东方网"图文并茂 2012"年度策划，突出图片强项，将论坛、博客、微博有机关联，展示丰富的网络生活和上海风采。立足上海，将上海新闻、上海民生服务、东方网电子商务与微博（SNS 应用）复杂化、和谐化融合，使东方网成为上海市民的新闻资讯、社交、生活服务平台将是其经营趋向。

（二）关系维系：网络媒体价值实现的前提

1. 网络媒体价值实现的间接性与复杂性

商业模式作为网络经济开启之后迅速升温的热词，常常被人们赋予

"玄妙"色彩，如认为商业模式是"盈利逻辑"或是"商道"。[1] 笔者认为此种情形并非纯粹故弄玄虚，至少符合人们日常观感：我们天天使用百度，但很难察觉它是如何营收 23 亿美元（2011 年）的，大多数人使用 QQ 没付过一分钱，但腾讯营收 45 亿美元（2011 年），而近 90%来自直接收费，类似的情形也发生在其他商业门户网站上。

"玄妙"来自网络价值实现方式的间接性和复杂性。

间接性主要体现在广告营收。传统媒体二次销售盈利模式在网络媒体得到了延续，广告主是付费第三方，用户无须直接付费。网络广告的互动性、精准性发生质变，植入性广告、病毒式广告、竞价排名式广告等种类繁多，总体上需要软件技术充分介入、需要创意更上一层。

复杂性主要体现在增值服务。网站基于社区激发人们交流，免费提供音乐、图片、游戏等海量产品，对相对少数享有的"特权"与"个性"产品收取费用。免费大多数的存在是少数人愿意付费的重要条件，而少数人付费补贴所有人的网络福利。增值服务涉及长尾盈利、交叉补贴、牢固用户习惯的养成，表现出"复杂性"的一面，而且免费产品与收费产品、传播内容产品、传播服务产品、应用产品等和谐地融合在一起，进一步增加"复杂性"。

网络媒体价值实现的间接性和复杂性，决定了它必须基于大量的、稳定的用户规模，二者缺一不可。用户数量大但不稳定，如同传统门户网站（如 2009 年前的新浪），广告营收增长乏力，增值服务由于涉及牢固用户习惯的培育而更难以成功。用户稳定但数量不足，则增值服务交叉补贴不足，难以抵销运营成本。因此，价值维系至关重要，而价值维系的本质是用户关系的维系，且进而言之，在当前的社交媒体时代是用户与用户关系的维系。

2. 盈利时滞：价值维系——关系维系

盈利时滞是网络企业特有的盈利现象，特指从用户积累到公司真正

---

[1]　国外文献如 Raman Casadesus - Masanell, Joan E. Recart, "Competitiveness: Business Model Reconfiguration for Innovation and Internalization", *Management Research: the Journal of the Iberoaamerican Academy of Management*, Vol. 8, No. 2, 2010, pp. 123 - 149. 国内著作如李振勇《商道：成功商业模式设计指南》，中国水利水电出版社 2009 年版。

盈利之间有一个明显的时间差。2000 年新浪、搜狐、网易三大门户登陆纳斯达克之时，恰值用户规模（门户新闻、邮箱等产品用户）快速增长时期，而真正的盈利是在两年之后，而且不是依靠媒体惯用的广告盈利模式，而是借助电信运营商伙伴的无线增值业务。

盈利时滞是网络经济价值提供与价值实现（经济回报）之间不确定性的外显。瑞典学者乔纳斯在商业模式研究中提到"IT 悖论"，即信息技术底层研究无法确保盈利回报。① 网络媒体的盈利时滞与"IT 悖论"类似，更直白地讲，流量转化为货币仍困难重重。它需要具有间接性和复杂性的商业模式的成功搭建。

盈利时滞至今仍强烈发生作用。优酷网 2006 年底开始运营，2010 年底纽交所上市；校内网 2005 年底开始运营，2009 年 8 月更名人人网，2011 年 5 月纽交所上市。但是，2011 年优酷净亏损 2730 万元美元、亏损同期收窄 16%；人人网净利润 4130 万美元，但主要来自出售股票资产的收益，实际营业利润亏损 3020 万美元。新浪微博此时也正面临盈利时滞的煎熬，2009 年 9 月之后，新浪微博投入大量带宽运营成本，产品研发、营销、人员管理等费用，推进微博在 2011 年底即达 3 亿用户，现在正值流量向货币转化阶段。

非常有趣的是，2011 年新浪微博用户人数爆发式增长（这一年用户由 1 亿增至 3 亿），美国证券市场的新浪股价发生由 40 美元到 140 美元的"飞天表演"，而在流量转化货币的商业化正式启动时，股价又"打回原形"。这背后可能有产品市场逻辑、资本市场逻辑及二者所关联的深层逻辑发生作用，值得以后深入观察和研究。

盈利时滞是网络媒体价值维系的关键时期，持续提供价值、维系用户关系，培育用户使用习惯，方可最终实现价值。在传统门户时代主要依靠新闻集聚与内容整合维系用户与平台关系，而在社交媒体时代则主要依靠保持用户互动，以"用户与用户之间关系"维系"用户与平台的关系"。

---

① Jonas Hedman, and Thomas Kalling, "The Business Model Concept: Theoretical Underpinnings and Empirical Illustrations", *European Journal of Information Systems*, (2003) 12, pp. 49 – 59.

互动是交流传播的过程，关系是相对稳定的人与人之间相互期望的状态。媒体与用户之间的关系，意味着"相对稳定"。

从传统工业经济，到现代服务经济，再到网络经济，关系扮演着越来越重要的角色，企业的关系经营视野也在不断拓展，唯一不变的"用户关系"是一切关系的核心。传统工业经济和服务经济，用户关系维系是降低营销成本、占有用户终身价值的关键，而网络经济的盈利时滞明显，用户关系维系是盈利的前提。

第二节　持续提供价值：用户关系维系

价值网络、员工新角色，使得网络媒体的关系维系是一种以"用户关系"为中心的伙伴关系、员工关系全方位维系的系统工程。

一　关系维系的一般原则：价值提供与沟通

关系建立与维系的一般原则是价值提供与沟通，该原则适合伙伴关系、员工关系、用户关系。

合作伙伴本质上是基于共同创造价值、分享价值回报，充分沟通、发展合作关系，而伙伴关系维系则更加依赖于价值提供与沟通的持续性。

2010 年阿里巴巴和雅虎股权控制之争中，阿里方面表示雅虎已不再拥有自主搜索引擎技术，并不需要一个没有技术贡献和业务关联的金融投资者，双方合作基础不复存在。[①] 这是出于阿里巴巴为回购雅虎所持股票、退市私有化、谋求最终阿里和淘宝整体上市的大战略而说出的"狠话"，但也真实、明确地说明网络经济中合作伙伴关系维系的一般原则：技术贡献、业务关联、金融助力等，总之为对方创造价值。

2010 年底新浪透露广告自助和应用增值两大盈利方向，开放微博平台 API 鼓励游戏、网购、团购等应用开发，新浪与开发者分成比例为

---

① 李斌：《淘宝网没有上市计划》，《京华时报》2010 年 9 月 20 日，B85 版。

3∶7。① 平台开放的沟通机制简洁而高效：API 接口信息和分成比例是最主要的两个沟通内容，这类似苹果 APP 商店模式，是价值提供与沟通机制双重创新的结果。

　　未来，价值提供（合作）与沟通将继续相辅相成，其平稳持续与机制创新将是伙伴关系维系的经营要点。

　　员工关系维系是在求真务实中塑造共同愿景和发展实质性沟通，组织与员工之间的相互价值提供和真诚、实质性沟通贯彻始终。

　　伙伴关系、员工关系的维系是围绕用户关系而展开的。用户关系维系也包括价值提供与沟通（营销传播）两个方面，但由于网络媒体技术与市场高速发展的事实，决定了持续提供价值是用户关系维系的重中之重。

二　升级：增加价值提供、提升用户体验、提供营销契机

　　持续为用户提供更稳定、更新、更好的价值，这是比营销传播更为底层的用户关系维系方法，是用户关系维系的根本之道。"串起生活每一刻"的经典广告犹响耳畔，但自数码相机出现以后，柯达渐行渐远直至 2011 年申请破产保护。网络媒体对传统媒体的冲击有类似情形，而网络媒体自身也面临着紧跟技术更新脚步、持续提供更好价值的压力，"升级"是网络媒体增加价值提供、提升用户体验，进而维系用户关系的常规做法。

　　升级，通常是指网络媒体将旗下某一产品由原先版本向更高版本改进，以弥补缺陷，增加功能。更广义的升级，是指网络媒体对旗下所有产品进行系统整合、更新，包括网络媒体改版对各频道、栏目的内容及版面调整，以提升用户的整体体验，并展示或强化本网站的定位与风格。

　　1831 年法拉第发现电磁感应现象初奠电磁理论基础，1930 年英国广播公司开播电视节目，一百年间电磁波理论研究与现实应用彼此交织

---

　　① 陈清：《张朝阳怀揣 6 亿美元亲上阵 搜狐全副武装挑战新浪微博》，《IT 时代周刊》2010 年第 24 期。

发展，有线电报——有线电话——无线电报——广播——电视相继发明。人们称 18—19 世纪的巨大变革为"工业革命"，并进一步细分 1870 年以后为第二次工业革命：电气革命，从某一角度来看，是因为人们发现了持续创新发明的物理介质——电磁波。

基于本书第二章对"三大对话技术"的论述，我们认为 20 世纪末开启的网络革命是人们发现了持续创新发明的逻辑或语言介质——计算机人工语言，而网络走向民用则启动了市场机制和大众参与的知识生产机制。这种逻辑、机制层面的创新，使得网络媒体应用从 2000 年的门户网站到 2009 年裂变式传播的个人媒体微博，其间创新数量与频率，远远超过了上一次革命。这种分析也提示，网络媒体持续创新的三大着力点：技术、市场、用户参与。

（一）增加价值提供

紧跟技术与市场变化脚步，软件与应用升级、改版是网络媒体经营的常规做法。网易邮箱、游戏，搜狐搜狗输入法、浏览器，新浪博客、微博，腾讯 QQ 客户端，都处于频繁版本升级状态。完善产品功能，增加价值提供，这是升级的最基本功效。

以最"古老"的网络应用邮箱为例，网易在 1998 年首家开通了电子邮箱业务，之后不断扩充邮箱上传空间，增加特权服务（VIP 邮箱），拓展邮箱子品牌（126、yeah），并紧跟互联网潮流增加社区化功能：微博、简历、集邮、用户俱乐部等，并可依用户选择将邮箱导向广告、电子商务平台、增值服务。邮箱升级不但增加价值提供，而且完善、整合了产品线。

（二）提升用户体验

体验是一种从产品到商品再到服务逐步发展而形成的一种新的经济提供物。[①] 它表现为消费者身体与精神对提供物的全面浸入，从而达到难以忘怀的效果。旅游、娱乐（包括电影、网游）常常是体验经济的代表。对于网络媒体，体验常常是指以下内容。

---

① ［美］B. 约瑟夫·派恩、詹姆斯·H. 吉尔莫：《体验经济》，夏业良等译，机械工业出版社 2002 年版，第 10 页。

1. 传播内容产品、传播服务产品、搜索、广告、应用等高度复杂化、和谐化的融合。这种高度复杂化、和谐化是对现实生活的模拟：打开电脑，有邮件提示，新闻弹窗跳出，在浏览网页过程中，页面右侧出现"针对性"广告信息，点击它直接进入电子商务网站，下单……就好像现实生活中我们打开门口的邮箱，取信、看报，放下报纸去街口的便利店买些商品。现实生活简单、流畅，而网络则需将众多传播产品高度复杂化、和谐化，才能带来用户的流畅体验。

2. 网络媒体以传播为主业，体验更加注重精神交流的平等、尊重与真诚。它意味着新闻真实、及时、准确，给争议以权威说明，给难题以专业解读，给迷茫以积极向上的力量，少一些教育宣讲，多一些真心交流；用户有发言、表态、记录生活、展示个人风采与影响力的平台；用户有维系亲友同学，以及构建新社会关系的社交平台。

3. 更为重要的是，体验意味着真正以"用户个体为中心"，用户拥有充分自主的权利，"以我为主"地选择性浏览订阅新闻、添加各种工作消费娱乐应用、发表自我观感、关注其他个体并建立新社会关系。这种高度定制化让用户个体受到充分"尊重"、享有充分"自由"，从而有"身心全面浸入"的动力并逐步达到这种状态。

2010 年岁末人民网首页再次改版，以红蓝黑为主色调，清晰、沉稳、大气；人民热线、人民访谈、人民调查、人民深度几个栏目，位置显著、紧密关联，暗示新闻生产路径，诠释"权威来自人民"理念。中腰位置，强国社区、强国论坛、强国博客，从左至右贯通，强势鼓励用户参与内容生产，力求大众性突破；人民微博紧贴强国社区，以名牌栏目带新产品，进一步完善互动产品线。总体来看，人民网透射出一种专业新闻生产的力量，是其"以原创新闻为核心竞争力"的外显，也较好地体现了其"权威性"的品牌定位。这种网页版面布局，符合人们对权威、公信、专业的新闻网站的形象期待，更着重提升了用户的参与体验。

（三）提供营销契机

4Ps（产品、价格、渠道、传播）简洁概述了营销的主要环节，对于网络媒体而言，何时、何地、何种情境向用户进行产品传播，提出收费诉求，推出相关新产品，则涉及营销契机的问题。升级，提供了良好的营销契机。

2012 年 12 月 1 日，新浪新版微博放大了微博博主的头像，变换个人主页的背景，增加关注者、粉丝、微博文中的图片展示等，还专门制作了一个完全针对博主个人的"广告"短片——素材取自博主，温馨吉他曲中配发"你的魅力不止这么一点点，我们给你更大的空间"。没有人喜欢看垃圾广告，多数人讨厌没完没了的升级，但这种别出心裁的针对个人的广告，在产品升级之际播放出来，则效果很好。

此外，升级也是推出增值服务的良好契机。升级整体提升产品价值提供和用户体验，在此基础上推出针对性、个性、特权性的增值服务，能最大可能地使用户接受。变完全免费为增值收费诉求，是网络媒体价值实现的关键一步。

目前，除改版外，新闻单位网站旗下产品还没有步入持续"升级"常态轨道，其实质是还没有形成用户规模稳定增长、产品功能提升、市场回报增加的良性循环，离开这种良性循环的"被动升级"只能徒增成本。

三 孵化：新平台的服务与经营双重意义

孵化的管理学意义就是母公司对旗下业务投入资源、管理，培育其独立经营能力，最终成为独立新公司的过程。这种旗下业务可以是具有相对独立性、盈利能力强的老业务，也可以是技术先进、市场潜力大，但目前盈利能力弱的新业务。后者是典型的创新孵化，虽然风险较大，但对企业、产业甚至国家经济都有积极影响。网络媒体的孵化是指母平台培育子平台的过程。

（一）新平台的服务意义

媒体以其新闻的真实性、及时性、重要性等种种属性而吸引大量注意力，同时媒体以其公平、公正的社会品格和追求真善美的文化格调而具有影响力。媒体凭借新闻和文化的力量而立，但正是为了新闻这个充满社会责任感、道德感的事业，媒体应该积极拓展新闻之外的业务（如广告），一为完善对用户的服务，二为实现盈利，使媒体能维系自我生存并不断成长。

网络媒体较之传统媒体，突破了大众传播的新闻播报功能，不但提供传播内容产品，而且提供传播服务产品，"鱼与渔"兼授，虽主营信息传播，但也开始提供基于信息处理的多种服务（如舆情报告、社交服务、电子商务网站、导购平台等）。总之，网络媒体正全面渗透用户的工作消费娱乐，这是一个不可逆转的趋势。

在过去的十多年间，商业门户网站在完善服务方面走在前面，而新闻单位网站也正迎头赶上，如人民网也推出"游戏资讯"和"玩游戏"频道，东方网正着力拓展电子商务和导购。趋势使然，网络媒体母平台不断在孵化出不同"主题"的新平台，新浪的微博平台，搜狐的影视平台，这两大平台直接关乎新浪、搜狐的战略转型与拓展——微博是新浪由"集聚式门户"新闻向社交化、移动化转型的核心利器，而搜狐影视则是要做"中国时代华纳"① 具体战略拓展行动。网易的有道平台，继续秉承母平台善于突出特色、抓住"强点"的经营特征，在词典、在线翻译、笔记等方面持续做强。

"门户"本意是互联网入口，以综合一站式服务见长，但随着互联网对人们工作消费娱乐的全面渗透，单一入口是很难服务到位的。为使旗下业务向专业化发展，更好地向用户提供价值与服务，母平台孵化是重要举措。

（二）新平台的经营意义

新平台对于网络媒体的首要意义是防止"平台干扰"，协调新闻平台与经营平台的关系。20 世纪 80 年代初中国媒体对是否应该上广告顾虑重重，90 年代新华社的新华寻呼台对是否能向寻呼机上发新闻犹豫不决，② 今天网络媒体开办电子商务也要打上"宣传部、商务部领导下"的礼仪化的平台简介。

---

① 2009 年张朝阳在接受《第一财经·中国经营者》访谈时再次重申要做"中国时代华纳"。优酷网：第一财经·中国经营者访谈张朝阳（优酷 – 资讯，http：//v. youku. com/v_show/id_ XMzEyNzQyNjIw. html，2012 – 10 – 19 浏览）。

② 陆小华：《整合传媒：传媒竞争趋势与对策》，中信出版社 2002 年版，第 24 页。

中国有"正心修身齐家治国平天下""学而优则仕"的道德理想和政治追求，而对商业有"见利忘义""重利轻别离"的不齿，而在新闻与商业的关系问题上，中西方似乎观点一致——李普曼在《公众舆论》中就明确指出人们对于新闻的"经济偏见"：让读者付钱看新闻被看作"缺德事"。①

其实并非"偏见"，而是人类的道德理想与物质现实的一些固有矛盾在"新闻"上的体现。尊重传统，珍存对理想的执着，排除经营对新闻不必要的"干扰"，应是顺应传媒经济规律的做法。

游戏收入占总营收 90% 左右的网易，主要是客户端大型游戏，在其首页很少看到游戏痕迹。东方网首页仅仅提供电子商务入口，而其众多电子商务平台都采用独立域名。孵化新平台有利于保持新闻平台的专业风格和追求公正、社会责任的新闻理想。

新平台上市则具有更加明显的经营意义。新浪旗下房产频道独立运营后，与易居中国合资组建中国房地产信息网（CRIC）即新浪乐居于 2009 年 10 月正式登陆纳斯达克，融资 2.16 亿美元。易居中国为第一大股东，新浪占股 30% 左右。搜狐旗下游戏频道畅游以《天龙八部》为主打，2009 年 4 月正式登陆纳斯达克，融资 1.2 亿美元，由于管理团队和员工持股比例达 15% 左右，造就一批"富翁"，这也是对员工的极大激励。新平台上市具体经营意义如下。

1. 保持融资渠道关系、满足高"风险"网络企业持续融资需求

2011 年第一财季，搜狐的搜狗业务有趋好态势，张朝阳表示要趁新一轮泡沫破碎之前争取搜狗上市。② 对于旗下业务分拆上市，张朝阳常给人有信心满满的感觉，但搜狐畅游快速上市的成功案例也确实增加了搜狗上市计划的可信度。从一定程度上讲，张朝阳作为搜狐的灵魂人物，对华尔街的熟悉程度以及良好的融资渠道关系，对搜狐持续融资与发展有重大的影响。

---

① ［美］沃尔特·李普曼：《公众舆论》，阎克文等译，上海人民出版社 2002 版，第 256—257 页。

② 李斌：《搜狗将赶泡沫破灭之前上市》，《京华时报》2011 年 4 月 26 日，B47 版。

2. 分拆上市，有利于提高企业管理效率

企业规模扩张产生更多的经营资源，资源整合余地更大，进而提升总体效率。但企业效率并非随规模扩张持续增长，而是有一定的临界点，即内在规模不经济临界点。家大了要分灶吃饭，分拆上市有利于调动子公司人员积极性，实现向专业化纵深拓展，做大做强，进而加大同母企业关联协同。

3. 改善财务账面

2009 年新浪子公司乐居上市，给新浪带来一次性账面营收，使得新浪第四季度总利润达到 3.72 亿美元。当然利弊共存，之后随子公司发生亏损，新浪大量计提投资损失，在新浪微博大量投入期，财务报表很难看。

上市公司本质上是一个公众公司，对股民负责、对股市负责，也是网络媒体树立公众形象，维系用户关系的重要方面。这也是人民网以及后续新闻单位网站上市，处理公众关系的新课题。

四　延伸：移动互联网

2009 年前后，智能手机终端、3G 移动网络、安卓和苹果手机系统，使桌面互联网具备了向移动互联网转移的条件，网络媒体价值向移动互联网延伸、拓展成为商业门户网站及新闻单位网站维系用户关系的重点。2012 年 4 月人民网上市融资主要用于移动互联网增值业务项目、技术平台改造升级项目和采编平台扩充升级项目。

正像网络媒体不是传统媒体向桌面网络的简单延伸，网络媒体也不能简单的将桌面网络价值"复制"到用户的手机上，因为移动互联网媒体业务①有其自身特点。手机媒体受到终端处理能力和移动带宽的限制，但目前双核甚至四核手机已经出现，移动带宽服务也在持续提升，3G 手机已经可以流畅播出视频。因此，总结手机传播与使用的最大特点是：屏幕小、随时、随地、随身——高度个人化。

---

① 移动互联网媒体业务包括 7 寸屏以上的移动媒体业务和 7 寸屏以下的手机媒体业务，本书在此重点讨论手机媒体业务。

在大众传播时代，新闻传播也具有人际传播的属性，因为传、受两端仍是具有主动性、能动性的人，只不过机械媒介使得"人际性受到遮蔽与弱化"。① 网络时代开启，从集聚式新闻门户到论坛、博客、微博，从桌面网络到移动网络，三大对话技术轮番发展所带来的综合效应已经"解放"了传播一端的曾经孤立、彼此疏离的芸芸众生。传播的另一端，专业的新闻传播机构必须做出改变，就是要充分"尊重人在传播中的主体地位和人际传播独有的特点、规律"。② 这种传播学上的理论认识对网络媒体经营管理发生着基础性的指导，无论是宣传还是经营，背离这些基本规律，用户就会离你而去，用户关系维系就无从谈起。

屏幕小、随时、随地、随身，使得手机媒体成为当前个人媒体的"最高形态"。目前，网络媒体向移动互联网价值延伸，着重于向个人提供价值和营造私人传播情境，但也面临桌面网络与移动网络"内部蚕食"等难题。

（一）基于个人的价值提供：高度定制化

从目前的网络经营现实来看，高度定制化是指网站提供海量产品组合，用户因有众多选择而能够依据个人需要而做出相应取舍，从而达到"定制化"效果。

（后）现代产品"插接组合"的产品结构特征，模块化的生产机制，使得大量产品组合成为可能。网络信息产品则将这两点发挥到极致，并由智能化软件参与"组合匹配"——海量产品组合得以实现。

购买苹果手机的顾客有耳机、充电器、数据线、保修服务等"标配组合"，此外还有贴膜、外壳、移动电源、各种插件等"待选组合"；而进入苹果应用商店，截至 2012 年 10 月苹果应用已经超过 70 万。从硬件产品到信息产品，从"大量"到"海量"的产品组合，用户实现高度定制化。苹果应用商店（App Store）开放 API 接口实质上是开启"众包"和"持续创新"机制。

对于网络媒体而言，目前定制主要有应用定制和内容定制两种

---

① 黄旦：《新闻传播的二重性》，《现代传播》1995 年第 2 期。

② 同上。

类型。

应用定制是针对平台所开发的实现娱乐、工具、服务功能的小软件。新浪微博平台的应用定制采用了同苹果应用商店类似的做法，公开 API 接口，启动社会上的专业团队和广大有专业技能的用户开发各种应用，微博还专门开设娱乐休闲类、生活服务类、工具类应用排行榜。应用数量的多寡、人气，直接关乎新浪微博这种平台产品的市场前景，或者说，新浪微博的应用数量、下载使用量也是判断与搜狐、网易微博竞争力强弱的重要指标。2011 年末腾讯微博也通过开放 API 接口启动"光棍节应用"大赛，开发者和用户使用踊跃，最终"办理光棍证"应用以 12 万用户拔得头筹。[①] 目前，新闻单位网站还没有像 QQ 或新浪微博那样有市场影响力的社交娱乐平台产品，应用定制的开发还非常有限。

内容定制主要是指新闻等内容类客户端、手机报等。在苹果、安卓两大主流手机系统平台上，商业门户网站的内容客户端远要比新闻网站数量多、品种全，除新闻外还有论坛、博客、阅读、理财等众多客户端，如网易公开课、网易手机邮箱、搜狐视频、新浪音乐等。其实，任何一个有意义的主题，包括一个媒体、频道、栏目、主持人、名胜古迹都可以建立客户端，它是用户进入特定"主题"的方便入口。商业门户网站正是将桌面网络庞大的产品群，再次进行拆分、组合，"挤进"各个不同用户小小的手机中。

借鉴商业门户网站延伸到移动互联网，实施个人定制化经营的经验，新闻单位网站可以得到以下几点启示。

1. 夯实桌面网络基础

业界共识移动互联网将是网络经济的未来，人民网上市融资重点投向移动领域就是对这一判断的回应。但切不可盲目认为，桌面网络落后，可以跳过这一页直奔移动互联网。

其实，传统媒体—桌面网络—移动网络有内在的逻辑关联。[②] 现在

---

① 《腾讯微博光棍节应用大赛揭晓 开放平台迎来井喷》，《南方日报》2011 年 12 月 9 日，A3 版。

② 于正凯：《机遇与挑战：手机电视发展分析》，《青年记者》2013 年第 1 期下。

新闻单位网站落后有技术变革层面的重要原因，而在新闻层面许多新闻单位的核心竞争力并不强，资质垄断和区域划分虚增、美化了其传统媒体产品的市场表现，掩盖了新闻能力核心不强的事实。而一些真正有竞争力的新闻媒体，如人民日报、南方都市、新闻晨报等在新浪微博这样的新媒体平台上也长期继续处于领先地位。桌面网络是移动网络的重要基础。对于新闻单位网站而言，桌面网络是传统媒体新闻向移动互联网转移的重要枢纽。

2. 再次切分、重组、微化

桌面网络向移动网络延伸，在很大程度上是对桌面网络的内容进行再次切分，然后基于移动传播特点重组，成为以"应用"或"客户端"形式呈现的众多小单元。百货对百客，实现定制化。

"应用"或"客户端"是旨在实现用户定制化的主流趋势，奇虎360桌面正在整合各个网站资源将其以"应用"或"客户端"的形式重新呈现，商业门户网站也在对桌面网站庞大的产品群进行切分、重组、微化，搜狐的微门户就是最直白的例子。

当然，这种切分、重组并非仅仅是对原有资源、素材进行简单的增删、重组，而是可以调整主题、创新主题，并加入软件技术增添传播功能，如《中国日报》有双语音频客户端，"人民网遥控器"是可将人民网信息在大屏幕投影显示出来的应用。

（二）利用传播情境梯次，营造私人传播风格

传播情境，概括地讲，就是传播所发生的时间、地点、场景、在场人物、媒介等所构成的外部环境。时间、地点、场景比较好理解，在场人物主要指传播是公共传播还是私人传播，媒介自身实际上也在构成一定的传播情境，印刷精美的邀请函和一个便条所营造的传播情境是不同的。传播情境对传播行为、传播效果产生直接或间接影响，而依据传播情境对传播进行相应的调整有利于传播更加融洽地进行，并进而对网络媒体经营产生积极影响。

报纸—桌面网络—手机，其严肃性、公共性递减，从而形成一定的传播情境梯次，手机是最具有私人传播情境的媒体。网络媒体，尤其是新闻单位网站，常常报纸、网站、手机传播齐备，利用传播情境梯次对

传播内容、编排、语言等进行相应的调整，将会使各终端传播彼此协调，最大程度符合用户习惯，同时也可以展现媒体的不同风格侧面。

2012年4月中旬手机人民网开展了一项用户使用习惯问卷调查，截至5月22日，现将各题目中最大占比选项呈现如下。①

○男性50396 女性6683 共计57079

○职业：公务员或事业单位26.0%

○年龄：31—49岁26.4%

○月流量费用：10元以下55.9%

○浏览习惯：浏览整个首页，选择最感兴趣的看88.1%

○手机上网时段：20：00—8：00 49.5%

○手机上网应用：看新闻45.2%

○最关注的新闻：军事新闻33.3% 时政新闻29.5%

○固定浏览的网站：1—3个81.8%

○希望人民网改进的地方：多做深度报道38.3%

用手机上人民网的男女性别比高达7.5∶1，公务员或事业单位占比很大，年龄上也正值事业走向成熟的阶段，他们对人民网的专业性、深度性的新闻期待也非常明显。人民网在深度报道上具有资源、人才、政策、品牌等优势，但最新的用户调查结果显示，用户对人民网强化舆论监督，多做深度报道仍有很大期待。

从手机上网时段上看，近半数都是在工作时间之外，更准确地说是在晚上休息前的一个时段，这是一个非常典型的"私人传播"情境。

手机人民网Wap首页，除时政、军事、国际、财经等重要新闻外，评论、博文、热帖、社会新闻等大量呈现，言论观点之激烈、"尺度"之大，坦率地讲，不比商业网站逊色。此外，人民网强化军事、历史这两类内容，显然也迎合了中年男性用户的兴趣偏好。整体观感，手机人民网较之桌面网站"庄重、严肃、新闻专业"的风格软化了不少，显

---

① 人民网：《答调查问卷赢双重好礼》 （人民网 – 手机用户调查问卷，http：//3g. people. com. cn/interaction/diaocha. php？wv = 2&vid = 19&sid = &fromid = &uc_ param_ str = dnup，2012 – 5 – 22浏览）。

然是一种针对私人传播情境的调整。

手机东方网 Wap 首页较之桌面网站，调整在于突出"文化氛围"，用"雅词"命名的 7 个小板块：看上海、知天下、浮世绘、言论集、博客园、微言记、图片秀，加上一个"硬"板块：滚动报道。重要新闻（尤其上海本地新闻）不遗漏，评论不求激烈但求理性和文采，对市民工作、生活、出行、健康多加关注，手机东方网犹如一张篇幅不大的晚报，条目清晰、格调高雅、服务周到。

同为新闻网站，其手机版风格迥异，但共同之处都对桌面网站进行了再创作、风格再调整，在很大程度上更加适合私人传播的情境。

（三）创造性破坏：内部蚕食、系统竞争引发移动互联网延伸难题

曾任美国计量学会会长的经济学家熊彼特，能够按最严格的学术规范、复杂的数学模型写出经济学论文，但他真正伟大之处在于能够跳出静态的、学术化的理论模型，而以动态的、现实的犀利眼光直击经济本质。比如经济学最基本的、经验的、不证自明的边际收益递减规律，在熊彼特看来，理论模型"对于人类福利的重要性与它在经济理论中的解释作用方面的重要性之间，并没有联系"。[①] 沿着《经济发展理论》所开创的创新经济学路径，熊彼特认为：

> 它不断地从内部使这个经济结构革命化，不断地破坏旧结构，不断地创造新结构。这个创造性破坏的过程，就是资本主义的本质性事实。[②]

熊彼特所处的年代和著作表明，他所关注的创新是机电与材料技术、营销技术，而我们身处的网络社会是以信息处理技术为核心，[③] 这

---

① ［美］约瑟夫·熊彼特：《经济发展理论》，何畏等译，商务印书馆 1990 年版，第 14 页。

② ［美］约瑟夫·熊彼特：《资本主义、社会主义与民主》，吴良建译，商务印书馆 1999 年版，第 147 页。

③ ［美］曼纽尔·卡斯特：《网络社会的崛起》，夏祝九等译，社会科学文献出版社 2001 年版，第 35、83 页。

种技术由于人工逻辑——计算机语言的介入，而具有"自创新"能力，因而颠覆性、创造性破坏频繁发生，物联网、移动互联网、3D 打印等概念经济"你方还未唱罢我登场"的情形就发生在我们身边。这也许是"创新与创造"频繁出现在政府、产业界、学术界，甚至普通人的话语中的真正原因。

网络媒体由桌面向移动延伸，由于"创造性破坏"正凸显难题，具体体现在：

1. 内部蚕食

新浪总裁曹国伟 2012 年 5 月称该年新浪微博预计投入 1.6 亿美元，[①] 加上 2011 年该项投入的 1.2 亿美元，微博仅两年投入共计 2.8 亿美元，而 2012 第 1 财季报告显示微博盈利仅 1000 万美元。微博产出和投入悬殊，新浪前期平台孵化与战略投资（如新浪乐居和麦考林投资）又突现风险，二者同期共振，新浪财务似乎堪忧。

而仅从产品角度，新浪微博的广告客户大多数是原有的门户客户，内部挤压、左右互搏现象已经存在，而且内部蚕食难以量化和很好控制，对此，曹国伟也坦然承认。[②]

内部蚕食的情形同样发生在中国网络典型的创新产品腾讯微信。微信与 QQ 太多功能重叠，使得微信用户数量成长而移动 QQ 下降，同门相残发生。[③]

2. 系统竞争

系统竞争是指软件系统与产业系统两个层面的冲突。

软件系统竞争是指手机终端制造商、网络服务提供商等各自提供的系统彼此冲突，导致用户使用体验下降。以个人体验为例，笔者使用诺

---

① 腾讯：《曹国伟：2012 年将向微博投入 1.6 亿美元》（腾讯 – 腾讯科技，http：// tech. qq. com/a/20120228/000350. htm，2012 – 12 – 8 浏览）。

② 腾讯：《曹国伟解读新浪业绩：门户微博广告存在挤压》（腾讯 – 腾讯科技，http：// tech. qq. com/a/20121116/000144. htm，2012 – 12 – 8 浏览）。

③ 中新网左盛丹：《微博、微信的共同难题：商业化艰辛与传统业务争食》（中国新闻网 – 财经中心，http：//finance. chinanews. com/it/2013/01 – 25/4519512. shtml，2013 – 2 – 8 浏览）。

基亚 E 系列智能手机、奇虎 360 手机卫士，它们都提供"手机通讯录"服务。2012 年安装微信时按照提示关联"手机通讯录"，之后我想发一条"最传统的手机短信"时，查找联系人非常困难、几乎发不出，三重"手机通讯录"彼此冲突非常明显。再有，手机短信、QQ、微信的使用体验、隐私级别有微妙差异，全都放在小手机里，心里打鼓。腾讯以 QQ 牢固捆绑个人用户关系，模仿搭载互联网界各种小创新，宛如庞大的压路机，一路开来，几乎把中国所有的网络产品碾平在腾讯的世界里。但软件系统之间的冲突，似乎越来越一触即发，2010 年 11 月的 3Q 大战就是首次大规模爆发，在移动互联网领域类似情形正在潜伏。

产业系统竞争是指广电产业、电信产业、网络服务提供商之间产业系统层面的冲突，用户体验与费用、厂商利益、政策权力等都错综复杂地卷入其中。被奇虎 360 总裁周鸿祎盛赞为"颠覆式创新"的腾讯微信，[①] 实际上正麻烦不断，因为它已经侵入到网络接入商——电信产业的核心业务（语音通话），并直接大幅减少传统短信收入。2013 年 2—3 月，三大网络接入商中国移动、中国联通、中国电信开会协商网络服务提供商 OTT 业务补贴问题，主要所指就是腾讯微信，被人称作"三缺一"牌局，中国移动曾爆料腾讯流量占比 40%，而收入贡献不到 10%。[②] 后来腾讯微信加入谈判，"庄家"工信部也到场，多方谈判，经排列组合必然有多种可能结果，用户只能以"舆论"旁观。

以理性人为基础的经济学必将量化计算进行到底，人工智能—计算机语言介入使得网络经济的量化计算步入更高的层次。它凸显了长尾市场，使合作创造价值—利润分成成为网络经济主流。但量化终究无法彻底，因为合作各方利益不同、"算法"不一。信息网络技术的"创造性破坏"会不断搅动既有的市场格局，使得产业系统间、厂商之间矛盾不断。这也许是网络经济深层的、带有悖论特征的困难。

---

① 中新网：《周鸿祎盛赞微信是颠覆式创新》（中国新闻网 - 财经中心，http：//finance. chinanews. com/it/2012/09 - 11/4174943. shtml，2012 - 12 - 23 浏览）。

② 搜狐毛启盈：《"三缺一"微信谈判猜想 运营商毫无"底牌"》（搜狐 - IT，http：//it. sohu. com/20130312/n368486955. shtml，2013 - 3 - 14 浏览）。

这种情形需要代表公权力的部门，如新闻广电系统、电信系统的监管部门拿出大智慧，以保障国家信息安全和公共信息权利。拥有个人媒体的广大公众用户，利益诉求的声音更加响亮，任何忽视用户关系的移动互联网延伸都可能触犯网络媒体经营管理的大忌。

新浪微博、腾讯微信是目前所能看到的最为清晰的移动互联网市场入场券，但由于"创造性破坏"引发的内部产品与系统间冲突已然显现。对于新闻网站来说，报纸—桌面网络—移动网络之间的替代性冲突也明显存在，现在的情形是桌面网络还未夯实基础，延伸移动网络已必须起航。最为突出的例子是人民网的即刻搜索，报道显示 2013 年 1 月国内搜索使用率排行百度第 1 为 64.01%，最小的是雅虎为 0.25%，即刻搜索则无法显示在排名中，而网传两年间投入已达 20 亿。[①]

现在新闻单位网站延伸移动互联网的难度不小，但网络经济时常会以我们难以预料的方式向前发展，新的机会潜藏，但持续为用户提供价值、牢牢把握用户关系，才能做抓住机会的有准备的人。

---

① 吴昊：《互联网资深人士直言：邓亚萍做搜索引擎难度堪比李彦宏拿乒乓冠军》，《长江日报》2013 年 2 月 18 日，第 8 版。

第六章

价值实现：优化盈利组合关系

从网络媒体经营主体的角度来看，价值主张、价值创造、价值维系的最终目的在于价值实现——营业收入的取得。它涉及盈利模式，是价值交换能否取得成功的"惊险一跃"。

目前，网络媒体的盈利模式基本成熟，但关键要对网络盈利模式的精髓进行理解和落实。商业门户网站的财务报告能对网络盈利模式的精髓进行实证性的解读和进一步提示。

第一节　二次销售与影响力经济的变迁：
网络媒体的价值实现

一　二次销售与影响力经济：大众媒体的价值实现

（一）隐形收费：二次销售

从实践上看，19 世纪 30 年代以美国人本杰明·戴《太阳报》为代表的廉价报纸开启了西方商业报纸的时代。这种报纸价格低廉，以广告补贴成本获得盈利，此时报纸上刊登广告不再"牵扯道德判断"，[①] 无须因刊登广告而背负太多的道德压力而得以相对独立地从事自己的新闻与经营。之后，二次销售就逐渐成为媒体的主流销售模式，跨越报纸、广播、电视、网络，这种模式已经奔跑了近 200 年。

---

① ［美］迈克尔·舒德森：《发掘新闻：美国报业的社会史》，陈昌凤等译，北京大学出版社 2009 年版，第 14 页。

从理论上看，1922 年李普曼在《公众舆论》中生动地指出了人们对报纸的"经济偏见"，并提出了"隐形收费"的权宜之计。

人们指望真相之泉汨汨不停，但并不订立法律或道义上契约以承担任何风险、成本或困难。

尽管公众会为广告上的商品付出更多的钱，但要他们花上一瓶冰激凌汽水的价格获得世界上的所有新闻就会被看作一件"缺德"事。公众会为新闻报道付钱，但支出必须是隐形的。①

从经济学视角，矛盾明显地存在于媒体产品强烈的公共品特性（或外部性）与盈利需要之间；而从文化视角，文化传播学者詹姆斯·凯瑞则直言："经济和传播构成矛盾的框架……经济是分配稀缺资源的实践。信息传播是生产意义的过程，是绝对不会短缺的资源，实际上它是极端丰富而免费的商品。"②

虽然有道德压力、种种矛盾，媒体经营现实仍在继续。1951 年美国传播政治经济学泰斗级人物达拉斯·斯麦兹提出"受众人力"是商业媒介的主要商品，这一观点也成为其"受众商品论"的基础。③ 20世纪 60 年代，麦克卢汉在《理解媒介——论人体的延伸》中提出读报是"有报酬的雇佣劳动"或"有偿学习"。④

1997 年 12 月美国网络经济学者高尔德哈伯提出"注意力经济"的概念，他从经济学"稀缺资源"这一最基本、最核心的概念着手，指出信息经济的本质是"注意力经济"。需要指出的是，"注意"最直白的解释是"看""留意""关注"，但高尔德哈伯专门对注意（attention）作出了"爱、识别、留意、服从、体贴、关心、表扬、监督、关注受众需要、援助、广告、批评、帮助受众学习等"明细细分，他实

---

① ［美］沃尔特·李普曼：《公众舆论》，阎克文等译，上海人民出版社 2002 年版，第256—257 页。

② ［美］林文刚：《媒介环境学：思想沿革与多维视野》，北京大学出版社 2007 年版，第206 页。

③ 郭镇之：《传播政治经济学泰斗达拉斯·斯麦兹》，《国际新闻界》2001 年第 3 期。

④ ［加］马歇尔·麦克卢汉：《理解媒介——论人的延伸》，何道宽译，商务印书馆2000 年版，第259 页。

际意指信息这种特殊产品对人们的心理产生各种复杂的变化。注意力资源可以再利用并与实体经济发生联系。[①]

21 世纪初，"注意力经济"引入中国，引发热烈讨论。时值网络泡沫刚刚破裂，网络仍是"弱媒体"，而中国自 90 年代启动的以都市报为代表的传媒市场经营此时已到了竞争白热化状态。二次销售理论能够为报纸开展广告、活动等经营提供很好的解释与启发。[②]

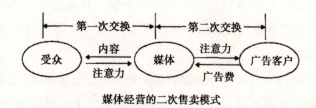

媒体经营的二次售卖模式

二次销售（理论）实现了李普曼所说的"隐形收费"，通过为企业提供营销传播服务，间接性地介入了实体经济，突破了一般实体经济"一买一卖"的简单性而具有复杂性。可以说，间接性和复杂性是媒体商业模式的特征。

（二）心理行为改变：影响力经济

国内实务界和理论界并没有对"注意力经济"一味照搬，而是有所创新。2002 年 8 月《南方日报》改版，以"高度决定影响力"为口号明确定位，并在新闻、评论等板块突出权威、专业特色：

如果您是一个领导者、决策者，如果您是一个管理者、研究者，如果您是一个投资者、经营者，或者说，如您是一个公务员、一个商人、一个专业人士，请选择这份为您量身定做的《南方日

---

① Michael H. Goldhaber. Attention Shoppers（连线，http：//www.wired.com/wired/archive/5.12/es_ attention_ pr. html，2010 – 10 – 5 浏览）。

② 佘贤君：《媒体经营模式的发展方向》，《电视研究》2008 年第 2 期。

报》。①

不仅仅是注意力，传媒经济的本质是影响力经济，影响力由吸引注意力和引发认知、情感、行为变化两部分组成。② 社会主流人群是媒体社会影响力的主要承载者③，瞄准主流人群，能够最有效率和效果地提升传媒社会影响，同时因为这些人群具有较高的决策能力和消费能力，或者说他（她）们的注意力或时间更加稀缺，传媒也能获得更高的广告单价，长此以往高端品牌形象逐步形成，"品牌溢价"进一步为传媒经营拓展空间。

《南方日报》之后，《中国经营者》《21 世纪经济报道》《经济观察报》等新财经报纸经营基本采取了相同的思路，尤其是《经济观察报》瞄准"有财富、有权力、有思想、有未来""四有"人群，被认为是"金领报纸"的代表。

《南方日报》等报纸经营实践和学术界思考，是我国传媒对"二次销售""影响力经济"、定位营销的代表性诠释，时值网络媒体仍是弱媒体（2001 年新浪广告收入仅 1000 万），而传统报纸"比厚度""拼活动""价格战"的竞争正日趋激烈，这种新实践和新理论对于传媒经营突破无疑有重要意义。

事情有两面，过度强调高端定位，有可能会偏离媒体"普遍服务的原则"；不能片面强调"二次销售"，要强化媒体社会责任观与新闻专业主义④。

关于传媒经济的本质，学术界的探讨仍在继续，吴信训教授认为

---

① 高兵：《高度决定影响力——评析〈南方日报〉改版》，《新闻实践》2002 年第10 期。

② 喻国明：《关于传媒影响力的诠释——对传媒产业本质的一种探讨》，《国际新闻界》2003 年第 2 期。

③ 颜景毅：《如何形成媒介的社会影响力》，《新闻实践》2002 年第 10 期。

④ 黄芝晓：《社会责任感与新闻专业主义》，《新闻与传播研究》2009 年第 6 期。

"影响力"深层动因是舆论，传媒经济是舆论经济①，谭天教授认为传媒经济的本质是意义经济②。本质，力求底层和单纯，但仍有不同角度和层面，以上观点都已深入到传媒经济区别于一般实体经济的关键层面：信息产品（传媒经济的最基本细胞）不但能为用户提供某种价值，而且也具有改变用户心理和行为的（潜在）能力。

（三）大众媒体的价值实现

大众媒体（以报纸为例）提供新闻报道和服务类、文化类副刊，刊登广告，获得发行收入和广告收入。这一过程，从价值提供与实现的角度来看，大众媒体为读者提供了新闻资讯价值、生活服务价值、文化价值，实现了媒体自身的宣传价值、经济价值（货币回报）。

对最终实现的宣传价值和经济价值进行详解和细分——宣传价值的实现是指读者在阅读报纸新闻版和副刊内容后，潜移默化地、一定程度地接受了媒体对一些社会政治、经济、文化问题的立场、观点、态度，在我国的传媒体制下它主要反映了党和政府的立场、观点、看法。经济价值的实现（货币回报）细分为发行收入和广告收入，前者占比小且好理解，后者占比大，按照我们所熟知的二次销售理论的解释，大众媒体在提供内容的同时，取得了读者的注意力价值，然后再将这种注意力价值销售给广告主，从而取得广告收入。

其实，从本质上讲，广告主真正看重的不是潜在消费者的注意，而是他（她）们真正对商品认知的改变并进而产生购买行动。谁能更加助力于这种认知改变和购买行动？是以传播真实、准确的新闻为主业，具有公信力、社会责任感、道德感的新闻媒体。媒体在提供新闻报道的同时，潜移默化地对人们的认知产生影响并树立其自身公正、权威、道德的形象，这种影响力产生政治宣传效果，并微妙地延伸到广告（本质上是一种商品宣传）。尽管人们清楚广告的发布者是广告主，但这种影响力的延伸确实仍在微妙地发生。

① 吴信训、陈积银：《传媒经济是舆论经济》（人民网－传媒，http://media.people.com.cn/GB/22100/51194/51195/3571778.html，2011－12－11浏览）。

② 谭天：《传媒经济的本质是意义经济》，《国际新闻界》2010年第7期。

二　二次销售和影响力的变迁：网络媒体一般商业模式

（一）网络媒体一般商业模式：含义、来源

1. 含义

网络媒体一般商业模式是对网络媒体价值创造与价值实现方式的简洁概括。经营和商业主要着眼于市场实际和盈利层面，而模式是对事物内在机制和事物之间内在关系的直白简洁的描述，① 因此网络媒体一般商业模式力求简洁、突出内在关联、强调盈利。

2. 来源

网络媒体一般商业模式来自网络媒体的经营实际，同时又是市场竞争博弈的结果。

（1）网络媒体一般商业模式的现实本源是网络媒体经营实际

在过去十几年中新浪等商业门户网站，借助并紧密跟随网络媒体技术与市场的发展，在彼此竞争和应对新竞争的过程中，逐步形成大体相同的业务类型和盈利方式（各公司有所侧重）。这些业务类型和盈利数据反映在新浪、搜狐、网易、腾讯的综合损益报表中，主要有三项：网络广告、在线增值业务、无线增值业务。

人民网、东方网等中央及地方新闻网站，与商业门户网站有所区别，它们具备新闻采访资质和完整的新闻生产链，以及政府采购关系资源，因此营收中有宣传服务、信息服务、技术服务这三个商业门户网站不具备的项目，具体包括舆情咨询报告、党政网站建设等。人民网来自政府购买的总收入占总营收比重由 2008 年的近 32.84% 已经下降到 2011 年 1—6 月的 24.68%。②

由此可见，走市场化道路，更多地从用户市场取得营收是新闻单位网站未来的发展趋势，而从用户市场取得营收的商业模式才真正体现网

---

① 祝建华：《译者的话》，载［英］丹尼斯·麦奎尔、［瑞典］斯文·温德尔《大众传播模式论》，上海译文出版社 1987 年版，第 3 页。

② 数据计算依据来自人民网招股说明书。人民网：《人民网股份有限公司首发招股说明书（申报稿）》（中国证券监督管理委员会网站，http://www.csrc.gov.cn/pub/zjhpublic/G00306202/201201/t20120109_204598.htm? keywords = 人民网，2012 - 5 - 5 浏览）。

络经济的重要特征。这也意味着新闻单位网站与商业门户网站的经营在未来有"趋同之势"——就是更多地按照用户市场规则办事。

这也使得我们对网络媒体一般商业模式的建构，能够较好地涵盖商业门户网站和新闻单位网站。

（2）网络媒体一般商业模式是市场竞争与博弈的结果

网络媒体一般商业模式是市场主流的商业模式，是竞争与博弈的结果。比如，以免费迅速取得用户规模、培育用户习惯，这是一轮又一轮网络经营竞争与博弈的结果。网游主流盈利模式由点卡收费到免费玩游戏、道具收费，360 免费杀毒让曾经辉煌的瑞星、江民杀毒软件渐渐远去，近两年流行的腾讯微信更是给电信运营商通话资费下调带来不小的压力。2010 年新年伊始《人民日报》电子版开始收费，但仅过 2 个月，调整为前四个版免费，而现在也已经完全免费。

3. 网络媒体一般商业模式："放大的"二次销售

任何理论、模型工具、模式的建构都是现实与思维互动的结果。

网络媒体经营现实，如商业门户网站及新闻单位网站财务报表显示的营收项目，生产组织方式，产品类型及营销实践为我们提供了网络媒体一般商业模式的现实基础。

在思路上，笔者认为网络媒体，作为传统媒体在网络领域的延伸扩展，其商业模式同传统媒体有很大的关联。事实上，当前许多产业都开始借鉴媒体产业二次销售、广告补贴成本的商业模式，工商实业界与学界更多地认识到网络时代企业的顾客很可能成为企业的资本或商品[1]，寻找利益相关方、发展合作伙伴，共同创造价值、分享利润、分摊成本，成为主流商业模式的基本思想。管理学的模块化生产、价值网络、关系营销等研究等在某种程度上是对这一"主流"的回应。只不过，传统媒体及新闻单位网站这一"最擅长"二次销售的"正宗"新闻系统，长期以来只是把广告主作为售卖方，而没有发展出更多的利益相关方和合作伙伴。在当前网络已全面渗透用户生活的潮流之下，新闻单位

---

[1]　王建国：《1P 理论：网络时代的全新商业模式》，北京大学出版社 2007 年版，第 6 页。

网站明显有价值缺口大、用户规模小、稳定性差，经营空间相对狭小的不足。张金海教授认为单纯信息流已经很难支撑网络媒体的持续发展，信息流、物流、资金流合一的交互式平台商业模式是网络媒体的重要趋势。[①]

今天，新闻单位网站从意识和行动上已经开始扭转，笔者在上海东方网看到的两条标语正在说明这一点。

> 热爱互联生活 发现互联生活 创新互联生活 —— 市场商务部
>
> 互动互联 精诚合作 科学发展 —— 合作发展部

基于以上网络媒体经营现实和本文思路，我们认为从某一角度来看，网络媒体一般商业模式是一种"放大的二次销售"。

工业时代到网络时代	工业企业	B—C（收费顾客）	
	传统媒体	B—C（收费的读者、观众）	B—C—B（收费广告主）
	网络媒体	B + B（大量合作伙伴）+ C—C（大量免费用户）+ C（少量收费用户）	B + B（大量合作伙伴）+ C — C—B（免费广告主）+ B（收费广告主）

C（少量收费用户），是指网络增值服务，包括桌面网络和移动网络增值服务两个部分；B（免费广告主）是指网络媒体提供传播服务产品，如博客、微博等，广告主拥有这些传播工具，实际上有自己做免费广告的机会，目前新浪微博上大量的企业账户正在用这种方式来实施营销传播。

网络媒体一般商业模式在形式上同传统媒体非常类似，但网络媒体在经营中对二次销售和影响力经济的具体诠释已经发生了很大变迁。

（二）二次销售和影响力经济的变迁

1. 二次销售的变迁

（1）发展伙伴关系和用户关系：生产组织

B + B（大量合作伙伴）+ C，是对网络媒体生产组织的概括。对

---

① 张金海、林翔：《网络媒体商业模式的构建》，《现代传播》2012 年第 8 期。

新闻资讯价值的生产而言，除网络媒体采访、报道、生产原创新闻外，借助媒体合作伙伴和用户内容生产是更新的、重要的生产组织趋势。对公共平台价值、社交平台价值、工作消费娱乐生活平台价值的生产而言，则更加需要技术、内容等众多合作伙伴和用户的广泛参与。

网络较之传统媒体超大的渠道容量与能力，产生了巨大的"价值缺口"，也使得"一站式服务"成为可能和趋势。填补"价值缺口"，绝非一己之力可完成，以共同创造价值、分享价值回报为机制，发展伙伴关系、用户关系至关重要。

（2）免费

传统媒体有收费的一次销售，而网络媒体则是"C（大量免费用户）+C（少量收费用户）"，为大量用户提供免费服务是网络媒体新产品推广，迅速取得用户规模的有力的常规手段。这种"常规"手段的形成有诸多因素：

①网络技术的快速与持续创新——逼迫以"免费"加快市场节奏

网络革命的中心不是信息，而是信息处理与沟通技术①，这次技术革命有人工逻辑、软件语言的介入，因而有了快速与持续创新能力，摩尔定律能在一定程度上对这种"快速与持续"进行注解。这意味着一种新网络媒体技术如果不能在短时间内取得大量用户，随着技术成本迅速下降以及模仿者迅速跟进，先发优势会迅速消失。

2005年新浪博客迅速启动令"博客中国"等先行者黯然失色就是这样的一个案例——快速的技术创新节奏逼迫市场节奏，而免费将用户最敏感的价格要素调至0，是市场行动的第一步。

从经营角度看，技术只能带来成本，而用户才可能带来利润，这一点值得新闻单位网站充分重视和思考。技术升级必须与快速、成功的市场行动相匹配，"被动"的技术升级只能徒增成本。2005年新浪博客与博客中国的竞争案例，还在说明一个残酷的现实，即使免费也不见得能取得成功，关键还在于价值。

---

① ［美］曼纽尔·卡斯特：《网络社会的崛起》，夏铸九等译，社会科学文献出版社2001年版，第83页。

②免费来自于市场竞争、博弈

2005 年前后巨人的《征途》和盛大的几款主力游戏开始免费游戏、道具收费，改变了网络游戏市场的"游戏规则"，之后网易游戏也不得不做出调整，规则调整之后换来的整个游戏市场的新一轮增长。习惯于"一次收费"的新闻单位体系，在"免费"思维的调整上总是有些犹豫，2010 年初《人民日报》电子版收费的几经反复就说明了这一点。新闻采访报道成本高，希望得到一定收费补偿本也理所当然，但市场主流的免费模式实际上在很大程度上封堵了收费可能。我国广电系统旗下运营的 CMMB 广播式手机电视，延续了传统电视的收费模式，在面临免费流媒体手机电视的替代竞争时，市场难度也不小。①

直白地讲，新闻系统倾向于内容一次收费，源于成本、传统思维，也源于有效盈利模式的缺乏。

③免费是网络广告和增值服务的基础

用户群体的质与量，直接决定了网站的广告价值，虽然网络广告已经不再是单纯、粗放式对大量用户的"轰炸"，但用户数量是精确投放式、互动式广告的基础。

大量免费用户的存在提供了少量收费用户存在的可能，或者说，大量免费服务基础上才可能培育出增值服务项目。经济学上的网络外部性是这样解释的：当大量的其他人也使用某种商品时，该商品对个人的价值也越来越大，而此时该种商品被认为有网络外部性。② 免费能迅速发展用户规模，提升网络的价值，增值服务培育才成为可能。

从网络社会的角度来看，如同现实社会，正是大量的人群聚集在网络社区中，才有时尚、特权这些社会层面的东西存在，也才有 QQ 秀和各种特权收费产品产生的可能。网络社会在一定程度上是现实社会的镜像，商品本质不是物，而是人与人之间的一种关系。前面已经论述，传

---

① 于正凯：《河南 CMMB 手机电视分析：以内容与营销为视角》，《新闻传播》2012 年第 11 期。

② ［美］保罗·克鲁格曼、罗宾·韦尔斯：《微观经济学》，黄卫平等译，中国人民大学出版社 2009 年版，第 661 页。

播服务产品（电子邮件、即时通信、微博等）具有更强烈的网络外部性，而由网络服务产品搭建起来的网络社区（一种虚拟社会）最容易培育出增值服务产品。免费能使大量人群进入网络社区，由此形成的社会生态为增值服务产品的培育提供可能。

网络广告和增值服务的具体实现，实质是盈利模式的问题，其中增值服务最突出地体现了传统二次销售的变迁，而网络广告较之传统广告有了理念和实践的重大突破，对此我们将在后面给予详细论述。

④免费涉及非货币经济

《长尾理论》和《免费》的作者克里斯·安德森认为，网络经济是大量涉及"非货币领域"的经济，或者说是"注意力经济"和"声誉经济"。① 关于以免费取得大量用户规模，我们更多地出于"注意力经济"视角，其实免费也明显含有非货币、非经济的层面，而具有声誉、道德和公益的意义。

新浪首页经常出现"扬帆计划"的公益广告，该计划将偏远山区学校和孩子们的详细信息呈现在大家面前，用门户、微博、电子商务等多种手段，实现"精确捐赠"，在"郭美美事件"引发的红会信任风波中，新浪正在利用最先进的网络手段默默奉献。

除了经营层面，网络免费投射出来的公益精神，也在启发实体经济，并对整个社会带来积极影响。2012 年岁末，笔者看到"免费送蔬菜活动"的海报，我们很难简单地用"商业行为"来对其定性。

2. 影响力经济的变迁

影响力概念揭示了传媒经济与一般经济的本质区别：它在为用户提

---

① ［美］克里斯·安德森：《免费：商业的未来》，蒋旭峰等译，中信出版社 2009 年版。

供价值的同时，具有改变用户心理、行为的能力，传媒自身的宣传价值和经济价值也因影响力而实现。

网络媒体的经营实践对影响力经济的具体诠释已经发生了变迁。

（1）影响力来源——新闻生产与需求的变迁

传媒影响力首先来源于新闻报道，人们对新闻有真实、及时、公正、道德的期许，传媒以专业采访和客观报道，主持公平与正义的勇气，关注弱势群体、促进社会和谐的道德追求，而赢得影响力。我国新闻传媒有严格资质限制，党政权力机关以传媒为渠道发布重要时政，这也是传媒影响力形成的重要因素。总体来说，传媒影响力来自于（新闻）专业、资质、权力。

网络媒体时代，商业网站虽然没有采访权，但以集聚、重组、标题等手段从事"新闻生产"。公民意识和文化水平提升，微博等自媒体发展，使得人人皆可参与新闻生产，新闻生产主体多元已成不可逆转趋势。专业与资质门槛正在现实中降低。

此外，人们对公权力的监督意识在不断加强，2012 年末济南市政府大楼就广受网民质疑①。这种情形使得传统媒体及新闻单位网站的影响力相对弱化，传统媒体发行量和新闻网站流量排名可以在一定程度上说明这一点。所谓相对弱化，也可以说一种"影响力下放或多元"，《人民日报》也坦言姚晨的微博让人民日报在新媒体格局中具有强烈危机意识。

新闻需求也在变迁。用户已不再满足于单一或少数媒体的单向传

①　人民网：《济南政府大楼亚洲第一 大小仅次于五角大楼》（人民网 - 房产，http：//house. people. com. cn/n/2012/1211/c164220 - 19855263. html，2012 - 12 - 15 浏览）。

播，而是更希望实时传播、多方印证；多角度、多层面分析；官方意见、公众意见、当事人及各利益方意见全面呈现。人们对新闻传播业有更高的期待，不但提供新闻事实，而且力求真相；不但提供新闻，而且提供公共意见发表的平台；不变的是，人们对新闻专业坚守公正、道德的期待。

（2）网络媒体影响力新诠释

传统媒体的影响力主要是在"我说你听"单向传播的情境中产生，网络媒体"众说众听"传播情境使得新闻生产与需求变迁，网络媒体经营实践正在对影响力经济进行新的诠释。

①成就用户影响力，做影响力平台

新浪微博上云集人民网、新华网、央视等众多媒体账号，并推出媒体影响力排行榜，新浪微博已成为传统媒体在新媒体平台延伸和拓展影响力的重要端口。新浪微博推出影响力计算公式，影响力 = a × 活跃度 + b × 传播力 + c × 覆盖度，依据发博文、被评论、被转发、活跃粉丝数量，经"极为复杂精密的科学算法"得出的"十分客观"排行。[①]微博为每一个用户提供影响力计算应用，为其"出谋划策"，成就用户影响力，做影响力平台是一种典型的影响力经济新诠释。

但技术黑箱和后台操纵也可能会干涉排行榜的公正，这将是对"科学塑造公正"的巨大反讽，也将对平台的影响力造成致命伤害。

②支持、参与、组织、引导、平衡用户新闻生产，彰显影响力的智慧和勇气

以下是 2012 年 12 月 8 日 23:21 新浪微博平台的一则转发：

南方日报 V：JHJ 众议 JHJ【见证】深圳网友@陆亚明：巧遇习总书记车队。一手持对讲机的小区保安礼貌地请我稍等，不一会儿，数名机动大队的交警骑摩托驶过，随后三辆中巴及四五辆警车自北向南鱼贯前往腾讯，车不成队，中间杂了数辆社会车辆，无开道车。警用摩托有闪灯无警笛。中巴未拉窗帘，透明玻璃，车速约

---

① 新浪微博：风云榜帮助（http://data.weibo.com/top/help，2012 - 6 - 15 浏览）。

60 公里/小时。原文转发（84787）｜ 原文评论（20905）并附习总书记在中巴车窗内的照片。①

影响力经济的首倡者《南方日报》正在支持、参与公民新闻生产中彰显出影响力的智慧和勇气。新闻机构是代表公众利益的专业组织，与公民新闻生产的本质归宿相同，组织的资源、凝聚力、专业经验、社会大局的把控力仍将在社会整体新闻生产和舆论形成中扮演重要角色。

③责任、气度：坚守新闻专业主义维系影响力

集聚组合式新闻、参与公民新闻、整合内容资源，是网络媒体新闻生产与价值提供的新特点。但用户在参与新闻生产与传播，或对弱势群体诉求进行帮助的时候，也会加大信息失真、舆论失控等风险。姚晨微博让《人民日报》感受到危机感，但姚晨微博作为自媒体在核实新闻真实性上却精力有限、难度重重②。网络媒体坚守新闻专业主义，培育用户自律，拿出专业采访报道揭示真相、遏制流言传播，是彰显和维系影响力的重要战略。

2012 年 5 月 28 日，新浪发起《新浪微博社区公约（试行）》开始实施，以培育用户自律来维系影响力平台的健康发展。

人民网则坚持以"原创新闻"为核心竞争力，开辟人民热线栏目，利用电子邮件、微博等手段接收用户爆料，对热点爆料及时采访跟进，或揭示事实真相、或追查事件处理结果，或辟谣，并设"热线新闻排行榜"。有价值的东西并不一定能转化成可观利润，不浮躁、坚守专业与责任，网络媒体对"商业"有自己独特的理解。《人民日报》社长张研农 2012 年 4 月 26 日在复旦大学演讲时的一段话表达了网络时代主流媒体对影响力的新诠释：

---

① 南方日报：南方日报官方微博（新浪微博 - 南方日报，http：//media. weibo. com/profile. php？ uid = nfrb，2012 - 12 - 25 浏览）。

② 陈家兴：《人民网评："姚晨微博"烦恼源于有能力救人却无精力核实》（人民网 - 观点，http：//opinion. people. cn/GB/17828723. html，2012 - 10 - 25 浏览）。

做互联网纷乱信息的过滤器，做网络偏激情绪的缓释剂，做国民心态的压舱石。这是主流媒体应尽的责任，应有的气度。[①]

第二节　盈利模式：网络广告、增值服务及其内在关系

盈利模式是基于具体业务的获利方法。盈利模式蕴含于网络媒体一般商业模式之中，受制于其一般的、总体的经营逻辑，但盈利模式更加着眼于价值实现或收入取得，更加基于具体的业务或产品。

从大的业务类别上说，网络媒体的盈利模式有二：网络广告和增值服务。网络媒体的经营实践依托产品或服务的具体特点，将广告与增值业务进一步细化、具体化，形成种类众多的盈利模式。

一　基于传播产品的海量信息匹配和可测量效果：网络广告

（一）多视角下的广告本质再探：基于传播产品的信息与人的匹配

从广告主视角来看，广告是营销传播工具之一，除广告外还有销售促进、人员推销、公共关系、直销等诸多营销传播工具[②]。广告主利益诉求焦点是以广告传播促进目标消费者心理发生改变并付诸购买行动。

从媒体视角来看，广告是媒体重要的盈利模式，将媒体凝聚的受众注意力售卖给广告主，其间"附带"媒体影响力，促进受众（严格地说是媒体受众与广告主目标消费者重合的那一部分）心理发生改变并付诸购买行动。媒体是通过帮助广告主实现价值而实现自身（经济）价值。

从受众的视角来看，他（她）们是媒体新闻信息和多种综合信息服务的使用者，希望以最有效率的方式获得有用信息，不符合自身需要

---

① 张然：《人民日报校园行走进复旦》，《京华时报》2012 年 4 月 29 日，第 2 版。

② ［美］菲利普·科特勒、洪瑞云等：《市场营销管理（亚洲版·第 2 版）》，梅清豪等译，中国人民大学出版社 2001 年版，第 91—92 页。

的广告信息影响获得有用信息的效率和体验，是"垃圾"信息。

广告主、媒体、目标消费者、受众，新闻信息、广告信息，它们之间关系错综复杂，但检验广告是否有效则归宿于广告的接收者——除广告的创意和艺术表现外，从"人与信息"关系的角度来看，关键在于二者的匹配。

大众媒体时代，媒体付诸以下"匹配"努力：

1. 强化媒体定位

媒体定位实质是一种新闻与广告经营的双重定位。2002 年《南方周末》"高度决定影响力"的定位，不但树立了党报权威、专业的媒体形象，而且圈定了"公务员、商人、专业人士"等高端受众，从而吸引实力品牌投放相应广告。

2. 活动策划

活动策划类似于短期"新闻主题定位"，发挥媒体的社会行动与评价功能，动员公众参与，强化公众沟通，同时为与活动主题有一定契合度的企业搭建广告平台。

3. 强化与广告主沟通、建立伙伴关系

广告主、媒体、目标消费者、受众之间的复杂关系，决定了广告活动的两大经营主体媒体与广告主必须充分沟通、共享资源与智慧。

身处网络时代回望大众媒体的"匹配"努力，虽短短几年，但情形巨变——媒体定位仍显"粗糙"、活动主题范围狭窄且频度过低、媒体长期强势[1]也使伙伴关系多流于形式，此外广告效果难以衡量，甚至报纸的真实发行量这一广告经营的基础数据也常常处于"保密"状态——数字网络变革指数式发展[2]使得传统"匹配"努力显得"机械而粗放"。但从更底层的、传播产品的角度去思考广告的本质，我们的看法似乎过于苛求。

广告是基于传播产品的信息与人的匹配。传播产品的市场格局、特性、功能将直接决定广告活动、广告盈利的基本方式。以上"匹配"

---

① 黄升民：《"媒介产业化"十年考》，《现代传播》2007 年第 1 期。
② ［美］尼古拉·尼葛洛庞帝：《数字化生存》，胡泳译，海南出版社 1997 年版。

努力代表了大众媒体相当高的成就，大众传播产品点对面的"粗放式"投放制约了广告活动的水平。传播产品特性与功能决定了广告盈利模式，有助于我们理解今天商业门户网站广告经营实践，也对新闻单位网站的广告经营提供重要启示——广告营收不足、盈利模式单一，关键在于缺乏具有市场人气的、多样化的传播产品，除传播内容产品外，传播服务产品是发展重点。

（二）网络媒体的广告价值提供：海量信息匹配与可测量传播效果

1. 网络传播产品发展改变营销环境

数字网络革命引发传播产品的数量、种类、渠道能力迅猛发展，集聚式新闻、即时通信、论坛、博客、微博等传播产品在 21 世纪初的 10 年内相继出现并迅速取得数以亿计的用户，整合以上传播产品的商业门户网站、视频网站、电子商务网站已经渗透到用户新闻资讯、工作消费娱乐的各个方面，整个社会的营销环境已经发生巨大改变。

（1）广告主与媒体关系改变

传统媒体因资质稀缺而拥有的强势地位，在新媒体替代性作用下相对下滑，更新的媒体仍不断涌现，广告主的媒体购买有了众多选择。更为重要的是，自媒体、电子商务的发展让广告主有了自主性更强的营销传播工具，对媒体的依赖性相对减弱。

（2）消费者心理成熟

网络传播与电子商务发展，极大增加了市场的信息透明度。大众传播时代依靠精心创意、艺术表现、大广告预算的高端品牌营销策略已经越来越吃力。品牌溢价仍然存在，但难度加大，必须同时有清晰可见的具有竞争力的价值提供。以前的汽车或手机广告，有明星代言、画面震撼可能就有效果，而今天这些产品要经历技术指标、价格、口碑的"残酷"对比。

（3）广告与其他营销传播工具高度融合，并渗透用户网络生活的各个角落

广告主的核心利益诉求是促进消费者心理改变并付诸购买行动，给企业带来营业收入。大众传播时代由于传播产品制约而彼此"割裂"的各种营销传播工具，在网络平台上高度融合，并渗透到用户的新闻浏

览、社交、娱乐、购物的各个环节。现在经常的情形是：点击商业门户网站的广告—进入企业网站—促销活动—电子商务，或是，在微博平台上用户关注的品牌发来活动或折扣通知，其他粉丝踊跃参与、妙语连珠，在用户互动参与下营销变得情趣盎然……

2. 网络媒体广告价值再发现：海量信息匹配与可测量效果

在新的营销环境下，网络媒体如果简单地延续传统媒体仅仅转卖注意力、附带影响力的广告经营手法，已经无法很好地帮助广告主价值实现，或者说，网络媒体的广告价值会衰减或丧失。广告的本质是基于传播产品的人与信息的匹配——而网络媒体广告价值就在于实现海量信息匹配。

（1）海量信息：人发出的信息与有关人的信息

网络是一种容量超大、具有智能计算能力、涵盖人类所有传播方式、以光速传播的超强渠道。海量信息就是网络媒体凭借其渠道能力所承载的信息。它包括市场经营主体所发出的新闻、广告（商品信息），以及用户使用传播服务产品所产生的各种内容信息，如帖子、博文、微博。这些信息主要呈现在前台，可以理解为"人发出的信息"。海量信息还指记录用户网络使用行为的信息、用户的关系信息。这些信息主要在后台，是"有关人的信息"。

随网络技术与市场的发展，海量信息呈持续快速增长的态势，"人发出的信息"由原来单一的专业媒体，到社会企业机构和普通用户，"有关人的信息"由原来简单的性别、年龄、职业、收入，到社会关系、移动位置及近期关注话题、购买商品等。

有关人的信息就是顾客数据库，它可以使有效受众"浮出水面"。[1]今天，由于大量用户频繁使用网络，尤其是 QQ、微博这样以个人账号登录的网络应用，我们几乎可以这样理解：用户行为信息－有关人的信息，就是"人"。人已经演化为网络上的"信息节点"或者说用户正在通过各种网络使用行为把自己"打印"在虚拟的网络上。

按照这种理解，在传统媒体时代我们理解的新闻、广告、人之间的

---

① 程士安：《网络广告价值的体现》，《复旦学报》（社会科学版）2002 年第 1 期。

匹配，已经演化为网络媒体时代海量信息的匹配——每一个人都有可能成为某一广告信息的"有效受众"。

目前，网络已经有多种途径记录用户的使用行为：Cookie 是用户电脑记录近期访问行为的临时数据包，包括用户名、密码、网卡号、IP 地址、浏览网页等都尽数保存其中，这是最基本的用户使用行为信息。此外，用户使用搜索引擎输入关键词，网购浏览、购买商品，填写注册资料，在论坛、博客、微博等传播服务产品的发言、关注、转评等，都留下了众多"痕迹"。它们是用户的性别、年龄、职业、兴趣偏好、地理位置、社交关系等宝贵的用户资料。

利弊两分，利在增加有效信息投放、提升用户体验，弊在可能侵犯用户隐私。由于隐私问题复杂，在目前的社会容忍度下，通常认为以上用户信息被所访问网站、所注册网站加以合理利用是被默许的，但如果被第三方购买或窃取常常令人难以接受。因为，网站通常会谨慎开发用户信息、善待自己的用户，而第三方常常急功近利，对用户狂轰滥炸、不请自到的信息频繁出现。

对于某一网络媒体经营主体，如何获得属于自己、用于自身经营的海量信息才是关键——这包括丰富网站前台信息、加强后台用户信息收集两个方面。基于目前的经营实践，这两个方面有一个共同的经营行动指向——就是发展传播服务产品，如博客、微博、社区、电子商务等。

用户生产内容是低成本扩张网站内容信息的有效途径，而用户使用博客、微博、社区等产品必然会产生大量的行为信息。比如新浪微博不但能产生大量有价值的内容，而且能方便地收集用户的职业、毕业院校、兴趣、社交关系等重要信息。电子商务网站的用户使用行为则是其消费偏好、消费行为的直接显现，而且涉及支付和物流，用户的姓名、地址、手机号等真实个人信息也被"尽在掌握"。微博和电子商务网站所产生的用户使用行为信息的另一个重要优势还在于"时效性"，用户从购买意向到购买决策通常在 2—4 周内完成，基于陈旧用户信息的广告匹配常常是一种低效投放。此外，发展合作伙伴，在内容与用户信息方面展开共享合作，也是海量信息取得的重要途径。

（2）借力技术合作伙伴：匹配

报纸依据版面、内容刊发广告是一种编辑人工匹配，而网络广告海量信息匹配是一种基于计算机软件的人工智能自动匹配。当然，网络媒体从人工匹配到智能自动匹配，也需一定的过渡期，但发展迅速、趋势明显。

网络媒体的主要强项还是内容，即使商业门户网站技术强项也主要集中几款主打产品上，如网易的邮箱、游戏，搜狐的搜索、浏览器，新浪的内容集成与微博，而新闻单位网站技术仍主要在界面维护、网站建设的层面。如同传统媒体与广告代理公司合作，网络媒体需要更加专业的精准投放技术公司的合作，前者的合作主要在于客户资源与营销智慧，而后者的合作则主要在技术层面。网络媒体的广告经营，再次说明了网络媒体强烈的技术＋媒体特征。

早在2000年10月新浪就与拥有动态精准投放广告核心技术的Doubleclick合作，后该公司被Google收购；2007年7月与谷歌达成战略合作伙伴关系；后新浪又与百度展开合作，2012年新浪与百度在移动互联领域达成战略合作伙伴关系。显然，搜索引擎看重的是新浪内容强项，而新浪则需Google、百度这样计算实力强大的公司助力于其精准投放广告业务。

（3）可测量效果：收费依据—收费标准—收费系统—自助广告系统

大众传媒时代，真实发行量常常"保密"导致媒体与广告主之间信息不对称，点对面、缺乏反馈的"粗放式"传播令广告效果难以量化、不易测量，在笔者所调查的传统媒体广告招标说明中，最常见的是"目标受众收入高于社会平均水平""集中于高档社区和写字楼"这样的字眼。这实际上是基于传统媒体影响力经济广告经营原理的定性描述。

广告基于传播产品，这一基本原理不仅体现于信息匹配能力上，而且体现于广告效果测量与呈现。

网络媒体用户对广告的浏览（或称广告曝光）、点击，因广告引导而注册成为广告主网站会员、购买广告主商品，这些明显的广告效果可以被准确记录、测量与呈现。客观的效果记录成为网络媒体方和广告主共同认可的收费依据，只要设定收费标准，依托收费系统——广告主自主设定广告预算、网络媒体自动收费就可以实现。

比如，按广告曝光次数计费，通常也称 CPM（Cost Per thousand Impression 千人成本）计费法，就是设定广告曝光 1000 人次的收费标准，用户可以根据自己的需要购买曝光次数。假设某网站指定位置的 CPM 定为 20 元，广告主支付 100 元，即购买 5000 曝光次数，网站会在 24 小时内随机间断播放，网站内部计算系统会自动安排保障广告主所购买的曝光次数。当然，CPM 价格根据网页位置、网站品牌影响力不同而不同，用户也可增加付费选择在指定时段内曝光广告。CPM 计费，总体上类似传统广告做法，"粗放"特征明显，但媒体与广告主双方信息较为透明，最重要的是它表明了一种"自主投放、自动收费"的趋势，这将是提升广告业务毛利率的重要手段，也是网络媒体智能化特征在盈利模式上突出显现。

2012 年 8 月新浪公布第二季度财务报告，新浪广告总收入 1.031 亿美元，新浪微博注册人数 3.68 亿，首次公布微博广告收入占总广告收入的 10%，达 1000 万美元，新浪微博广告采用 CPM 计费，每个人看到的广告不完全相同，并计划第四季度推出"自助广告系统"。①

所谓"自助广告系统"，就是基于网络广告海量信息匹配原理，广告推荐引擎（匹配与推送软件）依据一定"算法"将广告按时间、地点、用户社交关系与使用行为推送针对性的广告，并沿着"可测效果—收费依据—收费标准—收费系统"广告经营逻辑，实现广告主自主投放、网络媒体自动收费。

按广告曝光次数计费、按点击计费、按用户注册计费、按销售额计费，依次更加接近于广告主的本质利益诉求。2012 年第二季度新浪微博最新广告系统上线后，在原有计费方法基础上，曹国伟透露还采用了按用户参与互动次数计费（CPE）和按粉丝数量计费（CPF）

---

① 新浪网：《新浪微博第二季度广告营收超千万美元》（新浪网－新浪科技，http：// tech. sina. com. cn/i/m/2012－08－16/16017513170. shtml，2012－10－22 浏览）。

的新方法。①

计费方法不断更新，但基于传播产品特性，尽可能为广告提供透明、公正广告效果的趋势不变。由于网络媒体有良好的记录和计算功能，依据以上原理，最终网络广告将更加公平、透明、有效地服务于双方共赢。

（4）技术黑箱、侵犯隐私、过度商业化：网络广告隐忧

海量信息匹配，凭借网络渠道容量和计算能力，依托于众多网络传播产品，将新闻、广告、用户三方面的信息实时、动态地精确组合，提升广告的效率与效果，并将广告效果量化呈现。网络媒体正在以更加科学的手段、更加坦诚的心态为广告主创造价值，从而实现自身价值。

但网络广告的技术化走势，并非完美无缺，存在技术黑箱、侵犯用户隐私、过度商业化等隐忧。

网络时代的知识分工，虽然有界面—接口—模块这种良好的机制，但专业之间的沟壑加深确是不争事实。技术黑箱是指由于专业门槛而导致的信息不透明，技术拥有者在获得高额利润的同时，有可能引发违背商业道德、操纵社会公正等负面效果。网络广告技术主要包括信息传播（匹配）技术和传播评价技术，前者挖掘用户信息可能会侵犯用户隐私，而传播评价则可能因评价指标、数据抓取、算法等因素造成评价偏颇或严重失真。过度商业化也会是网络上"不请自到"的信息增加，严重影响用户的使用体验和网站形象。

二　网络广告盈利模式二例：竞价排名和微博互动

网络广告是基于传播产品的信息匹配，传播产品特点是决定其盈利模式的重要因素。

搜索引擎是商业门户网站和大型新闻网站的重要产品，它对于网站的信息整合化、条理化意义重大，同时也具有强大的广告营收潜力。竞价排名的盈利模式，具有代表性地体现了网络广告盈利模式的间接性、

---

① 腾讯：《曹国伟解读新浪业绩：门户微博广告存在挤压》（腾讯－腾讯科技，ht-tp：//tech. qq. com/a/20121116/000144. htm，2012－12－8浏览）。

复杂性、智能自动化等特点。2011 年搜狐搜狗引擎首次盈利，重新激发网络媒体以搜索广告增加营收的期待。

微博是兼具媒体和社交属性的传播服务产品，是新浪转型与二次创业的关键，其广告基于微博产品的属性与特点给市场带来了新的想象力，目前人民微博、新华微博、东方微博等新闻网站微博产品刚刚启动，以微博广告带来营收尚需时日，但及时对微博广告原理进行总结和思考仍具有意义。

（一）竞价排名

竞价排名是搜索引擎广告的重要盈利模式。用户在搜索框中输入关键词，搜索引擎将与关键词关联度高的网页按照"用户公认"的重要程度排序，这也是搜索引擎的"自然排序"。所谓"用户公认""自然排序"，是搜索引擎根据某网页基于该关键词的流量与链接等情况，经过复杂的算法而计算出来的排序。谷歌创始人拉里·佩奇创造的 Pagerank 公式就是谷歌排名运算方法的一部分。就像没有绝对的"公认"，也没有绝对的"客观"，但自然排名反映了一种由"客观"的科学算法来呈现"公认"的思想，它并非完美但基本上满足了人们的搜索需求。竞价排名是在自然排名之外，按照出价高者得某关键词的原则进行排序，这些关键词与广告主所销售商品密切关联，它实际上是一种变形的广告。

竞价排名有一定的合理性。这是因为自然排名本身并非绝对客观，尤其我们无法也无需对每一个关键词求得公认排名，这样并不能够满足搜索者的真实心理需求，而且自然排名反映的是既有的社会公认意见而并不一定是商品真正价值，自然排名靠后者有权推广自己的产品、扩大自身影响。

百度是搜索竞价排名最大获益者。2011 年百度总营收为 23.04 亿美元，其中广告收入就达 23.02 亿美元，年增长率为 83.1%，第四季度毛利率为 72.3%。① 百度抢了媒体的广告饭碗，成了不折不扣的广告

---

① 和讯网：《百度 2011 第四财季财报》（和讯网－科技，http://tech.hexun.com/2012/baidu2011q4，2012－12－22 浏览）。

营收巨头。2010 年谷歌中国总部迁至香港之前，百度与谷歌在中国搜索市场上棋逢对手，谷歌在广告圣（Google Adsense）—广告联盟精准投放关键字广告上领先，百度则在竞价排名 – 搜索推广上领先，而 2011 年的百度营收情况说明百度在两种广告业务上都开始高歌猛进。

参与搜索推广的广告主对与商品相关的关键词进行竞价，获得名次靠前排序，按照点击次数计费（CPM 计费法），百度从广告主的账户上自动划走相应费用。竞价排名完全实现了广告主自主投放、网站自动收费的智能化，更为突出的是价格也由广告主自主竞争确定，这种"公开拍卖"的方法无疑是获得真正市场价格、广告收入最大化的理想办法。自然搜索与竞价搜索两种体系，存在一定的价值冲突，对其进行明确区分是符合商业规则的正确做法。通常，自然搜索安排在左侧，竞价搜索安排在右侧。

2008 年 11 月 15、16 日央视连续两天曝光百度竞价排名黑幕，百度 4 天内市值损失过百亿，其硬伤就在于左右不分、虚假广告。① 之后，百度声明要尽快以"凤巢"系统完善竞价搜索，并对竞价排名结果加阴影、注明"百度推广"以示区分。2011 年 8 月央视再度曝光百度，除虚假广告外直指"凤巢"系统，报道显示它更加复杂不透明，而且存在协助广告主竞价的估算系统报价超高等问题。②

但也有评论认为，央视此次再度曝光百度，时值央视搜索上线，动机要打折扣。③ 依笔者观感，此次社会反响并不强烈，各大商业门户及新闻网站并没有全面跟进报道，至少 2011 年百度年报显示营收并未受到很大影响。

以上再次说明，技术黑箱确实存在，客观科学算法并不能保证绝对公正，同时也表明权力渗透下的市场竞争的复杂性。

---

① 于正凯：《百度的左与右》，《新闻界》2008 年第 6 期。

② 中国网络电视台：《央视曝光百度推广链接内幕真相：骗子为何青睐百度？》（中国网络电视台 - 经济台，http：//jingji. cntv. cn/20110816/110654. shtml，2012 – 12 – 23 浏览）。

③ 财经网樊沙：《央视猛批百度的背后》（财经网 – 公司，http：//www. caijing. com. cn/2011 – 08 – 16/110814538. html，2012 – 12 – 23 浏览）。

商业门户网站中搜狐搜狗、网易有道、腾讯搜搜这些搜索引擎都开始竞价排名推广服务。凭借腾讯综合实力，腾讯搜搜强大而稳健，搜狐推出国内最早的搜索引擎，但被后来者百度赶超，2011 年其搜索业务首次实现盈利。网络市场中前三名竞争对手的市场份额近乎 95%、5%、0，[①] 胜者通吃效应在搜索市场上似乎有一定验证。目前各家搜索引擎除网页搜索外，加强各自的搜索定位，有道突出"慧慧—购物导航搜索"和词典，搜狗突出音乐、视频、购物导航。新浪搜索的实力最弱，仅知识搜索新浪爱问有不错表现，而且目前新浪微博的强势起飞，产生大量有价值的内容信息和商业信息，时效性很强，微博搜索的市场潜力巨大。

（二）微博互动

传统广告学对网络广告寄予很高的期待，如威廉·阿伦斯在《当代广告学》中描述：

"真正的互动媒介与其他任何媒介相比，互联网都赋予消费者更多的直接与广告主进行互动活动、进而建立未来关系的能力。"[②]

21 世纪以来十多年网络媒体应用的发展中，当微博—个人媒体出现，大型传媒机构、公司企业、普通用户都成为一个个"平等"的信息节点，这时真正的互动才展开。微博互动展开时，就像我们前面所论述"广告与其他营销传播工具高度融合"，微博广告已远非简单的"广而告之"而是企业开展"综合营销传播活动"的一个"入口"。

下图是 2012 年 12 月新浪微博的几则广告。

"姚晨代言中华牙膏"属于一种话题互动式广告，或对姚晨的感情事业有话要说，或对姚晨代言牙膏的广告创意发表评论，或有其他任何想说的话，用户都可能转发或评论。微博裂变式传播能迅速提升

---

① ［美］克里斯·安德森：《免费：商业的未来》，蒋旭峰等译，中信出版社 2009 年版，第 153 页。

② ［美］威廉·阿伦斯：《当代广告学》（第 8 版），丁俊杰译，人民邮电出版社 2005 年版，第 596 页。

中华牙膏的曝光。某培训学校转发的微博是"中华牙膏让你笑对人生，教育企业让你名扬天下！"，它想借姚晨和中华牙膏为自己企业免费做广告。

"诺基亚新款 LUMIA 换机活动"以关注诺基亚官方微博、填写调查问卷及用户信息、转发该活动为抽奖换机条件。该转发广告语颇具竞争口吻"某某想用 TA 的 Iphone 手机（根据用户在调查问卷上填写的手机型号）换取诺基亚 LUMIA920！敢换，才能焕然一新！你也想换吗？"[1]

新浪网络盛典是新浪主办的大型年度活动，设立年度媒体、文化、人物、公益等多种奖项，具有相当的社会影响力。从经营角度来看，盛典活动自 2003 年开办以来，在主题、奖项设置上重点突出了新浪的主打产品，如 2006—2009 年的博客，2009 年之后的微博，盛典也是合作伙伴汇聚、广告展示的理想平台。2012 年新浪网络盛典 - 微博之夜的企业合作伙伴为上海大众、摩托罗拉、涂书网，广告展示背后链接的都是各自企业版微博，以及该微博所发起的互动活动。上海大众"答题赢全新桑塔纳"活动实际上是基于新浪微博 API 接口的一个小游戏应用。

参加以上互动活动，常常需要用户进行以下授权：获得你个人信息、好友关系；分享内容到你的微博；获得你的评论。

---

[1] 诺基亚：诺基亚官微（新浪微博 - 诺基亚官微，http：//all. vic. sina. com. cn/switch/index. php？90，2012 - 12 - 24 浏览）。

可以看出，新浪微博的广告主所看重的不是简单的"用户注意力"，而是更加深层的"用户传播力"；广告主希望通过有趣、有意义的创意，抑或物质奖励，来换取用户的转发或评论，并获得用户的个人信息，尤其是社交关系，为企业自身积累顾客数据库以备未来长期的、更有效的营销传播。归结起来微博广告主有三大利益诉求：广告传播有人互动，广告能完美表现，广告效果真实可测。

网络媒体是通过帮助广告主价值实现而实现自身价值，针对以上三大利益诉求，新浪作为微博平台的主持者，其主要任务是：①发展用户规模、保持用户活跃度，维护平台健康环境；②协助广告主分析用户数据、评估传播效果；③做好 API 接口的开放与管理，助力广告表现。

这三个任务的第一条是基础性的，大量活跃用户能增加广告互动概率，而维护平台健康环境则重点打击刷粉丝、发布虚假信息及骚扰广告、内容抄袭等行为，新浪微博专门设立"新浪微博违规公示平台"，这也是直接关乎广告互动效果真实性的必要行动。

2012 年 4 月平面媒体和网络迅速流传一张新浪微博的广告报价单，显示微博首页顶部广告 CPM 报价高达 40 元①，该报价在很大程度上是对新浪微博平台"互动广告价值"的体现。后两项任务实际上与增值服务——新浪微博企业会员版有关，在"增值服务"部分我们再做论述。

三　"价值满溢"后的统计性盈利：增值服务

（一）增值服务的原理与机会：价值满溢与网络社区

1. 价值满溢凸显增值服务机会

前面建构的网络媒体一般商业模式中"第一次销售"，B + B（大量合作伙伴）＋ C — C（大量免费用户）＋ C（少量收费用户），对增值服务即 C（少量收费用户）的产生进行了简要描述。所谓增值服务，顾名思义，就是在（免费）基础服务之上的收费项目。这是一个价值满溢的过程——网络媒体凭借其强大的渠道容量成为巨大的价值载体，

---

① 李斌：《新浪微博广告报价首度曝光》，《京华时报》2012 年 4 月 17 日，B48 版。

经营主体必须依靠大量合作伙伴和广大用户的参与才可能填补"价值缺口"，当基本上满足用户一站式服务需求时"价值缺口"封闭，经营主体提供高于"社会平均免费水平"之上的价值，并收取费用。所谓"社会平均免费水平"，是个抽象的、动态的概念，是指由网络技术发展与市场竞争所决定的哪种服务应该免费的基本判断。

以下是 2012 年 12 月在人民网商城频道上两款手机报的截图①：左边是自 2005 年左右启动的彩信手机报增值服务，每月收费 3 元；右侧是近两年渐成主流的基于智能手机的免费客户端式手机报。免费驱逐收费，曾经突然给各级报社带来不少盈利的彩信手机报仅仅风光了几年，现收费机会已经很小。2010 年初《人民日报》网络版尝试收费，但与商业网站相比，"价值缺口"明显，流量相差一个数量级，市场竞争所决定的"免费水平"使得这种尝试很快终止，该桌面网络增值服务的盈利方式行不通。

新闻网站的增值服务主要围绕传播内容产品，新闻网站的体制与任务、资源、能力、思维等因素决定了"内容"核心。但网络经营实践表明，"内容"培育增值服务的能力较弱，这是由新闻产品公共性和网络开放共享趋势共同决定。

商业门户网站的增值服务主要依托传播服务产品，如即时通信工具、网络娱乐产品（网络游戏、视频）、微博等；传播内容产品则免费提供，起集聚人气、提升平台影响力的作用。新闻资讯价值、公共平台

---

① 人民网：商城首页（人民网 – 商城，http://shop.people.com.cn，2012 – 10 – 25 浏览）。

价值、社交服务价值、工作消费娱乐价值等全面提供，"价值满溢"的临界点出现，增值服务机会凸显。

2. 网络社区的增值服务机会：特权和个性消费

商业门户网站依托传播服务产品，全面提供价值，渗透用户新闻资讯、工作、消费、娱乐的各个领域，进而培育增值服务，实际上有一个共同指向，就是网络社区化。会员、特权、道具等增值收费项目，本质上都是一种虚拟产品，网络社区—虚拟社区是这些虚拟产品具备收费能力的基本背景。

通过传播服务产品（SNS 应用、即时通信工具、微博等），用户维系既有的强关系网络、构建新的弱关系网络，并依据地域、学校、行业、兴趣等分成若干小网络，而且随着新事物、新事件、新话题出现随时建立新的关系网络。这些网络错综复杂、彼此交错，就构成了与现实社会关联而又有区别的网络社区。网络社区—关系网络中蕴含有信息资源可加以利用，有文化意义被人们品味并寄予情感，有现实没有的新奇情境可以体验，更为重要的是它满足了人们交流的本能需求。如同现实社会有琳琅满目的商品，虚拟社区蕴藏着产生虚拟商品的巨大潜能。

商业门户网站，其增值服务产品开发的基本原理，就是以网络社区为平台，通过用户的交流互动，产生新闻信息资讯价值、文化娱乐价值，营造现实与虚拟交错的社交情境从而产生社交服务价值。在这些大量免费提供的基础价值中培育、提炼出具有"特权"和"个性消费"特质的增值服务产品。以下是 QQ 会员和新浪微博会员这两项增值服务产品的介绍截图。①

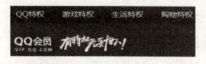 

---

① 腾讯网：超级 QQ（腾讯网 – 超级 QQ，http：//mq. qq. com，2012 – 12 – 26 浏览）；新浪微博：特权介绍（新浪微博 – 微博会员，http：//vip. weibo. com/privilege，2012 – 12 – 26 浏览）。

网络社区的增值服务机会，已经被腾讯财报公布的庞大的增值业务收入所证明，2011 年报总营收 45.225 亿美元，其中增值业务总计 42.762 亿美元，占比 94.6%。同时，网络社区的增值服务也能很好地解释"C（大量免费用户）＋C（少量收费用户）"，正是大量免费用户的存在才足以构成社区，"特权""个性"才有了收费能力。

（二）统计性盈利

2004 年美国《连线》杂志主编克里斯·安德森首提"长尾"概念，意指把足够多非热门产品组合起来可以匹敌少数热门产品①，网络信息技术使得人们接触"非热门产品"——利基产品的成本迅速降低②，长尾经济得以实现。其实，利基产品一直存在，传统营销学将瞄准小市场或大公司不感兴趣的市场（niche 利基）作为一种市场补缺者战略。③今天的情形是大型网络公司，如亚马逊、京东这些典型的 B－C 电商正在而且必须对众多利基市场"亲力亲为"，增加其数量、使之整合有序、做好盈收管理，这是基本经营逻辑。

电子商务着重于有形价值——商品，利用网络支撑下的当代信息流、物流、资金流系统，聚集海量利基商品，将其在网络呈现、与用户进行网络沟通、完成网上支付、实现线下配送。网络媒体着重于无形商品——信息，省去了物流，但它更加专注于人们文化、精神、社会层面的利基需求，在大量免费基础服务之上开发出增值服务，并不是一件容易的事情，它首先需要的是一种文化包容、精神平等、关注社会底层的道德与情怀。

"长尾"是对统计学中正态分布曲线特征的形象描述，借助统计学安德森发现了众多利基市场的统计性价值，即 $P_1N_1 + P_2N_2 + P_3N_3 + \cdots$ 众多利基产品种类与数量乘积之和的价值。而在价值向货币转化的过程中，即从免费基础服务到增值服务提升过程中，统计原理又一次发生作

---

① ［美］克里斯·安德森：《长尾理论》，乔江涛译，中信出版社 2006 年版，第 11 页。

② 同上书，序言 XIV。

③ ［美］菲利普·科特勒、洪瑞云等：《市场营销管理（亚洲版·第 2 版）》，梅清豪等译，中国人民大学出版社 2001 年版，第 367 页。

用，那就是相对少量品种、相对少量人群付费，以维持整个经营运行并取得盈利，这一点在网络媒体中表现得最为突出。安德森在《长尾理论》之后的一本畅销书《免费：商业的未来》甚至对这个统计性比率进行概括：通常网站5%的付费用户是网站所有收入的来源。①

因此，增值服务实质是一种价值满溢后的统计性盈利。

统计性特质实际上反映在网络经济的等许多方面。亚马逊、iTunes经营实践和安德森理论总结与建构，长尾理论突出体现了网络经济在"市场发现"上的统计性特征。谷歌广告圣（AdSense）以"利用您的在线内容获取尽可能高的收益"②为口号发展庞大的广告联盟，但分成比例由谷歌定、100美元起付③，那就意味着众多不到100美元的"长尾站长"可能难拿到钱。对此暂不深究，单就"广种薄收"的谷歌如何从海量的广告主收费、为海量的广告联盟站长付款，就明显涉及统计问题——统计性特质在网络经济"盈利回报"上有明显体现。统计性特质也反映在网络经济的生产组织层面，着重介绍众包、大规模协作生产的《维基经济学》在开篇就讲述了一个"黄金挑战赛"的故事，黄金开发公司通过公开矿区地质资料，引来各路专业人士贡献智慧，最终最佳方案提供者获得57.5万美元的奖金，而黄金公司则由价值1亿美元的小公司翻身成为90亿美元的大公司。④ 如果仅从经济角度来看，众包参与者实际上获得的是"抽奖式"回报，相对于组织者的回报微不足道。这种情形非常类似于今天在微博、安卓、苹果系统开放API接口下的应用生产，开发者的经济回报由市场排名说了算。当然，网络经

---

① ［美］克里斯·安德森：《免费：商业的未来》，蒋旭峰等译，中信出版社2009年版，第26页。

② 谷歌：广告圣介绍（谷歌 – 广告圣，https：//accounts. google. com/ServiceLogin? service = adsense&rm = hide&nui = 15&alwf = true&ltmpl = adsense&passive = true&continue = https：//www. google. com/adsense/gaiaauth2? hl% 3Dzh – CN&followup = https：//www. google. com/adsense/gaiaauth2? hl% 3Dzh – CN&hl = zh_ CN，2012 – 12 – 27 浏览）。

③ 汤浔芳：《广告联盟7宗罪》，（搜狐 – IT，http：//it. sohu. com/20100913/n274898302. shtml，2012 – 11 – 25 浏览）。

④ ［加］唐·泰普斯科特、［英］安东尼·D. 威廉姆斯：《维基经济学》，林季红等译，中国青年出版社2007年版，第22页。

济的生产组织与价值提供不能完全从"金钱"的角度来看，众多参与者在贡献智慧的同时满足了"自我实现"这一精神层面的需求，而且提升了社会信息福利水平。网络经济市场发现、生产组织、盈利回报的统计性特质，与计算机智能计算能力密切相关，计算能力强、契合统计特质的网络公司将在网络市场中得到更好的奖赏。

增值服务—统计性盈利也是一种明显的交叉补贴，即付费产品补贴免费产品，付费人群补贴免费人群，日后付费补贴今日免费。① 我们无法确定交叉补贴的比率，但增值服务的统计性盈利特质明确了网络媒体增值服务开发的基本方向：以社区凝聚大量用户，在价值满溢基础上培育大量增值服务产品，建立具有强大统计计算功能的收费系统，收集增值服务长尾。

中国民间早就有"百货对百家"的朴素商业智慧，并有"聚沙成塔、集腋成裘"的生活与事业哲学，这实际上是与网络经济的"长尾"和"收集盈利"的道理是相通的。但质变在于网络经济的"百货"是数字信息排列组合而成海量产品，"百家"是数以亿计的用户，而盈利"收集"则借助具有强大统计计算功能的收费系统，更为重要的是以上过程有人工逻辑—计算机语言的介入而具有智能、自动化的趋势。

四　增值服务二例：腾讯增值服务与新浪微博企业版

（一）社区定位

社区蕴含良好的增值服务机会。在商业门户网站的经营实践中，增值服务在很大程度上就是基于社区平台，通过激发用户交流互动、参与日渐丰富的网络生活，在这个类似但又超越现实社会的虚拟社区中逐步开发出满足用户功能、情感、社交等方面需求的增值服务产品。

1. 社区建立基础：账号、嘴巴、自主

自 20 世纪 90 年代网站诞生，用户就可以注册账号、登录网站、自主发言，人民网"强国论坛"、新浪网前身"四通利方"之"体育沙

---

① ［美］克里斯·安德森：《免费：商业的未来》，蒋旭峰等译，中信出版社 2009 年版，第 16 页。

龙"等就是初具形态的网络社区。回顾过去 10 几年发展，网络社区建立有三个基础条件：账号、嘴巴、自主，论坛—即时通信—博客—微博都基于此。

三个基础条件中最重要的就是"自主"。自主意味着个人：自主发言不被淹没、自主选择收听与关注、自主建立与进入小社区群落、自主参与网络生活。"自主"发展的指向就是网络人格、"网络人"主体性的形成、人的节点化，这网络社区成长的根本动力和微观基础。

显然，在账号、嘴巴、自主三个方面，尤其是自主环节，最具社区建立能力的当属即时通信工具和微博。自主，不但意味着用户个人网络生活的"解放与自由"，而且意味着巨大的经营机遇——自主的用户留下了真实、丰富的内容信息和使用行为信息，这是用于经营的"海量信息资源"，经营主体可以对每一个个体进行"定制化"价值提供，同时实现自身价值回报。

2. 基于传播产品与经营积累的社区定位：腾讯 QQ 与新浪微博比较

本书第三章中已经论及，定位本质上是经营主体与用户互动的结果。传统营销的完整定位过程是细分用户、瞄准目标用户、在用户心目中确立一个位置，即 STP。但网络渠道价值承载能力超强，网络经济的价值实现常常以收集长尾（众多利基市场）的方式运行，这使得网站定位更加宽泛——常常不再是重点区分"某一类人群"而是重点区分"全体人群的某一类需求"；常常不再是重点区分具体的产品，而是重点区分相对抽象的风格。

2011 年底，腾讯年报显示活跃账号 7.21 亿，新浪微博宣布账号过3 亿，"人群细分"明显向"需求细分"转移。传统三大商业门户网站新浪、搜狐、网易，其新闻门户地位毋庸置疑，但具体新闻产品区分并不明显，区分在于风格，新浪综合稳健、网易有态度、搜狐时尚娱乐。这些都是传统定位理论不能很好解释的地方，其根本原因在于网络的渠道能力和网络经济收集长尾的运行特点。

腾讯 QQ 和新浪微博作为大型社区，其定位明显受到传播产品特征与经营积累的强烈影响。

腾讯 QQ 基于人际传播产品，由强关系网络到弱关系网络，沿即时通信—门户—游戏—博客—电子商务—微博—微信的发展线路不断增加社区价值承载，即时通信—人际传播是社区底层基石。这种由人际传播逐步发展起来的网络社区具有强烈的"原生态"特质，20 世纪初人们以各自的独有账号登录网络，仿佛洪荒时代初结部落与社会，它扎根于人们的日常生活与工作交流，自下而上，循序渐进，社区扎实牢靠。

新浪微博则正好相反，新浪以新闻门户启动，新闻、公共的属性与气质明显，将点对面的大众传播做到极致后，开始将话语权——麦克风下放民间，从博客到微博，当个人媒体出现时人际传播—即时通信工具也因此形成，新浪"全球华人社区"的定位与理想最终落实于个人。这也许才是真正意义的社区，每个人有身份代码——账号，有嘴巴——微博，有自主性——自主选择收听、自主发展粉丝、只要内容足够重要、精彩，就有以裂变式传播广播天下的穿透力。

二者似乎有殊途同归的意味，但腾讯 QQ 与新浪微博两大社区，一个起源于人际传播属性强烈的即时通信工具，一个起源于公共传播属性（媒体属性）强烈的微博，传播产品的差异对社区定位产生影响。而且，腾讯、新浪两家的经营积累也有明显区别，腾讯重视娱乐与丰富多彩的网络生活，如游戏、电子商务、视频业务都有优异表现，而新浪虽然也尝试游戏、即时通信、电子商务，但都不成功，唯有新闻成就其第一商业门户的影响力。传播产品特质与经营积累共同决定了社区定位。

经营积累实质上是核心竞争力强化与延伸的过程。网易新闻的有态度定位源于擅长变换角度、挖掘深度、引发态度的编辑队伍，这种核心资源与能力曾经在网易论坛频盖"高楼"，并在门户新闻与网易微博上一以贯之。腾讯的核心竞争力就是即时通信工具，紧紧依托这一核心，让每个用户个体以同一账号参与社交、个人空间美化、游戏娱乐、购物消费。新浪则凭借对新闻、内容的坚守，后发于博客中国而成为中国第一博客，后发于腾讯 QQ 而成为中国第一微博。搜狐虽常被人认为定位摇摆、喜欢作秀①，但时尚娱乐的网站风格、领导者的鲜明个性与能

---

① 中国商界：《搜狐：老跟在别人后面干什么》，《中国商界》2006 年第 9 期。

力、良好的技术与营销实力也是其核心竞争力，张朝阳在坦言微博失利①之时，其游戏、视频、搜狗势头良好，正朝"中国时代华纳"媒体梦想前行。事出有因，各得其所，这就是核心竞争力的神奇之处。

总体而言，腾讯QQ社区和新浪微博社区似乎殊途同归，都力图扮演用户丰富多彩的网络生活平台的角色，但基础传播产品不同，经营积累（核心竞争力）不同，决定了两个社区截然相反的成长轨迹，也决定了两个社区定位的差异：前者生活娱乐风格明显，后者则公共风格强烈。

需要强调的是，与一般产品定位有明显不同，网络产品尤其是社区平台产品的定位，经营主体的定位控制力有限，而用户方力量非常强大，这与我们的观点"定位是经营主体和用户互动的结果"是印证吻合的。新浪总裁曹国伟强调新浪微博的时政言论不超过10%，② 但用户还是把新浪微博作为一个具有强烈媒体、公共属性的平台。2012年"十八大"之后，新浪微博平台上连续出现反腐爆料，就是明显例证。

单纯从盈利角度而言，时政、公共与生活、娱乐相比，前者的难度更大，即新浪难于腾讯。这种难度在新闻网站那里表现得更加明显，从根本上讲这源于新闻与商业的内在矛盾。有价值的东西未必能换来可观的盈利，但坚守社会责任，顺应用户对网络媒体的专业、道德与责任期待，追求理想与现实的交汇，当是新浪及新闻网站应做出的努力。

（二）腾讯QQ增值服务

腾讯QQ增值服务是一个营收42.762亿美元（据2011年度财报）的巨大话题。但基本原理是：基于社区平台，免费为大量用户提供多种价值至满溢——即充分实现网络生活，并逐步培育出满足用户在新闻资讯、社交、工作、消费、娱乐等方面特权性、个性的增值需求；而且，

---

① 中国经济网记者梁梦晚：《张朝阳反思搜狐微博"战败"坦言亟须保持创新》（中国经济网－产业市场，http：//www. ce. cn/cysc/tech/07ityj/guonei/201208/09/t20120809＿21208477. shtml，2012－10－14浏览）。

② "凤凰网"寒冰：《曹国伟：腾讯值得学习 从不觉得新浪微博如履薄冰》（凤凰网－凤凰科技，http：//tech. ifeng. com/internet/special/cic2011/content－2/detail＿2011＿08/23/8615616＿0. shtml？＿from＿ralated，2012－5－12浏览）。

基础人群数量、增值服务产品数量都力求规模化，这样才能凸显长尾，收费系统才能尽可能多地收集盈利。

1. 腾讯 QQ 社区化历程与社区人群规模

社区基础　账号、嘴巴、自主是社区建立的基础。对于腾讯 QQ 而言，账号是身份代码，嘴巴是即时通信产品，QQ 一开始就从最能保障"自主"的传播——人际传播入手，在熟人强关系网络中建立社区，这是最持久、最可靠的核心社区。

社区细化　QQ 空间类似于博客，记录用户生活状态，是 QQ 的基础社区。除此之外，按图片、音乐、视频、游戏、实名等细分若干小社区，并赋予用户自主建群权力。社区细化能更好地呈现用户网络生活，激发用户互动。

社区延展　2009 年微博产品问世，该产品主要在两个方面彰显用户"自主"：无限制关注收听，用户以自创内容壮大粉丝队伍。依托核心竞争力（即时通信工具及在此基础建立的社区网络），利用社区关联，QQ 迅速向微博延伸拓展。如开通微博，腾讯页面会提示：QQ 空间与签名同步微博发布、QQ 同步接收微博消息、通知好友已开通微博等，这种方法能够低成本将原有社区向微博社区平移拓展。借力关系市场进入，再显功效。

同在 2009 年，中国 3G 元年到来，而腾讯早已通过 WAP、QQ 手机客户端、超级 QQ、小游戏等将桌面社区向手机终端转移，近年腾讯重点做的事情是在移动互联网领域的创新，如以开放引入大量移动应用、开发微信产品等。

新传播产品（微博）与新传播终端（智能手机）是 QQ 社区延展的重要动力。

价值注入　三大对话技术高速发展，不断敞开价值缺口，跟随技术与市场潮流，腾讯沿即时通信—门户—游戏—电子商务—微博—微信，不断为社区注入价值。清晰的社区细分与关联，用户充分的自主选择权，使价值漫灌到精细导流。

用户规模　2011 年财报显示，即时通信活跃账户 7.21 亿，QQ 空间活跃账户 5.521 亿，QQ 游戏同时在线最高为 840 万。庞大的用户规模是增值营收基数。增值服务收费账户，互联网为 0.772 亿，电信及移动为 0.314 亿，收费比例分别是 10.7% 和 4.4%。该数字印证了免费经济交叉补贴的显著特征。

2. 自主研发、合作开发、开放引入第三方应用：增值服务产品规模

腾讯增值服务产品海量，彼此交错，规模宏大。为扼要说明，从基础价值与增值服务提供的角度来看，我们简要举例如下：

基础服务	增值服务	价值
即时通信工具	企业版	工作价值
拍拍网（C2C）、QQ 商城（B2C）	会员购物特权	消费价值
小型悠闲游戏、大型游戏	道具、会员游戏特权	娱乐价值
QQ 空间	QQ 秀、会员生活特权	社交价值
手机 QQ	超级 QQ	移动价值

海量产品方能迎合用户个性需要，并凸显长尾，以实现统计性营收。海量产品从何而来？从生产主体来看，来源于自主研发、合作开发、开放引入第三方应用。

腾讯 QQ 即时通信工具源于对国外聊天软件 ICQ 的模仿创新，之后在技术研发与市场应用方面，QQ 都展现出中国互联网的原创能力。最为突出的是 QQ 在以"聊天"发展社区的同时，跟随中国网络市场发展，以门户、游戏、视频、web 2.0 应用等不断为社区注入价值，丰富社区生活，"逼近"现实社区并以其"虚拟性"给用户带来现实社区所没有"超越"体验。QQ 社区给我们一个重要启示：话题—交流是社区基础，但如同丰富多彩的现实社区，任何有意义的"主题"——读书、旅游、购物等都可以成为社区建立的良好理由。目前，超星阅读、淘宝，甚至奇虎 360 的 SNS 化，就是顺应了这个道理。

除自主研发外，腾讯在合作开发上也完全顺应网络经济发展合作伙伴、整合价值网络的规律，2004 年起腾讯开启的门户战略就是与地方新闻机构合作的结果。

　　发展合作伙伴走到"极致"状态，就是开放引入第三方应用。2010 年左右苹果 APP 商店的成功模式，开始被国内网络充分认识并投入实践，腾讯 QQ 和新浪微博都是以开放引入第三方应用的重要实践者。发展合作伙伴需要资源互补、充分交流，而公开 API 接口引入第三方应用，则是一种最高效、最直白、点对面的交流，直接开启知识分工、创新机制，带来的是海量的合作伙伴、应用产品，进一步满足用户个性需求、延伸凸显长尾，新的盈利机会也因此而生。截至 2012 年底，腾讯 QQ 开放平台已经有注册开发者 40 万，注册应用 20 万，应用分成达 10 亿，而应用市场月度活跃用户为 2 亿。①

　　应用的本质是基于用户个人需要的创新性传播产品。应用对"传统"桌面网络的传播内容产品、传播服务产品、搜索产品、广告产品进行重新整合、微化、个性化，使之能更好地为用户提供针对性服务，并能较好地在桌面与移动终端之间转移覆盖。更为重要的是，平台通过开放 API 引入第三方公司以及大众智慧，参与应用开发，不但对既有信息产品进行整合、微化、个性化，而且创造出大量适合不同行业、不同人群、不同终端、不同使用情境的新"产品"。

　　腾讯开放平台 20 万的注册应用，意味着长尾的延伸与凸显。由此，我们可以清晰地看出，规模经济和范围经济在网络仍在延续，但本质的区别在于，"经济性"的裁判权已经落在用户手中——或者说，网络规模经济是基于用户个性选择的规模经济性，网络范围经济是基于合作与开放所带来经济性。

　　3. 收费系统与用户成长体系

　　海量产品对海量用户，海量基础价值免费提供方能培育出增值服务产品。这些增值服务产品以种类繁多的"钻石"会员包月呈现，目前随"应用"潮流兴起，腾讯 QQ 除包月收费外，也逐步开始将应用按条收费。

　　腾讯建立了由 Q 币、财付通、计费系统构成的成熟支付系统，并

---

① 腾讯网：开放平台介绍（腾讯－开放平台，http：//open. qq. com，2012－12－31 浏览）。

与支付宝、电信运营商、银行关联合作，为用户提供众多支付渠道。此外，腾讯社区还建立用户成长体系，其公式是"用户成长值 = 每日成长值 + 任务成长值 + 开通成长值 - 非会员成长值下降"，① 旨在增加用户黏性、鼓励用户增值服务购买。

（三）强化和延续核心竞争力：微博企业版会员

传播产品和经营积累决定社区定位，社区定位决定其增值服务产品的培育重点，这实质仍是核心竞争力进一步强化与延展。

2010—2012 年的三年间，新浪微博经营三步走轨迹明显：第一年跑马圈地，只争朝夕，用户 1 亿；第二年丰富产品，强化功能，图片、音乐、视频、游戏、搜索、排行等悉数登场，更重要的是以开放大量引入第三方应用，用户跃迁至 3 亿以上；第三年继续发展用户，巩固黏性，商业化试水。新浪微博在以"时空压缩"的方式迅速完成腾讯在过去 10 年中所走过的道路，二者似乎殊途同归，都着力全面渗透用户网络生活。

基于腾讯经验模仿创新是新浪微博培育增值服务的重要路径。其一，腾讯成功经验已被强大的财务数据所证明；其二，腾讯经验背后的网络经济基本原理，如免费、价值满溢、"特权"与"个性"收费、统计性盈利—收集长尾、合作与开放、网络规模经济与范围经济等是过去 10 几年网络经营实践的共同智慧凝缩；其三，模仿创新绝对不是简单"抄袭"，正像百度不是谷歌、淘宝不是 EBay、新浪微博不是 Twitter，模仿创新是基于传播产品属性与社区定位的修正式再创造。而且，时移世易，腾讯 QQ 和新浪微博都在面临新课题，突出有二：平台开放引入第三方应用的经营管理，移动互联网价值延伸与实现。

基于新浪自身核心竞争力的强化与延展是新浪微博培育增值服务的根本路径。新浪核心竞争力的外化产品就是新闻与广告。Alexa 数据显

① 腾讯网：成长体系介绍（腾讯 - QQ 会员，http：//vip.qq.com/my_ freedom/level.html，2012 - 12 - 31 浏览）。

示新浪新闻中心排名第 4、新浪微博排名第 7，[①] 新浪财报多年数据显示新浪广告占比总营收 70% 以上。新浪微博的初步成功（流量）提供了新浪转型契机：门户转型社区，桌面延伸移动，较为单一的广告营收向增值营收拓展。依托微博社区为普通用户提供增值服务，腾讯经验可资借鉴，但新的市场潮流，如开放引入第三方应用和开发移动互联网市场则需新浪更多"原创性"努力。依托新浪门户的核心竞争力，将新闻与广告在微博平台强化与延伸，是新浪微博营收增长的最直接、高效的选择。微博互动广告是新浪新的广告盈利模式，为广告主提供了新价值，也提升了广告营收，而与之相对应的微博企业版会员，则是增值服务的重要产品。

2011 年 6 月新浪微博企业版开始内测，2012 年 5 月 9 日新浪微博企业版 2.0 正式发布，新浪总裁曹国伟将 2012 年的企业账户目标定在 100 万。[②] 在前面"微博互动"的广告案例中，如"微博之夜—答题赢全新桑塔纳"，微博广告远非简单的"广而告之"，而是广告主自主展开全面营销传播活动甚至电子商务的一个"入口"，"授人以渔"的传播理念继续贯彻到广告传播中，众多企业或个人实际上有了免费从事广告活动的机会。

广告主的三大利益诉求：广告传播有人互动，广告能完美表现，广告效果真实可测。针对第一条诉求，新浪微博主要通过发展用户规模、激发用户互动、维护平台健康环境来实现。针对后两条诉求，新浪微博在为大量用户免费提供基础服务之上，以"企业版"提供增值服务。

1. 广告能够完美表现

微博基于账号、嘴巴、自主，结成兼具媒体和社交属性的大型平台。微博广告已经超越平面、视音频展示，而常常是能实现互动、游戏、统计等诸多功能的软件应用。

---

① Alexa 网站：中国区排名（Alexa 网站，http：//www. alexa. com/topsites/countries/CN，2012 - 12 - 31 浏览）。

② 新浪科技：《曹国伟：新浪微博今年企业账户目标 100 万个》（Techweb 网站 - 人物报道，http：//www. techweb. com. cn/people/2012 - 02 - 24/1157200. shtml，2012 - 12 - 24 浏览）。

如新浪微博应用广场首页有推荐"91 乐印"①，广告语是"艺术潜能大开发"，经过机型选择、涂鸦自主设计，最后进入机壳购买环节。该广告实际是基于商品特点的 APP 应用，广告引发关注，情趣互动、自我创意、商品定制、下单购物，一气呵成。在试用该应用的过程中，用户关注、转发"91 乐印"官方微博，并向其提供用户关系资料。该广告主还借助新浪微博企业版可以得到更好的全面营销传播—电子商务服务。

为广告能够完美表现，2012 年 5 月上线的新浪微博企业版 2.0 提供更多的第三方开发应用以满足不同行业的个性需求，并鼓励有专业实力的广告主成为第三方应用开发者，直接开发出富有创意、情趣并直接针对本企业营销的应用。

此外，新浪微博企业版 2.0 还调整了主页导航栏、增加视频区和地理信息呈现，以更好地实现"企业级"微博主页的全面营销传播功能。

2. 广告效果真实可测

新浪微博免费为普通用户提供一些传播数据分析，如"微数据"应用可以迅速计算个人的影响力。新浪微博企业版 2.0 则能够提供"活跃粉丝比""博文曝光量"等重要数据服务，② 这将对企业微博"自助"营销活动提供重要参考。

---

① 新浪微博：应用广场（新浪微博－应用广场，http：//app. weibo. com/？ topnav = 1&wvr = 5，2012 – 12 – 31 浏览）。

② 新浪微博：企业微博介绍（新浪微博－企业微博介绍，http：//e. weibo. com/introduce/introduce，2012 – 12 – 31 浏览）。

五　广告与增值服务的内在关系

网络广告不是传统媒体影响力经济的简单延伸，网络媒体也在对影响力经济进行新的诠释。凭借网络强大的渠道容量和智能计算能力，网络广告正回归广告本质，它基于网络传播产品对海量信息匹配，并为广告主提供可测量效果。沿着可测量效果—收费依据—收费标准—收费系统—自助广告系统的线路，网络广告正在成为广告主自主营销传播工具，而对于网络媒体平台而言，它正在成为自动收费的营收项目。微博这种"授人以渔"的传播服务产品将"自助广告系统"向更高的水平推进。

增值服务是价值满溢后的统计性盈利。基于网络社区、激发用户互动、为用户提供丰富多彩的网络生活舞台，免费集聚用户规模、构建社区基础，使得"特权""个性"获得增值收费机会。满足用户功能、情感、社会性需求的海量增值产品，对应海量用户个性选择，营收长尾显现，用户成长体系培育增值需求，收费系统精确统计计费、收集长尾。以腾讯2011年报数据为例，大致地讲，腾讯就是以收集长尾的方式取得10.7%的用户付费，为其余近90%的用户免费服务。

从网络媒体经营实践上看，广告与增值服务的关系如下：

（一）同为交叉补贴

增值服务是一种明显的交叉补贴，广告是一种第三方介入的交叉补贴①，二者有明显的内在关系：90%的免费用户的存在，构成了社区的基础，是"特权""个性"收费的前提；90%的免费用户的存在，贡献了网站的广告价值。

（二）产品形态上界限模糊、相互替代

应用是当前网络媒体产品的最新、最主流形态，"传统"的内容、广告、游戏、工具等网络产品被软件重新整合、微化、个性化，应用也使得广告与增值服务界限进一步模糊。平台开放引入大量第三方应用，

---

① ［美］克里斯·安德森：《免费：商业的未来》，蒋旭峰等译，中信出版社2009年版，第20页。

获得营收分成；免费应用嵌入"内购买"；微博平台发布广告，同时为广告主提供企业版增值服务。这些丰富的经营实践，使得广告与增值服务的产品界限模糊，其实质是网络经济融合趋势在产品形态的体现。

广告与增值服务，一个免费一个收费，用户要么付诸时间要么以金钱享受"特权"，二者相互替代的现象也常有发生。下面搜狐视频的截图是一种直白的例证：

（三）营业收入上二者相互促进

增值服务是价值满溢之后的营收，大量价值的免费提供集聚众多用户，从而为广告营收奠定坚实基础。广告经营活动，积累大量广告主伙伴资源，增加了为广告主提供会员增值服务的机会，新浪微博企业版就是例证。同时，随着网络传播产品与营销技术的发展，网络媒体与广告主之间深度合作，也会增加直接面对用户的增值服务产品创新。

二者相互促进的关系，对于以广告为主要盈利模式的新浪和新闻单位网站尤其具有启示意义：以内容创造广告机会的传统思维应加以修正，在网络经济中用户和流量就意味着广告机会。网络的超强渠道能力使得"一站式"服务成为可能，除新闻资讯价值之外，网络媒体应尽可能地全面提供价值，搭建公共平台，营造网络社区，培育增值服务，并进一步拓展广告增长空间。

第三节　优化盈利组合关系：基于四大商业门户网站 2006—2011 年财务分析

一　四大商业门户网站财务分析的典型性

（一）新闻地位

本书开头已经明确研究对象网络媒体是指商业门户网站和人民网、东方网等大型新闻网站。网络深入发展，"媒体"范围更加丰富、"媒体"概念更难以界定，但"新闻"是媒体主业毋庸置疑。商业门户网站的新闻地位使我们将其作为重要的研究对象。

商业门户网站的新闻地位主要在用户方得到体现：

腾讯	新浪新闻	网易	搜狐	人民网	新华网	东方网	Alexa 2013/1/4
2	4	5	9	30	31	139	

商业门户网站的新闻地位首先来自对新闻单位的"原创新闻"的集聚、整合，高钢、彭兰教授在 2007 年《三极力量作用下的网络新闻传播——中国网络媒体结构特征研究》中明确辨析中国网络媒体的结构特征：新闻网站是基础生产力，商业网站是聚合扩张力，网民是增值转化力。[①] 商业门户网站的集聚、整合是新闻生产方式的第一次超越。

Web 2.0 之后，商业门户网站再度在用户参与新闻、内容生产中取得领先地位，这是新闻生产方式的第二次超越。

2012 年 12 月 28 日，新浪组织架构调整以适应"微博为重、移动为先"战略。[②] 2013 年 1 月 1 日网易改版，"态度依然"口号赫然首页，重申其新闻定位，而最大变化是网易邮箱——用户通行证正成为

---

① 高钢、彭兰：《三极力量作用下的网络新闻传播——中国网络媒体结构特征研究》，《国际新闻界》2007 年第 6 期。

② 光明网科技：《曹国伟年终邮件：新浪 2013 战略核心"移动为先"》（光明网－科技频道，http：//tech. gmw. cn/2012－12/28/content_6184521_2. htm，2013－1－1 浏览）。

"个人门户入口"：基于个人的邮箱、微博、博客、相册、商城、约会等服务模块整齐排放，"今日新闻"与"网易推荐""我的理财"共同组成一个小模块与其他服务模块并列。这明显传达了一种讯息，新闻很重要，但基于个人服务的新闻更重要。

应用已成主流。它是基于个人需要而将原有传播产品进行整合、微化、个性化而形成的新产品形态，能实现桌面网络与移动网络覆盖与灵活转移，更重要的是，以平台开放开启创新机制，海量应用涌现。新闻类客户端大量出现，新闻也将会以更加复杂的方式融合到各种应用产品之中。基于个人、兼顾桌面与移动网络、以平台开放引发海量创新，新闻生产方式正在面临第三次超越。

三次超越的最终指向都是用户，正是在三次超越中处于领先，才成就了商业门户网站的"新闻地位"。

2012 年 4 月人民网上市，在其招股说明书中明确在"竞争格局分析"和"商业模式"中对新浪、搜狐、网易、腾讯这四家商业网站进行了分析和介绍。① 在笔者所调查的地方重点新闻网站中，明确将"原创稿件被四大商业门户网站转载"作为好稿评选的重要条件。

商业门户网站的"新闻地位"在用户和新闻网站都得到了确认。而对于整个中国网络而言，商业门户网站也在为"一元化"的全球网络格局作出"多样性"贡献，创造了"本土性"的信息福利，成就了中国网络在全球的独特地位。

---

① 人民网：《人民网股份有限公司首发招股说明书（申报稿）》（中国证券监督管理委员会网站，http://www.csrc.gov.cn/pub/zjhpublic/G00306202/201201/t20120109_204598.htm? keywords = 人民网，2012 - 5 - 5 浏览）。

美国	英国	法国	日本	韩国	俄罗斯	中国
Google	Google UK	Google France	Yahoo! Japan	Baidu. com	yandex. ru	Baidu. com
Facebook	Facebook	Facebook	Google 日本	QQ. COM	vk. com	QQ. COM
YouTube	Google	Google	FC2	Facebook	google. com	Taobao. com
Yahoo!	YouTube	YouTube	Amazon. co. jp	Google	mail. ru	新浪新闻中心 sina. com. cn
Amazon. com	Amazon. co. uk	Amazon. fr	YouTube	soso 搜搜	google. ru	网易 163. com

　　以上为 2013 年 1 月 4 日 Alexa 呈现的各国排名前五的网站，此外四大商业门户网站有多家子网站如新浪微博（7）、搜搜（11）、搜狗（18）、有道（47）排名靠前。

　　（二）经营领先

　　商业门户网站是中国民间智慧与国际资本典型对接，它借助境外风险投资，身处境外成熟资本市场，12 年间逐浪网络技术与市场的每一次潮流，"试错式"填补网络技术每一次发展所敞开的"价值缺口"，失败之处不少，但凭借对自身核心竞争力的把握，顺应网络经济规律，以灵活的市场战略和优秀的执行力，保持了创新与发展。虽然 10 年前看似可以赢者通吃的"三大"（新浪、搜狐、网易）变成了市值上的"三小"①，取而代之的新"三大"腾讯、百度、阿里巴巴，但"三大三小"主导中国网络的格局并没有改变。

　　商业门户网站产品种类齐全，财务数据公开规范。代表性的产品如新浪微博、门户新闻，网易邮箱和有态度的新闻门户，搜狐的搜狗和视频，腾讯 QQ 空间和增值服务产品。最早的三大门户于 2000 年在美国纳斯达克上市，腾讯于 2004 年在香港联交所上市，在这些比较成熟的资本市场上，其经营更加规范、财务数据透明，为我们的研究提供了良好的资料。

　　2012 年 4 月人民网登陆国内 A 股，其他中央级和地方级重点新闻

---

　　① 和阳、吴丽：《中国互联网应该走向成年：专访新浪网创始人、点击科技有限公司董事长王志东》，《商务周刊》2011 年第 2 期。

网站也正在巩固转企改制成果，积极谋求上市。"三极力量"的中国网络媒体结构正在谋求改变——在"慢半拍、更稳健"① 中国传媒改革的步调下，国家为不错过发展机遇，为商业门户网站成长营造了良好的宏观发展环境，商业门户网站则在此基础上借助网络技术的变革性力量迅速成长——而今天新闻网站除继续担当新闻生产的专业性基础力量，正积极走向前台，通过更好的服务用户谋求自身经营的良性循环。

依托自身资源与核心竞争力，向商业门户网站借鉴，是新闻网站全面经营起步的重要路径。商业门户网站经营起步早，目前仍处于中国网络的主导地位，更重要的是商业门户网站过去 10 多年经营实践已经比较明确地显示出网络经济与网络市场竞争的若干规律，而最基本的规律仍将在未来的移动互联网经营中延续。

当前，新闻网站和商业门户网站都面临桌面网络调整（网易改版就是一个明显案例），移动网络延伸，基于个人服务继续深化的课题。对商业门户网站的价值实现环节的最终成果——财务营收状况进行分析，可以为整个商业模式中若干环节提供实证性数据支持，也能为更深刻理解网络媒体商业模式提供新的启示。

二 2006—2011 年四大商业门户网站财务分析

财务数据说明：新浪、网易、搜狐为美国纳斯达克上市公司，财务报表数据以"美元"计，腾讯为香港联交所上市公司，财务报表数据以"人民币"计。为便于比较，本分析统一为"美元"计，并以"美元"做相关财务指标的计算。

三大门户网站的数据直接来自其财务年报"综合损益表"，腾讯数据由于涉及汇率换算，其"美元"数据来自腾讯科技频道②新闻稿。

（一）总营业收入

2006 年是 web 2.0 之后的第一个财务年份，至 2011 年新浪、网易、

---

① 于正凯：《网络媒体的三种产业驱动力——由人民网上市引发的思考》，《新闻传播》2012 年第 6 期。

② 腾讯网：中国概念股财报汇总（腾讯网－科技频道，http://tech.qq.com/tech2010/2010Q3.htm，2012－9－1 浏览）。

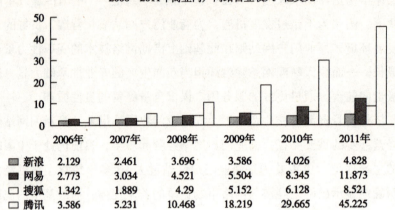

2006—2011年商业门户网站营业收入　亿美元

	2006年	2007年	2008年	2009年	2010年	2011年
新浪	2.129	2.461	3.696	3.586	4.026	4.828
网易	2.773	3.034	4.521	5.504	8.345	11.873
搜狐	1.342	1.889	4.29	5.152	6.128	8.521
腾讯	3.586	5.231	10.468	18.219	29.665	45.225

搜狐、腾讯营收分别增长2.3、4.3、6.3、12.6倍。

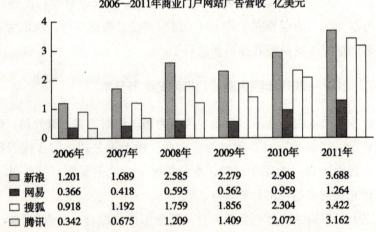

2006—2011年商业门户网站广告营收　亿美元

	2006年	2007年	2008年	2009年	2010年	2011年
新浪	1.201	1.689	2.585	2.279	2.908	3.688
网易	0.366	0.418	0.595	0.562	0.959	1.264
搜狐	0.918	1.192	1.759	1.856	2.304	3.422
腾讯	0.342	0.675	1.209	1.409	2.072	3.162

（二）广告营收

2006—2011年新浪保持广告收入排名第一，是对其"影响力经济"的有力褒奖，但领先优势已经逐步减弱。搜狐视频主打娱乐媒体、腾讯社区凭借庞大用户群和社区广告，正在迅速缩小同新浪的差距。

1. 广告营收占总营收比

新浪是最具媒体属性的商业门户网站。新闻板块强大稳健，博客、

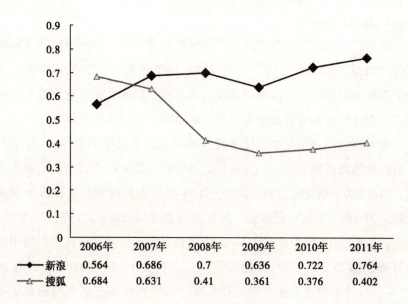

2006—2011年广告收入占总营收比例

	2006年	2007年	2008年	2009年	2010年	2011年
◆ 新浪	0.564	0.686	0.7	0.636	0.722	0.764
△ 搜狐	0.684	0.631	0.41	0.361	0.376	0.402

微博一路领先，传统的媒体—广告的盈利模式在新浪得到了最好的延续。新浪广告收入占总营收比例6年平均为67.9%，这一比例甚至高于大多数新闻网站。人民网的广告及宣传服务营收占总营收比例2008—2010年三年平均为52.3%，[①] 东方网广告和增值业务总计占比约40%。[②]

在四大商业门户中，网易、腾讯的广告占比长期在10%左右，搜狐与新浪在广告营收上有较好可比性。2008年搜狐第一款成功游戏"天龙八部"贡献近2亿美元营收，拓展了新的游戏盈利模式，此后广告营收占比降到40%左右。2009年4月搜狐就将旗下畅游游戏公司在纳斯达克上市，其融资速度之快令人惊奇。张朝阳表示畅游上市可保障

---

① 人民网：《人民网股份有限公司首发招股说明书（申报稿）》（中国证券监督管理委员会网站，http://www.csrc.gov.cn/pub/zjhpublic/G00306202/201201/t20120109_204598.htm?keywords=人民网，2012 – 5 – 5 浏览）。

② 曹虹：《东方网计划年内递交上市申请》，《东方早报》2012 年 4 月 29 日，A10 版。

搜狐稳定的现金流，有利于与门户业务关联协同，以做好大媒体平台。[①]

2. 搜索广告营收

搜索广告的两种盈利模式是广告联盟和竞价排名，突出反映了网络广告"海量信息匹配"和"自主投放、自动收费"的智能化特征，成就了百度中国第一广告巨人的地位。前面我们已经介绍了竞价排名盈利模式，在这里我们希望在财务分析中对搜索广告进一步关注。

四大商业门户网站中，搜索起步最早（甚至是中国最早）、技术实力最强的当属搜狐搜狗，但在百度、谷歌巨大的阴影下搜狗长期被边缘化，直至 2011 年首度盈利。2009—2011 年，搜狗搜索广告营收分别是 0.085、0.186、0.630 亿美元，而百度分别是 6.516、11.99、23.04 亿美元。根据 2013 年 1 月 4 日 Alexa 中国排名情况，搜狗在搜索引擎中排在百度、搜搜、谷歌之后名列第 4。搜狗 2011 年营收仅为百度的 2.7%，虽然不像克里斯·安德森所说"网络市场前三名市场份额更接近于95%、5%、0"[②]，但胜者通吃的现象已经非常明显。

尽管如此，最早的搜索引擎倡导者搜狐经历了 10 多年的努力终于在该领域盈利，搜狗首席执行官王小川认为"搜狗输入法—搜狗浏览器—搜索"三级助推模式使搜狗取得突破。[③] 撬动网络市场领先者，唯有新的、独特值提供方可颠覆用户已有的用户习惯，搜狗显然是依靠用户上网入口的基础应用关联来发力，而 2012 年底奇虎 360 也是以"杀毒—安全浏览器—桌面"等系列关联冲击原有搜索格局。

除产品创新与关联，"关系"仍是竞争关键。"网络蜘蛛"不被目标网站屏蔽是搜索引擎的运营基础；优惠分成比例、发展伙伴关系才能壮大和维系广告联盟；透明、公平的竞价系统，良好的公共信誉与公共

---

① 搜狐 IT：《张朝阳：畅游上市将鼓舞纳斯达克市场》（Techweb 网站 - 资讯，http：//www. techweb. com. cn/news/2009 - 04 - 02/397829. shtml，2012 - 6 - 5 浏览）。

② ［美］克里斯·安德森：《免费：商业的未来》，蒋旭峰等译，中信出版社 2009 年版，第 153 页。

③ 《中国证券报》记者海澜：《搜狗三季度首度盈利》（中国证券报网站 - 公司，ht-tp：//www. cs. com. cn/ssgs/hyzx/201111/t20111102_ 3112296. html，2011 - 11 - 2 浏览）。

关系才能使竞价排名广告平稳运营。目前，搜狗、有道、360 加强与电商合作，在电子商务搜索上有明显进展。

3. 广告毛利率

新浪	2006 年	2007 年	2008 年	2009 年	2010 年	2011 年	平均
广告毛利率	65%	62%	61%	56%	60%	57%	60.2%
电信及移动增值业务	60%	58%	54%	52%	42%	36%	50.3%

2006 年新浪博客—用户创造内容显现出低成本价值扩张的优势，毛利率最高，之后就快速下滑，2009 年至谷底，微博启动后，毛利率缓慢提升。

经计算，2006—2011 年网易、搜狐、腾讯的广告毛利率平均值分别为 45.3%、63%、67.7%。新浪、搜狐的广告毛利率相当；腾讯广告毛利率最高；网易广告收入低（约是新浪的 1/3）、占营收比重小（约 10%），毛利率最低——规模经济效仍在发生作用。

搜索广告较早地具有"自主投放、自动收费"的智能化功能，广告毛利率理应较高。百度广告毛利率高于所有门户，但搜狗广告毛利率较低。海量信息—智能匹配—自主投放、自动收费，是谷歌和百度这样的巨头实现高营收和高毛利的经营逻辑——智能系统支撑下的规模经济是网络经营的重要原理。

	2009 年	2010 年	2011 年
百度① 营业收入毛利率	6.516 亿美元	11.99	23.04
	63.7%	74.2%	73.1%
搜狗营业收入毛利率	0.085 亿美元	0.186	0.630
	-14%	24%	58%

① 根据腾讯科技、网易财经美股百度财务数据计算。腾讯网：中国概念股财报汇总（腾讯网－科技频道，http://tech.qq.com/tech2010/2010Q3.htm，2012－9－1 浏览）。

4. 广告增长率

广告年增长率显示，新浪在 2008 年之前由于博客强势拉动，广告增长率在传统三大门户网站中居上，但主营业务过于集中的弊端在 2008 年金融危机中突出显现，2009 年新浪广告收入下跌最剧烈，呈负增长。腾讯广告增长率 6 年中有 5 年居首。

2013 年 3 月底，腾讯 2012 年年报出炉，网络广告暴增 69.8%。

2006—2011年广告收入年度增幅

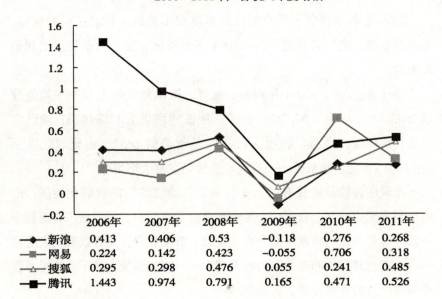

	2006年	2007年	2008年	2009年	2010年	2011年
新浪	0.413	0.406	0.53	−0.118	0.276	0.268
网易	0.224	0.142	0.423	−0.055	0.706	0.318
搜狐	0.295	0.298	0.476	0.055	0.241	0.485
腾讯	1.443	0.974	0.791	0.165	0.471	0.526

（三）在线增值营收

在线增值营收主要是指桌面网络所产生的增值服务收入。

新浪的在线增值营收主要是收费邮箱和休闲游戏，数额很小，财务报表中只显示"广告营收"和"非广告营收"两大项，而"非广告营收"也主要是"无线增值业务"（MVAS）。

网易、搜狐的在线增值营收主要是网络游戏，而腾讯的在线营收包括网络游戏和 QQ 空间增值服务两大块。

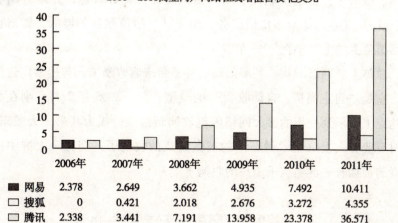

2006—2011商业门户网站在线增值营收 亿美元

	2006年	2007年	2008年	2009年	2010年	2011年
■ 网易	2.378	2.649	3.662	4.935	7.492	10.411
□ 搜狐	0	0.421	2.018	2.676	3.272	4.355
腾讯	2.338	3.441	7.191	13.958	23.378	36.571

1. 在线增值营收毛利率

	2006 年	2007 年	2008 年	2009 年	2010 年	2011 年
网易	90.2%	90%	89.8%	81.1%	71.6%	71.2%
搜狐	—	83%	93%	94%	91%	89%
腾讯	76.7%	75.0%	71.6%	70.7%	69.2%	66.9%

　　网易是最先开辟游戏业务的商业门户，2002 年起"大话西游"的成功对网易的文化定位与营收带来深远影响，2009 年成功代理暴雪旗下的"魔兽"是游戏产品线拓展的重要一步。2008 年之前网易游戏保持在 90% 左右的高毛利率。2009 年代理"魔兽"，一方面带来营收的快速增长，另一方面由于较高的代理成本摊低了毛利率。

　　搜狐 2008 年"天龙八部"大获成功标志正式站稳游戏领域，自主研发为主，毛利率高居 90% 以上。

　　腾讯在线增值业务体系庞大，包括游戏和社区两大块。除大型游戏如"穿越火线"外，腾讯还拥有中国最大的小型休闲游戏平台，最高同时在线人数达 840 万。① 腾讯社区经过细化与延展，如 QQ 空间、朋友网、微博等，社区关联度、用户活跃度保持良好状态，并培育出会员、音乐、QQ 秀等众多增值服务。由于社区增值服务的摊低，腾讯在线增值业务的毛利率在 70% 左右。

总体上，网络游戏毛利率最高、容易带来营收暴增，与搜索广告类似，它是"自主消费、自动收费"的典型产品。2005 年 2 月，刚在纳斯达克上市不到一年的盛大网络闪电收购新浪股份成为其第一大股东，当时有业界人士感慨"做新闻的被做游戏的收购了；拥有一大群中产读者的被拥有一群毛孩子用户的收购了"。②

2006—2011年在线增值收入年度增幅

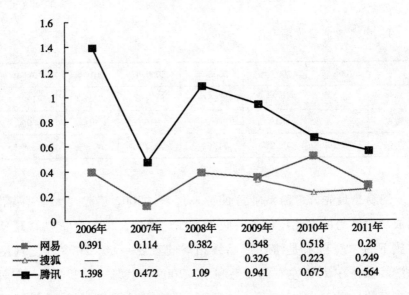

	2006年	2007年	2008年	2009年	2010年	2011年
网易	0.391	0.114	0.382	0.348	0.518	0.28
搜狐	—	—	—	0.326	0.223	0.249
腾讯	1.398	0.472	1.09	0.941	0.675	0.564

2. 在线增值业务的增长率

腾讯的在线增值业务毛利率偏低，但社区与游戏、大型游戏与小型

① 腾讯 2011 年年报第 8 页。腾讯网：腾讯 2011 年年报（腾讯网 – 投资者关系，ht-tp：//www. tencent. com/zh – cn/ir/reports. shtml，2012 – 9 –1 浏览）。

② 南方周末记者庞瑞锋：《南方周末：陈天桥能否入主新浪》（南方网 – 科技频道，ht-tp：//www. southcn. com/tech/news/200502250271. htm，2012 – 9 – 1 浏览）。

悠闲游戏，产品关联度好，在底层即时通信工具的支撑下，保持良好的增长率。

（四）电信与移动增值营收

手机增值业务这一部分，四大商业门户的财务报表上有不同的叫法，新浪为"移动增值业务"（MVAS），搜狐为"无线业务"（Wireless Business），网易为"无线增值服务"（Wireless value – added services），腾讯为"移动及电信增值业务"。

在移动互联网市场亟待开发的今天，腾讯叫法更为准确，"电信及移动增值业务"反映了一个容易忽略但有非常重要的细节——它实际上指两块业务，一个是有电信运营商主控的业务，一个是网站主控的移动互联网业务。

电信增值业务主要包括短信、彩信、彩铃、交互语音应答（IVR）、Kjava 手机软件下载及游戏、WAP 服务等。[①] 2001 年前后，在网络经济泡沫破灭，商业门户网站在"最危难"时期，与电信运营商合作的短信业务拯救了它们。可以说，这开创了网络经济合作创造价值的商业模式先河。但电信增值业务主要按条、按流量与电信运营商分成，受电信运营商主控影响大。2004 年用户对短消息服务订购计费和涉黄问题反应强烈，工信部、电信运营商重拳整顿并对分成政策进行调整。各大商业网站均受重创，而无线增值业务份额最大的新浪受到的打击更大，其刚推出的 IVR（无线语音增值业务）被叫停。[②] 而几乎同时彩信手机报亮相市场，为报纸带来了营收良机，但受电信运营商主控的特征没有改变，而随着移动互联网应用技术的发展，这种营收良机很快消失。

移动增值业务是网站借助更好的带宽和应用技术在移动互联网上开展的以网站主控增值业务。前网易的副总编辑张锐认为，3G 的精髓不

---

① 原文为 MVAS 业务说明，新浪 2011 年年报第 35 页。新浪网：《2011 年年报》（美国证券交易委员会网站，http：//www. sec. gov/Archives/edgar/data/1094005/000110465912030028/a12 –7070_ 120f. htm，2012 – 10 – 1 浏览）。

② 《北京青年报》记者田野：《无线增值业务遭受重创 新浪面临"无限"压力》（人民网 – IT，http：//www. people. com. cn/GB/it/1067/2913550. html，2012 – 10 – 15 浏览）。

在于手机看视频，而在于网站可以绕过电信运营商向用户收费。[①]这一判断非常犀利，但可惜传统的三大门户新浪、网易、搜狐都没有这样的能力，直接原因是缺乏在"账号、嘴巴、自主"基础上建立的强大社区，和社区基础上的增值服务产品与收费系统。

腾讯的移动增值业务，包括超级 QQ、手机游戏、手机音乐等产品，即时通信工具的"小"以及腾讯注重小型悠闲游戏的开发，为向移动互联网转移延伸创造了良好条件，并带来了实质性的可观营收，演绎了"小即是大"的精彩故事。

传统三大商业门户网站情形类似，主要集中在电信增值业务，新浪此项营收数额最大。因此，我们将新浪与腾讯比较如下：

电信及移动增值业务		2006 年	2007 年	2008 年	2009 年	2010 年	2011 年
新浪	营收毛利率	0.836 亿美元	0.705	1.033	1.193	0.862	0.835
		60%	58%	54%	52%	42%	36%
腾讯	营收毛利率	0.897 亿美元	1.106	2.047	2.791	4.101	5.191
		61%	62%	63%	62%	63%	62%

从上表明显看出，2006—2011 年新浪的电信增值业务反而下降了10 万美元，且毛利率逐年下滑，表明技术进步导致原有产品迅速老化，且电信运营商政策的收紧。与此同时，电信运营商自身"媒体化"和增值服务开发正在加速。

腾讯电信与移动增值业务已经增长了 4.3 亿美元，毛利率保持在60%以上，自身主控的移动增值业务彰显出持续竞争优势。

三　财务分析提示：优化盈利组合关系

迈克尔·波特认为，价值即用户愿意支付的价钱，而竞争优势归根来源于企业为客户创造的高于其成本的价值。[②] 亦即，竞争优势最直观的数据表现就是企业的营业收入、产品毛利率及持续增长的状态。

---

① 张锐，2010 年 11 月在复旦大学新闻学院蔡冠深会议室的演讲。
② ［美］迈克尔·波特：《竞争优势》，陈小悦译，华夏出版社 1997 年版，第 2 页。

（一）新浪广告增长悖论

新浪媒体属性最强，广告占总营收比例 6 年平均为 67.9%，但最专注于媒体与广告的新浪广告营收 6 年平均增长最低，目前与搜狐、腾讯同为 3 亿美元广告营收级别，并无明显优势。这明显是一个广告增长悖论。新浪广告增长悖论给我们如下提示：

1. 流量与用户创造广告机会

专业采访写作、深度报道、集聚性新闻是网络媒体的强项，内容提供新闻资讯价值、集聚用户、提升流量，从而带来广告机会，这是我们的习惯思维。

网络渠道容量和超强能力使其能承载内容之外的更多的价值。公共平台价值、社交平台价值、工作消费娱乐平台价值，调动用户使用而不是单纯的"浏览"，从而产生更大、更稳定的流量与用户。

克服单纯由内容到广告的思维惯性，增加价值提供，将受众转化为真正的"用户"，才能为网络广告营收增长提供新动力。2006—2008 年 3 个财务年度，新浪博客和奥运会的广告效应显现，广告增长率在 40%—50%，毛利率在 60% 以上。2009 年新浪微博启动，与博客注重用户创造内容价值不同，微博的社交平台价值、公共平台价值更加突出，生活娱乐价值在不断添加，并有可能与电子商务平台嫁接，一个类似于腾讯的社区正逐步形成。新浪的影响力优势＋社区有可能实现新一轮的广告增长，但由于宏观经济相对低迷、微博社区正在培育，这种较大增长还没有体现在 2011 年报中。

2. 优化盈利组合关系

腾讯财务报表中三大块：广告、在线增值服务、电信及移动增值服务，三者之间相互关联、彼此促进，优化的盈利组合关系成就了腾讯巨人的成长。

如果再细分，腾讯的门户广告、游戏广告、社区广告等，大型游戏与小型休闲游戏，种类繁多的社区增值服务，短信套餐等电信增值服务，手机 QQ、手机游戏等移动增值服务，优化的盈利组合关系实质上是这些海量产品高度的"复杂化与和谐化"，是一种核心竞争力的体现。

新浪优化盈利组合关系的现实问题就是在微博社区上培育增值服务和新广告产品，摆脱过度依赖门户广告的情形，摆脱传统电信增值业务的营收束缚，在移动互联网领域有所斩获。

（二）合作与主控

发展伙伴关系，合作创造价值，分享价值回报，是网络经济较之传统经济最大的改变。人、财、物、信息四大经济基础资源在网络世界的高度节点化，使得资源调配与整合的效率极大提升，组织边界开始模糊，网络经济的资源观在发生底层革命。

但毕竟各个经营主体仍旧在法律、财务、人事等方面保持清晰的组织边界。组织边界的模糊与清晰是辩证关系，前者强调合作与资源共享，后者强调经营主控。处理好合作与主控的辩证关系，是网络经营的深层话题。

以上财务分析中，电信与移动增值业务的营收突出反映了"合作"与"主控"的关系问题。电信增值业务由电信运营商主控，商业门户网站是众多合作参与方的代表，该业务曾经让商业门户网站绝处逢生，但很快就成为"鸡肋"，新浪该业务营收6年中反而下降了10万美元，毛利率逐年下降，表明该"非主控"业务的尴尬情形。

这对于传统媒体和新闻网站经营有深刻启示，彩信手机报、Ipad报纸客户端、安卓和苹果手机系统上应用等都曾经让传媒人士感到新的营收机会已经到来，而实际上这只是一种"渠道机会"——多渠道传播，收集长尾，符合网络经济规律，具有明显的必要性——但这种"非主控"业务注定是毛利微薄且常常难以持续盈利。

主控业务有三个层次，自有用户、自有产品、平台主控。

自有用户是企业主营产品所凝聚的用户。21世纪初，传统三大商业门户网站主营产品是集聚新闻、电子邮箱，凝聚的是广大新闻与内容"浏览者"和电子邮箱用户。短信增值服务与新闻、邮箱等主营产品关联性不强，其用户严格地讲是电信运营商的用户。需要强调的是，在创新涌现的网络经济中，自有用户不但注重规模，而且注重"凝聚"，即用户的稳定性。

自有产品是企业自主研发并拥有自主品牌和市场份额的产品。网易的邮箱、"西游"系列网游、有道搜索和词典，搜狐的"天龙八部"网游、搜狗输入法、浏览器、搜索，新浪的爱问、微博都是自有产品。2009 年网易代理魔兽网游，添加伙伴产品有利于完善产品线、实现营收增长，但也迅速摊低了毛利率。

平台主控主要指腾讯 QQ 平台和新浪微博平台，依靠开放平台接口 API，以应用分成方式取得盈利的主控方式。平台主控的发明者是苹果公司，2008 年 3 月苹果 APP 应用商店推出，7 个月后谷歌安卓应用商店跟进。

以主控的三个层次来分析微博推出之前的新浪，我们明显发现，相比之下新浪的自有产品尤其是具有直接盈利能力的自有产品并不多，依靠集聚新闻和博客用户创造内容所聚集的用户也缺乏稳定性。腾讯则不同，自有产品为 QQ 即时通信工具；自有用户是由即时通信工具所凝聚起来社会关系网络，稳定性极高；如今跟随平台主控潮流，积极开放引入第三方应用。尤其是腾讯众多自有游戏产品和社区增值服务产品，为公司带来了巨大的现金流。

自有产品意味利润独占，合作意味分成，平台主控意味广种薄收。平台开放引入第三方应用实质是"众包"——一种合作创造价值的极致状态，集中体现了网络经济的精神实质。

苹果作为 APP 应用商品的发明者，扮演着新经济引领者的角色，而实际上它最主要赚的是传统经济的钱（至少在中国）——自有硬件产品的钱。据第三方数据调查，iphone5 整机成本 1039 元，在中国售价最低 5288 元，高于美国 23%，毛利率为 409%。[①] 显然，苹果 APP 应用商店的海量高质量应用有力助推了令人咋舌的品牌溢价，2012 年 10 月数据显示谷歌安卓 APP 应用已达 70 万，[②] 数量比肩苹果，但质量仍有差距。苹果 IOS 与谷歌安卓是两个不同层级的开放，前者是应用平台层级，后者是系统平台层级，相应地，前者应用收费比例更大、计费管

---

① 西安晚报：《苹果工厂撤离中国引争议 iPhone5 成本 1039 元毛利率达 409%》，《西安晚报》2012 年 12 月 26 日，第 18 版。

② 天极网软件：《谷歌宣布 Android 移动设备应用数量超 70 万款》（天极网－软件，http://homepage. yesky. com/42/33938542. shtml，2012－11－12 浏览）。

理好、质量更容易保障、开发环境较好，而后者应用收费比例小、数量容易赶超、但开发环境控制难度较大。

　　强化自有产品、培育忠实粉丝、控制应用质量，苹果在"自有用户、自有产品、平台主控"三个层次上的强力把控，将传统经济和新经济的利润一网打尽，成就其全球第一市值的地位。笔者在 2011 年 9 月 23 日，根据证券市场资料，对苹果、谷歌、微软等市值与市盈率状况进行了统计列表（见第二章中"再认网络技术"），十几天后惊闻苹果的灵魂人物乔布斯去世，此统计可以算作对一个人物的小小记录。

　　反观腾讯，情形类似，只不过腾讯依靠即时通信工具凝聚了彼此结成社会关系网络的用户，"用户与用户的关系"强化牢固了"用户与平台的关系"。回顾网络媒体发展历程，单纯以内容凝聚用户越来越困难，即使新浪这样的门户巨头也必须做出改变，2009 年新浪微博是这种改变的契机。

　　但在过去十几年的经营积累中，新浪成功的自有产品偏少，如电子商务、游戏、搜索等，可以预见新浪变现能力仍会比较弱。此外，新浪微博强烈的媒体属性使其经营可能面临监管风险，如新浪 2011 年报明确提示，由于未能完成 2011 年 12 月 16 日《北京市政府微博条例》的实名认证要求，可能会面临严厉惩罚（第 18 页）；新浪虽力图监管内容，但"并不总能有效地"控制用户在微博平台上的内容，政府可能加大管理力度，微博可能有限制功能甚至关停风险（第 7 页）①，这种情形使得新浪商业化道路将更加曲折。

　　合作与主控是网络媒体经常面临的经营问题，二者不可偏废。保持开放心态，走合作经营之路，能实现快速成长；而主控意识，则能维系公司长远发展，保证尽可能多的盈利回报。并不是每个公司都能像苹果、腾讯那样，在自有用户、自有产品、平台主控三个层面都具有良好的把控力，但应尽力在某一到两个层面加强主控。目前，传统媒体和广大新闻网站应进一步提升内容质量、培育网络社区，强化自有产品，培

---

① 新浪网：《2011 年年报》（美国证券交易委员会网站，http：//www. sec. gov/Archives/edgar/data/1094005/000110465912030028/a12 - 7070_ 120f. htm，2012 - 10 - 1 浏览）。

育真正的自有用户而不是偶尔的"浏览者"，同时以微博、客户端、应用等方式积极介入其他平台，以合作来拓展自己的影响力和经营空间。

（三）智能化媒体

网络媒体具有典型的"技术＋媒体"的特质。这种技术即信息处理技术，是网络革命的中心，它由人工逻辑—机器语言的介入而具有了"人工智能"，因此从一定程度上讲，网络媒体是一种"智能化媒体"。

海量信息由新型媒体而起，而海量信息的条理化、有序化，同样需要新型媒体不同以往的能力，这就是智能化。

海量信息智能匹配是网络广告正在做，而且将深入发展的趋势。谷歌、百度"分析"广告联盟的网页内容，根据用户使用信息"揣摩"其心理，然后用广告推送引擎自动将广告主的合适广告主题与二者匹配，这非常类似"人的思考"，但这种"人工智能的思考"效率更高且不知疲倦地 24 小时工作。而且，无论是广告联盟关键字精准投放，还是竞价排名，搜索巨头们都建立"自主投放—自动收费"系统——智能化已深入到盈利的最后环节。正是这种智能化应用，为广告主创造了更高的价值，也实现了百度（2011 年）23 亿美元营收和 70％ 以上的毛利率。

网络游戏也是典型的具有"自动盈利"特征的智能化产品，网易、搜狐游戏长期 90％ 以上的毛利率及巨大营收为其门户经营预留了充足的空间。也许假以时日，我们看待网络媒体上的游戏如同看待报纸上的小说连载，只要格调高雅、有文化内涵，网游也不失为网络媒体增加价值提供与营收回报的好品种。目前，人民网已经推出"最权威中文游戏网站—人民网游戏"和"玩游戏—人民网手机游戏"两个频道，前者主要是游戏产业资讯，后者主要是手机游戏下载，新闻网站强烈的道德与社会责任意识使其在游戏业务上还相当谨慎，人民网在游戏下载页面有长达 48 字的大字体"健康游戏忠告"。

目前，新浪微博在海量信息匹配—精准互动广告、自助广告系统研发上正加紧努力，这是以网络媒体的"智能化"助推微博商业化进程的重要举措。

为提高经济效益与效果，工业革命以机械力代替体力，网络革命以电脑代替人脑，这也许是网络经济的深层变革。

第七章

结论：以核心竞争力创建新组合

第一节　网络媒体商业模式总结与模型框架的尝试性建构

一　网络媒体商业模式的总结：三个层面和两个特征

谷歌学术检索"Marketing"（营销）和"Business Model"（商业模式）分别出现 189 万和 194 万的搜索结果[1]，商业模式是网络时代工商实务界和理论界共同关注。但层面与视角各异，众说纷纭，"商业模式"可能是 web 领域讨论最多而知之最少的一个概念[2]。

21 世纪中国网络媒体已走过 12 年历程，商业门户网站已是数亿甚至数十亿美元的营收巨人，其"新闻地位"通过全面渗透用户网络生活而得到体现。2012 年 4 月人民网上市，标志新闻单位网站转企改制阶段性成果，也预示着新闻单位网站将逐步走向市场前台，经营全面启动。

总结中国网络媒体经营实践，迷雾渐开，商业模式分作三个层次和两个特征。

（一）网络媒体一般商业模式

网络媒体一般商业模式来自经营现实；是市场竞争、博弈的结果。

---

[1]　谷歌：关键词检索（谷歌学术，http：//scholar. google. com. hk/schhp？ hl＝zh－CN&as_ sdt＝0，2012－10－17 浏览）。

[2]　Henry Chesbrough, and Richard S. Rosenbloom, the Role of Business Model in Capturing Value from Innovation: Evidence from Xerox Corporation's Technology Spin－off Companies, Industrial and Corporate Change, Volume 11, No. 3, 2002, pp. 529－555.

《人民网招股说明书》明确本行业商业模式如下图显示：①

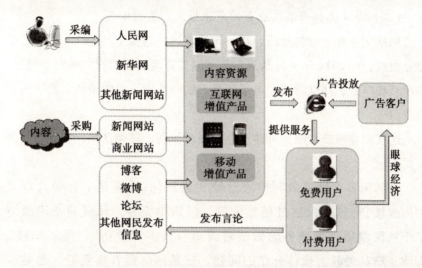

该商业模式显示，商业门户网站与新闻网站最大不同在于新闻单位网站有完整的采编新闻生产链条，笔者认为这是新闻网站未来经营的核心竞争力发力点。二者商业模式的其余部分则完全一致。

该商业模式稍显不足（也因视角不同）在于，强调"内容"、忽视"技术"等经营要素，重视"采购"等市场交易行为、忽视"关系"市场合作。此外，少数付费用户对多数免费用户的交叉补贴，网络广告新价值提供在于免费或收费的全面营销服务，这些网络媒体经营的重要新特征没有反映出来。

依据网络媒体经营现实和商业门户网站财务报表项目，本文在第六章详细阐述和建构网络媒体一般商业模式，显示如下：

工业时代到 网络时代	工业企业	B—C（收费顾客）	
	传统媒体	B—C（收费的读者、观众）	B—C—B（收费广告主）
	网络媒体	B＋B（大量合作伙伴）＋ C—C（大量免费用户）＋ C（少量收费用户）	B＋B（大量合作伙伴）＋C— C—B（免费广告主）＋B（收 费广告主）

---

① 人民网：《人民网股份有限公司首发招股说明书（申报稿）》（中国证券监督管理委员会网站，http://www.csrc.gov.cn/pub/zjhpublic/G00306202/201201/t20120109_204598.htm?keywords＝人民网，2012－5－5浏览）。

（二）基于具体产品或业务的商业模式：盈利模式

网络实务界经常提及的、用一句话表述的是基于具体产品或业务的商业模式，如 2011 年 4 月新浪总裁曹国伟首谈新浪微博六种商业模式：精准互动广告、社交游戏、电子商务、实时搜索、无线增值、数字内容收费。①

这些商业模式着眼于具体产品、强调盈利，种类众多，实则为盈利模式。

张朝阳曾言网络盈利模式已经"成熟"，关键是平台强大以及如何嫁接。② 这种说法虽稍显乐观，但切中要害，如目前新浪微博基于社区发展增值服务的做法对腾讯有众多"模仿"，而"嫁接"实质是产品关联、伙伴合作的问题，这是网络经营重要的、也是本文关注的问题。

盈利模式是实务界与学界讨论"热点"，常被赋予"创新""创意"期待，这实际有本末倒置之嫌。没有强大的平台，没有牢固的用户使用习惯甚至生活方式的养成，盈利模式只是空谈。再有，盈利模式基于传播产品特质并跟随网络市场潮流，如微博的几种盈利模式无不依托于微博产品的"互动、社交、时效性"特征，也迎合了移动互联网的最新潮流。

发展强大产品，培育大量的、稳定的用户，依托产品特征做好与其他产品关联、发展广泛合作伙伴，在此基础上创新、创意，才是盈利模式发展的正确道路。

（三）网络媒体商业模式框架

在理论、学术层面，商业模式是一个理论框架、工具模型，用于审视、分析、解释网络经营，助力网络经营战略决策。

---

① 新浪网：《新浪可能存在六大商业模式》（新浪网 – 新浪科技，http：//tech. sina. com. cn/i/2011 – 04 – 28/17035462848. shtml，2012 – 9 – 12 浏览）。

② 搜狐网：《打响搜狐微博反击战》（搜狐 – 搜狐视频，http：//tv. sohu. com/ 20110515/n307571015. shtml，2012 – 7 – 7 浏览）；陈清：《张朝阳怀揣 6 亿美元亲上阵搜狐全副武装挑战新浪微博》，《IT 时代周刊》2010 年第 24 期。

互联网及与网络经济密切相关的术语"商业模式"（business model）来自于美国，从20世纪90年代末到21世纪初蒂莫尔、切撒布鲁夫、乔纳斯、莫里斯等人是商业模式研究的代表性学者，尽管视角和模型建构特色不同，但亦有明显共识：①围绕价值的模型工具；②以价值网络、伙伴、关系、组合等为重要关注点；③落实于战略和盈利；④在模型建构中，强调与经典管理理论如产业组织理论、资源基础理论、熊彼特创新经济学有密切关联。

国内管理学者基本延续上述共识，并基于视角和具体领域的不同，作出自己的理解和模型建构。

本书以"关系"为主要关注点研究网络媒体价值创造与价值实现的过程，并尝试建构网络媒体的商业模式模型框架。这些"关系"主要包括：

人与人的关系：伙伴关系、员工关系、用户关系（用户与平台关系、用户与用户关系）；人与信息关系：传播产品（价值提供）与目标用户的关系；产品与产品关系：盈利组合关系。

人与人的其他关系的底层依据，也是本书研究重点，其中用户关系是网络媒体的经营核心，而以"用户与用户关系"维系用户关系，持续创造价值是网络媒体最新的经营动向。

总结全书，尝试性地建构网络媒体商业模式框架如下：

网络媒体商业模式	价值主张	价值创造	价值维系	价值实现
基础关系	传播产品与目标用户的匹配关系	伙伴关系 用户关系 员工关系	用户关系	盈利组合关系
网络媒体经营要素	目标用户	伙伴	关系	收入结构
	1 社会关系网络	1 内容伙伴	1 用户与平台关系	1 广告
	2 数量	2 技术伙伴	2 用户之间关系	2 在线增值业务
	3 消费能力	3 商业伙伴	3 伙伴关系	3 电信增值业务
	4 地域	4 广告主伙伴	4 员工关系	4 移动增值业务
	……	5 政府		5 内容收费业务
	传播产品	用户		

（续表）

网络媒体商业模式	价值主张	价值创造	价值维系	价值实现
网络媒体经营要素	1 传播内容产品	1 政府官员、公务员、事业单位人员	6 信息服务业务	
	2 传播服务产品	2 工商业人士、专业人士	7 技术服务业务	
	3 搜索	3 名人、明星、草根明星	8 电商服务业务	
	4 广告	4 普通用户群体	……	
	5 应用			
	价值提供	员工		
	1 新闻资讯平台价值	1 记者、编辑、主持人		
	2 公共平台价值	2 经营部门员工		
	3 社交平台价值	3 技术部门员工		
	4 工作、消费、娱乐平台价值	4 其他部门员工		
		5 领导者		

以核心竞争力为依托，创造"新组合"

　　网络媒体经营要素的阴影选项，是以新浪为例，2009 年微博推出之后，新浪新的经营要素关注组合，它形成新浪新的战略重点，我们将在下面"网络媒体商业模式框架的说明与不足"中继续论述。

　　（四）商业模式的两个特征

　　商业模式之所以成为一个热门话题、学术术语，并非来自人们的理论洞见和感知力的提升，而更主要源于社会底层系统的变化①，那就是网络。

　　本书认为网络媒体商业模式对传统媒体商业模式（二次销售）有明显的延续性，但又有巨大的改观：以伙伴关系发展产业合作；以交叉补贴实现免费；以收集长尾实现统计性盈利；以用户与用户之间关系发挥网络外部性实现大量、稳定的用户规模；以社区培育"特权""个

---

　　① Roland T. Rust, If Everything is Service, Why is This Happening now, and What Difference Does It Make? Journal of Marketing, Vol. 68, January, 2004, p. 19.

性"等虚拟产品；各种网络产品与技术高度复杂化与和谐化地融合，实现全面网络生活。

总体上，网络媒体商业模式较之传统经济、传统媒体，克服了"一买一卖"的直接性而具有"间接性"；以大量的产业合作、复杂的产品与技术关联融合、人工逻辑—计算机语言的深度介入，而具有"复杂性"。

二 网络媒体商业模式框架的说明与不足

（一）网络媒体商业模式框架说明

1. 经营要素组合实现管理弹性与战略

弹性是网络经济重要特征。网络技术以弹性为基础①，而网络商业模式的重要特征就是弹性管理②，弹性能满足用户个性需求，实现管理的灵活性。高度动态的网络经济需要相对灵活、弹性的管理工具与之对应。

弹性的基本实现方法就是排列组合。曼纽尔·卡斯特是这样描述网络技术的弹性特征：经重新排列组合，一切过程可逆转，组织与制度可修正甚至彻底改变；这种弹性形成独特的重新构造力。③

莫里斯创立了弹性商业模式框架的范本，通过经营要素选择并实现独特组合，形成商业模式战略，他还强调"商业模式就是以独特组合，更好地创造价值、实现盈利，这与熊彼特的理论是相一致的。"④

本书网络媒体商业模式借鉴了莫里斯弹性框架的思路，认为在价值主张、价值创造、价值维系、价值实现每个阶段有一个"基础关系"，对每一个阶段"经营要素"作出1—2项的选择，最终形成商业模式。

---

① ［美］曼纽尔·卡斯特：《网络社会的崛起》，夏铸九等译，社会科学文献出版社2001年版，第83—85页。

② 同上书，第84—86页。

③ 同上书，第83—85页。

④ Michael Morris , Minet Schindehutte, Jeffrey Allen, "The Entrepreneur's Business Model: Toward a Unified Perspective", *Journal of Business Research*, Volume 58, Issue 6, June 2005, pp. 726 –735.

　　强调1—2个少数选项是出于核心竞争力战略的思考。经营主体在某一时点，无法全面出击，而是基于自身核心竞争力，对少数经营要素作出重点关注。

　　2. 以新浪为例的说明

	价值主张	价值创造	价值维系	价值实现
微博之前	目标用户 数量、消费能力 传播产品 传播内容产品 价值提供 新闻资讯平台价值	伙伴 内容伙伴、广告主伙伴 用户 名人、明星、草根明星 员工 经营部门员工 领导者	用户与平台关系	收入结构 电信增值业务 广告
微博之后	目标用户 社会关系网络 传播产品 传播服务产品（微博） 应用产品 价值提供 公共平台价值 社交平台价值	伙伴 技术伙伴、政府 用户 普通用户群体 员工 记者、编辑、主持人；经营部门员工；领导者	用户与用户关系	收入结构 在线增值业务 移动增值业务

　　需要强调的是，上述新浪商业模式调整突出的是"战略重点"变化，在原有门户基础上，微博、移动战略加入了新的、重要的"经营要素"关注点。

　　在价值创造环节，原有的内容伙伴（媒体伙伴）、广告主伙伴继续扮演重要角色，但微博平台开放大量引入第三方应用开发者使得"技术伙伴"成为新重点。微博自媒体性质使政府监管对经营产生潜在巨大影响，对此2011年新浪年报有重要提示，在经营行动上，新浪开办"政府微博助理"，发布"新浪政务微博报告"并设立"政务微博排行""政务微博十佳应用"等榜单，截至 2012 年第三季度新浪政务微博账号超过 5 万①，这些都说明"政府关系"成为新浪微博新的、重要经营要素。用户创造内容方面，新浪微博基本上延续了博客的名人、明星战略，以精英媒体和意见领袖带动广大用户参与微博平台。但微博较之博客的重大改变在于内容门槛降低、社交功能强化，因此突出"普通用户群体"创造价值是新的调整。员工创造价值方面，新浪领导者曹国伟、主编陈彤在微博推广都高调出场、亲力亲为，商业网站在全员营销方面做得也普遍较为出色。2012 年末，新浪组织架构调整，整个业务分组门户和微博两大块，"微博为重、移动为先"战略重心明确，总裁曹国伟也将主要精力放在微博。②

在价值实现环节，新浪微博推出用户成长体系、用户影响力公式，2012 年 12 月 19 日又借与小米手机合作试水"社交电子商务"之机，推出支付工具"微博钱包"，很明显，新浪微博正在加速社区基础之上的增值服务营收项目培育。2012 年 8 月新浪与百度在移动互联网领域再度结成战略伙伴，在内容、搜索、技术、平台、资源五方面展开合作，移动增值业务也将是新浪逐鹿移动互联网亟待添加的营收项目。时至今日（2013），新浪的财务报表项目"单薄"的特点还比较明显，广告营收悖论还在惯性发挥作用，在线增值业务和移动增值业务是新浪迫切需要拼补的"短板"，因此，在上面商业模式框架的"价值实现"环节，这两项被调整为新的经营要素关注点。

（二）网络媒体商业模式框架的不足

1. 模式通病　模式或管理模型有简单化通病。SWOT 分析、五力模型等都饱受管理学界批评，经营与战略是个庞大系统工程，任何简单化的抽象概括都掩盖了许多具体细节。

也许越是基础、复杂、庞大的事物或过程，人们越是希望用一种直观的、简洁的方式去把握它。传播与商业都是如此。

---

① 《三季度新浪政务微博 5 万多》，《人民日报·海外版》2012 年 10 月 30 日，第 4 版。
② 光明网科技：《曹国伟年终邮件：新浪 2013 战略核心"移动为先"》（光明网 - 科技频道，http://tech.gmw.cn/2012 - 12/28/content_ 6184521_ 2. htm，2013 - 1 - 1 浏览）。

　　麦奎尔的《大众传播模式》归纳了几十种图示的传播模式，作用无非有二：以"模式"为抓手梳理传播理论研究，以"模式"为视角为人们理解传播提供启示。但就任何一种具体的传播模式而言，缺陷都非常明显，原因其实很简单，构成对数千年人类文明、人类社会、人类交往的底层支撑的传播，不可能用几个图示图表一而概之。比如，被给予高度评价、认为具有概括传播全景能力①的韦斯特利—麦克莱恩模式（Westly – Maclean Model），其实也有明显的夸大"鼓吹者"、夸大"传—受—体化"的缺陷②。传播学者斯蒂文·小约翰的观点更加直白：现实与人类思想经历都在不断发生变化，当我们以为找到正确的思想时，它们却抛弃了我们——理论无法揭示真理。③

　　经营管理领域的情形类似。传统营销学的"STP + 4Ps"，提纲挈领，但在网络经济时代显露出缺陷。网络经济的复杂性、间接性，使得"商业模式"研究自20世纪90年代末开始，在2005年前后，乔纳斯、莫里斯等人的商业模式研究取得了相当的影响力，从他们的论文题目《商业模式概念：理论基础与实证说明》④《企业商业模式：通向统一视角》⑤来看，以及从他们所建构的商业模式框架模型来看，显然是希望有一个统一的、有普适性的商业模式。但从本文的（网络媒体）视角来看，这些一般管理学的商业模式理论框架恰恰忽视了网络传媒经济"二次销售"、网络社区培育虚拟产品和增值服务、用户与用户关系扮

---

　　①　［美］沃纳·塞弗林、小詹姆斯·坦卡德：《传播理论：起源、方法与应用（第4版）》，郭镇之译，华夏出版社2000年版，第395页。

　　②　［英］丹尼斯·麦奎尔、［瑞典］斯文·温德尔：《大众传播模式论》，祝建华译，上海译文出版社1987年版，第43页。

　　③　［美］斯蒂文·小约翰：《传播理论》，陈德民译，中国社会科学出版社1999年版，第637页。

　　④　Jonas Hedman, and Thomas Kalling, "The Business Model Concept: Theoretical Underpinnings and Empirical Illustrations", *European Journal of Information Systems*, (2003) 12, pp. 49 – 59.

　　⑤　Michael Morris, Minet Schindehutte, Jeffrey Allen, "The Entrepreneur's Business Model: Toward a Unified Perspective", *Journal of Business Research*, Volume 58, Issue 6, June 2005, pp. 726 –735.

演重要角色等更贴近于新经济本质层面的东西。网络经济高速动态，似乎比较明显的是现实的经济业态都有"全息投影"到网络的趋势，亦即我们的研究对象——网络经济的体量是非常庞大的，夸张地讲，现实经济有多大，网络经济就有多大甚至更大。因此，任何统一的、普适性的商业模式恐怕都难以存在。

因此，本书所建构的网络媒体商业模式框架模型的基本涵盖力还非常有限。仅仅从盈利模式—收入取得来说，从2000年到2011年，传统的三大商业门户和腾讯的主营就是三项，广告、桌面增值、电信及移动增值，显示在历年的财务报表中。2013年3月底腾讯公布的2012年财报，首次增加"电子商务营收"项目，这实际上是腾讯拍拍等电商业务于2006年正式启动，经历6年的培育才拿上台面，标志着一个新"产品形态"真正在腾讯成为一个稳定的"营收产品"。

对于新闻单位网站而言，网络内容二次加工、多渠道传播、印刷成图书销售，属于内容收费，基本上比较直观地延伸了传统媒体的内容收费线路。为党政机关、社会机构等提供的信息服务、技术服务，同样比较直观且很大比重属于政府采购的范围。以上项目，营收金额较少或针对政府市场，本文将其列入收入项目，但未做详细论述。

商业模式重在一种"启发性逻辑"①，本书以价值、关系为两个重要着眼点，希望为理解网络媒体经营、助力战略决策提供启发，同时也意味着该网络媒体商业模式框架有很大的补充、扩展的空间。

2. "融合"困境　媒介融合至少体现在产品融合、人员角色融合两个方面。网络媒体有传播内容产品、传播服务产品、搜索、广告、应用等传播产品，现实中这些产品高度复杂化与和谐化地融合在一起。网络媒体各参与方角色融合也十分明显，如新浪等商业网站的编辑都承担了博客、微博营销推广的任务，在员工创造价值部分，为了强调微博产品更加需要"全员营销"，我们作出了上述表格中的选项，这与现实有

---

① Henry Chesbrough, and Richard S. Rosenbloom, "The Role of Business Model in Capturing Value From Innovation: Evidence from Xerox Corporation's Technology Spin - off Companies", *Industrial and Corporate Change*, Volume 11, No. 3, 2002, pp. 529 - 555.

一定出入。

3. 指标量化　商业模式的理想模型，应该在价值主张、价值创造、价值维系、价值实现的四个阶段均有量化考察指标，如它们分别对应用户调查、运营效率、客户关系管理、财务报表。这需要进一步深入研究。

本书重点落实于商业模式的主要环节，即价值实现—盈利—财务报表环节，以财务数据对经营效果作出实证、量化的考察。单纯财务数据无法反映网络媒体经营的丰富内涵，它是与前面价值主张—价值创造—价值维系内在相关。"优化盈利组合关系"实质是在价值主张环节就着手培育具有关系构建功能的传播服务产品，增加价值创造，全面价值维系，才可能有丰富的营收品种和优化的营收比例。

第二节　网络媒体经营未来：以核心
竞争力创建新组合

一　关系、组合：创新、核心竞争力与商业模式的交汇

组合即创新的思想来自熊彼特。早在 1912 年创新经济学经典《经济发展理论》中，熊彼特认为生产就是资源组合，但小的、调整性的、连续性的"新组合"不算是创新（虽然能带来收益增长），而只有大的、间断性的"新组合"才是创新。[①] 在 1942 年出版的名著《资本主义、社会主义与民主》中，熊彼特认为内生性经济结构革命化——创造性破坏是资本主义的本质，创新打击的不是原有企业的产量和利润边际而是它的基础和生命。[②]

在零售商例子中，重要的竞争不是由增加同类型的商店引起的，而是来自百货商店、连锁店、邮购商店和超级市场。现在，忽

---

①　[美] 约瑟夫·熊彼特：《经济发展理论》，何畏等译，商务印书馆 1990 年版第 73 页。

②　[美] 约瑟夫·熊彼特：《资本主义、社会主义与民主》，吴良健译，商务印书馆 1999 年版，第 147—149 页。

视这个实例中本质要素的结构理论，也忽视了这个事例中属于最典型资本主义的所有东西；即使在事实上和逻辑上是对的，它也像没有丹麦王子的《哈姆雷特》。①

这段文字让我们最自然地想起电子商务与实体商店的竞争，也联想到报纸—门户—微博之间的竞争，正是"新组合"带来了巨大改变。

熊彼特创新经济学强调"大的、间断性新组合"，这实质是一种原创，一种真正意义的创造性破坏。普拉哈拉德核心竞争力理论，以日本机电企业（Honda、NEC 等）为案例，强调核心竞争力是资源与技术高度复杂化、和谐化的能力，它使得日本企业产品创新不断②，原创技术在美国，而日本是"精耕细作"地"模仿式创新"。

商业模式与创新亦有密切关联。莫里斯认为商业模式就是以独特组合，创造价值实现盈利，与熊彼特理论相一致。③ 国内学者也有类似观点，商业模式是核心价值创新、其他价值重新排列组合④，商业模式就是战略创新与变革⑤。

创新—新组合成为时代主题与网络技术革命有深刻关联。网络是相互连接的节点，节点之间的政治、经济、文化距离为 0，⑥ 今天人、财、物、信息的高度节点化，使得它们之间关系与组合的构建有了丰富的可能。

---

① ［美］约瑟夫·熊彼特：《资本主义、社会主义与民主》，吴良建译，商务印书馆 1999 年版，第 150 页。

② C. K. Prahalad, Gary Hamel, "The Core Competence of the Corporation", *Harvard Business Review*, May – June, 1990, pp. 79 – 91.

③ Michael Morris, Minet Schindehutte, Jeffrey Allen, "The Entrepreneur's Business Model: Toward a Unified Perspective", *Journal of Business Research*, Volume 58, Issue 6, June 2005, pp. 726 – 735.

④ 高闯、关鑫：《企业商业模式创新的实现方式与演进机理——一种基于价值链创新的理论解释》，《中国工业经济》2006 年第 11 期。

⑤ 罗珉、曾涛、周思伟：《企业商业模式创新：基于租金理论的解释》，《中国工业经济》2005 年第 7 期。

⑥ ［美］曼纽尔·卡斯特：《网络社会的崛起》，夏祝九等译，社会科学文献出版社 2001 年版，第 570 页。

网络经济从一定意义上就是在更广阔的"关系与组合"中实现创新，创造价值，发现商业模式。

二　以核心竞争力创建新组合

普拉哈拉德的核心竞争力理论因更加贴近工商实际，成为继迈克尔·波特之后最有影响的战略竞争理论，在政府工作、工商实业界和学术界广为应用，但也有"口号化"之嫌。究竟何为核心竞争力，某企业是否有核心竞争力，如何用核心竞争力原理发展网络媒体商业模式，需要深入探究。

本书在商业门户网站大量的案例中，反复提及核心竞争力战略路径，如网易的"态度"生产是一种核心能力，邮箱是核心产品，务实、钻研、学习是核心组织文化；腾讯的 QQ 即时通信工具是核心产品，将多种技术及庞大产品线高度复杂化、和谐化是核心能力；新浪的核心竞争力就是"新闻"。人民网明确自身的核心竞争力是"原创新闻"；东方网的核心竞争力是"上海门户"。

以上提及种种核心竞争力，有的来自本文分析，有的来自用户使用体验或笔者实地考察，有的来自经营主体自我表达；有的核心竞争力明确，且核心竞争力延伸与强化线路清晰，如网易、新浪、人民网，有的不甚明确与清晰。总体上，强化既有优势、沿优势拓展是最自然的经营逻辑，但网络媒体核心竞争力战略还是有若干新特点。

普拉哈拉德并没有对核心竞争力明确定义，只是在对日本机电公司的案例总结中有松散的陈述。依据相关文献和网络媒体经营实践，本书认为网络媒体的核心竞争力表现为三个同心圆，见下图。

（一）核心竞争力的组织文化层面

文化赋予意义，文化是行动的深层动因。组织文化是企业价值观和处事方式，它强烈影响企业的经营行为。历史、传统、创始人或领导者的风格等都是影响组织文化的重要因素。

经营主体的组织文化特征，或进取，或保守，或专注，或灵活，但对于网络媒体而言，最需强调的是一种学习型组织文化。网络传播技术、网络营销技术都有较高技术含量且高速发展，网络媒体市场因而呈

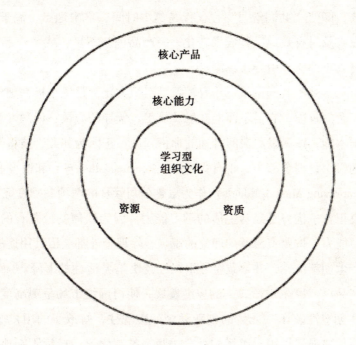

现高度动态，这就需要经营主体始终保持一种学习状态。这种学习状态首先是为了适应，然后才是创新，可以说"不断学习"是网络媒体的生存法则。

网易自主研发游戏，向合作伙伴（谷歌）学习并研发自有搜索品牌有道，丁磊向员工发邮件号召建立学习型网易，这为我们提供了一个学习型组织文化建设的良好案例。

真正的学习型组织建立是员工个体学习，并向组织其他成员真诚奉献与交流，从而形成共同学习的过程；这一过程基于共同愿景，能有效解决集体智商小于个人智商的困境。①

不少公司组织的现实情形是，愿景和学习号召均来自上层，员工个体无法内心确信愿景、无法由衷主动学习，"被动式"学习成为员工个体的"额外负担"，员工学习常常独立进行，彼此之间的缺乏交流与知

---

① ［美］彼得·圣吉：《第五项修炼——学习型组织的艺术与实务》，郭进隆译，上海三联书店1998年版，第10—11页。

识共享，即使"共同学习"也仅仅是集中时间、集中地点、流于形式，学习没有及时有效地进行成果转化——产品创新不足，或"产品创新"并没有真正回应或引导市场需求。

可见，基于共同愿景、培育学习型组织文化，是一个极其细节、微妙、复杂的过程，它自下而上并触及员工、领导的心灵，以激发个体自由创新本能，以激发心灵间沟通的那份真诚。正因为如此，彼得·圣吉在他的组织管理名篇中，将自我超越（Personal Mastery）和改变心智模式（Improving Mental Models）作为卓越公司管理的两项基础修炼。①

真正竞争优势是经营主体的学习能力。因为任何其他既有的资质、资源、能力，按照资源基础理论的观点，除现金外都会因其用途的特殊性而产生创新惰性，并导致企业组织经营决策灵活性的下降。② 网络技术与产品以"摩尔定律式"的速度发展，使得网络市场呈现高度动态，颇具"创造性破坏"能量的创新频繁颠覆既往，解放了的用户个体也在不断传递强烈作用于市场的社会力量，唯有学习、持续不断地学习，网络媒体经营主体方可立足并进而成长。

中国互联网从无到有，商业门户网站学会了门户新闻，学会将新闻渗透用户网络生活，正在学习基于个人的新闻及全面价值提供，以及正在学习向移动互联网转移。

学习不是简单地学习书本，而是"干中学，学中干"，是结合实践的学习；学习不是简单地学习网络媒体技术，而是对网络媒体技术、网络媒体传播、网络媒体经营管理的综合学习。

基于这种认识，从某种程度上讲，新闻单位网站的学习任务更重——凡事由人而做，与大多出身于网络技术专业的"三大三小"的领导者不同，新闻单位网站从领导到员工的基础知识结构就是"新闻"，对计算机技术和管理是陌生的，新闻单位网站不得不在网络技

---

① ［美］彼得·圣吉：《第五项修炼——学习型组织的艺术与实务》，郭进隆译，上海三联书店 1998 年版，第 167、201 页。

② 王开明、万君康：《企业战略理论的新发展：资源基础理论》，《科技进步与对策》2001 年第 1 期。

术、新媒体传播、管理三方面全面学习。需要特别强调的是，网络媒体管理不同于一般企业管理，2009 年以来，新闻单位网站管理首先是转企改制，然后才是国有网络传媒企业的管理。转企改制是在保障党委、总编领导权，保障国有控股下的现代企业制度建设，单就"顶层设计"而言就包括党委会、编委会、股东会、董事会、监事会的组织再造——虽然有文化出版、报刊转企改制短期经验可供借鉴，但由于时间短、任务重，在新媒体领域这几乎是"前无古人"的一种制度创新。

据笔者了解，某地方重点新闻网站领导广结网络技术专家朋友、跟踪学习了解最新的网络媒体应用技术，进修 EMBA 管理课程，"干中学，学中干"，在管理层不得持股的中央规定下，保持紧迫的学习状态和极大的工作热情。这是新闻人的品格。

学习不是简单的领导者学习，理想的学习是全体员工自觉的、自下而上的、彼此热情主动交流的共同学习——而这是基于领导与员工上下充分坦诚交流而达成的真正的共同愿景。

学习型组织文化是一种精神的、价值观层面的感召，支撑组织个体与共同学习的持续进行，是持续性竞争优势之源。

（二）核心竞争力的资质、资源、能力层面

核心竞争力的中层主要是资源。

媒体有国家颁发的资质要求，新闻网站有采编与传播的完整资质，商业门户网站有转载传播资质，资质是一种权力层面的资源。网络的权力解构与下放功能淡化了资质的绝对强势。新闻单位网站要重新审视资质资源，要强化与权力伴生的责任意识，强化原创新闻，同时不因此忽视合作新闻的整合与传播。

资源主要包括内容资源和技术资源。网络媒体的技术＋媒体特征要求经营主体以研发或合作的方式强化传播技术与营销技术。

在核心竞争力的中层，最需强调的是资源整合能力，是内容资源、技术资源高度复杂化与和谐化的能力，这种"新组合"更准确地说是一种基于用户体验的"微妙融合"。（技术）资源的"复杂化与和谐化"是一种明确的核心竞争力，① 是对熊彼特"新组合"的新注解，它不是 1 + 1 的简单叠加，而是基于对传播与技术的深刻理解和对用户体验的悉心"揣摩"而进行的组合。

将技术与内容资源复杂化与和谐化组合成就一种核心能力，腾讯是典型代表。微信是颠覆性创新产品，② 腾讯庞大产品线的高度整合成就了 45 亿美元（2011 年）的营业收入。

（三）核心产品层面

核心产品是核心竞争力外化，是真正具有竞争优势的产品，其关键检验就是用户规模与稳定性。网易的核心产品之一是邮箱，总用户过 5 亿，2012 年 8 月 8 日推出 5.0 版集语音、人脸识别等创新功能。丁磊曾坦言邮箱不是一款变现能力强的产品，但 2013 年初网易改版让邮箱成为用户个人门户入口，再次显示核心产品的强大作用，也再次清晰显示了网易沿核心竞争力拓展的战略。

（四）核心竞争力的强化与延伸

首先要审视、判断自身核心竞争力是什么？是哪一个层面？是否真的强？然后就是不断地弥补、强化，执着与坚持至关重要，网易邮箱不断升级、附加功能、增加体验，15 年才有今天的成就。

核心竞争力延伸就是抓住强点，以点带线、以线带面，以核心竞争力创建新组合，最终实现网络媒体影响力的全面提升和商业模式的构建与创新。

三　新闻单位网站若干经营问题的讨论

（一）核心竞争力再认识

学习型组织文化、内容与技术资源复杂化与和谐化能力、以大量稳定用户规模为指标的核心产品，是网络媒体核心竞争力由内到外的三个

① C. K. Prahalad, Gary Hamel, "The Core Competence of the Corporation", *Harvard Business Review*, May – June, 1990, pp. 79 – 91.

② 中新网：《周鸿祎盛赞微信是颠覆式创新》（中国新闻网 – 财经中心，http: // finance. chinanews. com/it/2012/09 – 11/4174943. shtml, 2012 – 12 – 23 浏览）。

层面。以此标准考察新闻网站，大多数核心竞争力不清晰、不强，核心竞争力延伸战略也无从谈起。

填补价值缺口、顺应一站式服务潮流，并非意味着忽视核心产品的审视与确认，现在许多新闻单位网站新闻、论坛、博客、微博、邮箱一应俱全，但真正能集聚大量稳定用户规模的核心产品并不明确。

技术与应用升级只能带来成本，而用户才能为经营主体带来价值回报。

（二）内容为王的关系意味

内容为王是媒体金律。关注关系与价值，旨在强调曾经忽视但对网络媒体经营至关重要的要素。内容是媒体之本，而且仍是许多新闻网站的核心竞争力。网络媒体时代，媒介融合使得系统间、系统内竞争错综复杂，如三网融合中，电信系统希冀延续"渠道为王"而广电传媒系统希望延续"内容为王"①，而现实是"渠道"垄断被打破、用户"内容"生产迅猛发展，唯有用户或用户关系才是真正的经营归宿。

此外，内容为王背后有深刻的关系意味。关系和传播总是密不可分，传播界定人与人的关系，而关系在传播中得以构建和发展。② 任何一次传播都包含"内容"和"关系"两个层面的信息。③ 内容与关系是传播"这枚硬币"的两面。

内容是真是假，为了谁的利益，是居高临下还是平等交流，是急于主观定性还是以专业求索真相，这些在传统媒体时代少有质疑，而在网络媒体时代异常"敏感"，这是信息开放导致民众智慧、公民意识提升的结果。

2013 年春节前夕河南连霍高速发生爆炸塌桥事故，媒体报道的内容主体、套话、语气等引发网友不满，1300 字新闻稿有 600 字提及 16

---

① 黄升民：《数字传播技术与传媒产业发展研究》，经济科学出版社 2012 年版，第254—255 页。

② ［美］斯蒂文·小约翰：《传播理论》，陈德民等译，中国社会科学出版社 1999 年版，第451 页。

③ 同上书，第453 页。

位领导，没有伤亡人员姓名、没有批评、没有道歉。①

> ……在社会转型的斑驳底色中凝聚共识。新一年，我们将努力说真话、写实情，让文章言之有物、言之有理、言之有情，更具亲和力感染力，更有可读性可视性，实实在在服务读者。②

以上是 2013 年 1 月 1 日新浪微博平台上《人民日报》官方微博的发言，显然《人民日报》已明确意识到内容背后的"关系"意味，要用更好的内容和服务强化与用户的关系。有情、有理、亲和力、感染力是具有"关系"构建功能的"内容"，而作为具有新闻采、编、传完整资质的新闻单位网站更重要的是以专业调查来维系"关系"，2012 年 4—5 月手机人民网所作调查显示"最希望人民网改进的地方"是"多做深度报道"，占比排名第一，为 38.3%。

人民网明确以原创新闻为核心竞争力，并在即刻搜索、人民微博、人民电视等新产品上不断延伸，同时人民热线、微博等板块提供新闻线索、社会焦点，强化原创新闻这一核心竞争力。这是产品关联、核心竞争力延伸的合理战略。

内容为王之于网络媒体经营，不是简单的新闻报道，而是要审视内容是否足以强大而担当"核心竞争力"重任，要以大量、稳定用户作为核心产品的检验；不是只关注原创，而是要将原创与媒体伙伴、用户生产的内容进行整合；不是只顾内容广播，而要重视内容背后的关系意味，以专业调查来满足用户的新闻期待。

（三）地方新闻网站的经营空间与战略取向

与民营出版、民营影视制作这些传统媒体领域增量改革不同，凭借网络技术的颠覆性力量，商业门户网站作为新媒体领域增量改革范本，

---

① 新京报：《一篇事故报道怎那么多"领导重视"》，《新京报》2013 年 2 月 4 日，A2 版。

② 《人民日报》官方微博（新浪微博 – 人民日报，http：//weibo.com/rmrb？topnav = 1&wvr = 5&topsug = 1，2013 – 1 – 5 浏览）。

在流量与营收两个指标上大幅领先，如新浪与人民网相比，在 2012 年 5 月的"三月平均百万独立访问者"指标上相差 1 个数量级，2011 年营收二者分别为 4.828 亿美元和 4.973 亿人民币。

资本性质与产权结构差异、经营起步先后差异、网络超强渠道能力、网络经济特殊经营规律，是造成以上数据差异的重要原因，而我国传媒经营的固有矛盾在新媒体经营中仍在惯性延续。

黄升民教授曾形象概括我国媒介经营有三种天然矛盾：父子恩仇——产业与事业的矛盾，兄弟之争——各级媒介组织间竞争引发生存空间矛盾，行业壁垒——开放与封闭之间的矛盾。①

新的、旧的因素叠加，集中施压于地方新闻网站经营，引发对地方新闻网站的经营空间与战略取向思考。

以东方网为例，并非报社或电视台延伸网站，而是由多家新闻机构共同组建，使得东方网具有集聚性优势，有上海门户的发展趋势。但面对中央级重点新闻网站、商业门户网站竞争，"夹在中间"的产业结构特征非常明显，仅以"同城兄弟之争"来看，据中国网站排名网②显示：东方网与新民网排名分别为 379 和 330，"三月平均百万独立访问者"分别为 3425 和 4663，据笔者观察新民网排名较为稳定，而东方网则有些大起大落，经营发力迹象明显。

在新闻内容方面，据流量数据和笔者在上海记者、编辑业内了解，新民网新闻较有优势，这源于《新民晚报》系强大采编力量。东方网则原创与集聚新闻并重，新闻、论坛、博客、微博全线关联，继续电子政务，开辟电子商务，走"在上海"——全面服务上海市民的经营之路。

如果用"内容为王"概括新闻单位网站显然线条过粗，人民网、新民网、东方网的"内容为王"并非在一个层面，结合自身资源条件，抓住"关系、关联、组合"这些网络媒体经营的关键要素，做出内容

---

① 黄升民：《"媒介产业化"十年考》，《现代传播》2007 年第 1 期。

② 中国网站排名网：网站排名（中国网站排名网，www.chinarank.org.cn，2013-1-24 浏览）。

特色，做好服务才是经营关键。

东方网立足地方、全面服务的经营路线具有明显的合理之处：填补网络渠道能力敞开的价值缺口，将网络生活向地域、线下、民生进一步深入细化，这是全国性的商业门户和中央级新闻网站难以做到的。

但"经营空间"问题仍时有困扰。

新闻方面，东方网与新民网"同城兄弟之争"正在进行，2012年7月18日解放日报报业集团与腾讯网以组建合资公司的方式深度合作，定位"城市生活门户"的腾讯·大申网正式上线。

电子政务方面，人民网招股说明书已经明确提示政府信息服务采购比例在逐年下降，即便如此，财政部多年名列人民网第一大客户还是引发了质疑，公民意识提升与股民投资理念日趋成熟正倒逼中国证券市场走向规范"市场"轨道，要让圈钱者加倍付出代价[1]的呼声也已提出。在此背景下，正在谋求上市的地方新闻网站也必须对营收进行相应调整。

电子商务方面，东方网的"爱酒网""在上海""吃菜菜""东方定制""上海导购"等都已上线，经营起伏较大。2012年网易、搜狐、奇虎在购物导航上也有明显动作，面对苏宁、京东、国美惊心动魄的电商大战，面对天猫"光棍节"购物狂潮，新闻单位网站的电子商务仍需努力。

百度"赢者通吃"让搜狐搜索业务等待10年，2011年首尝盈利；人人网、优酷网仍在"盈利时滞"之中；而这些网站曾依托风险投资起家，目前又有较为稳健的融资渠道支持。相比之下，新闻单位网站经营仍需在融资、经营决策、结构调整等方面做深层次的变革。

针对"经营空间"问题，依据笔者调研、访谈和业界观察，坚持新闻传播基础主导走大型网络文化企业之路可能是一种趋势。新闻单位网站大多依托于原有报业、广电等传统媒体集团，虽然在单纯的网页浏览量上短期无法追赶商业门户，但是新闻单位长期积累的众多资源加大

---

① 周小苑：《行情来了股民怎么反倒撤了》，《人民日报海外版》2013年1月18日第2版。

了新闻网站的经营纵深，加之政府、机构、国企等关系资源优势，使之在用户市场层面有产品整合、渠道整合等经营空间，在资本市场亦有项目投资、理财投资等经营空间。

比如，在地方重点新闻网站中资产质量较高的东方网，旗下有报纸、印刷、网吧连锁等线下"实体业务"，线上线下资源整合空间巨大。浙江在线的控股集团浙报传媒，秉持"传媒控制资本，资本壮大传媒"发展理念，① 在 2011 年 9 月 29 日借壳"ST 白猫"整体上市后，旗下众多公司、产品加速整合，在资本市场也频有大手笔运作，如2012 年 4 月收购盛大旗下两家网络游戏公司②。

学术界有学者认为，单纯信息流难以支持未来可持续发展，网络媒体应构建起信息流、物流、资金流合一的交互式平台商业模式。③ 据笔者了解，有新闻单位网站业内资深人士甚至大胆预测，"新闻网站"可能是个过渡型的业态和名称，在整个互联网经济发展的历程中可能仅仅是个"过客"，对此笔者的理解有三：新闻网站要充分利用网络渠道的超强渠道能力加载更多价值，新闻单位网站要充分整合既有资源（尤其是传统媒体的、线下的资源）走大型文化企业之路，按照行政建制配备的数目庞大的新闻单位网站（全国各省市的报纸、广电网站）的竞争将更加激烈、数目可能缩减。

---

① 《时代周报》记者陶喜年：《重兵出击股权投资 浙报传媒资本潮涌》（时代周报网站-财经，http://www.time-weekly.com/story/2012-11-08/127684.html，2012-12-28 浏览）。

② 苗慧：《浙报传媒收购盛大旗下两游戏公司》，《京华时报》2012 年 4 月 7 日，第 35 版。

③ 张金海、林翔：《网络媒体商业模式的构建》，《现代传播》2012 年第 8 期。

参考文献

一 专著类

[1] 宋超、黄瑚：《新闻事业与新闻传播学》，上海人民出版社 2009 年版。

[2] 吴小坤、吴信训：《美国新媒体产业》，中国国际广播出版社 2012 年版。

[3] 彭兰：《中国网络媒体的第一个十年》，清华大学出版社 2005 年版。

[4] 李连科：《价值哲学引论》，商务印书馆 1999 年版。

[5] 杨保军：《新闻价值论》，中国人民大学出版社 2003 年版。

[6] 金碚：《报业经济学》，经济管理出版社 2002 年版。

[7] 刘海贵：《深度报道探胜：党报—主流媒体发展之路》，复旦大学出版社 2007 年版。

[8] 黄旦：《作者图像：新闻专业主义的建构与消解》，复旦大学出版社 2005 年版。

[9] 丁柏铨：《新闻理论探索：对现实问题的研究》，上海交通大学出版社 2012 年版。

[10] 钟瑛、余虹：《传播科技与社会》，华中科技大学出版社 2006 年版。

[11] 陆小华：《整合传媒：传媒竞争趋势与对策》，中信出版社 2002 年版。

[12] 李良荣：《新闻学概论（第 4 版）》，复旦大学出版社 2011 年版。

[13] 黄升民：《数字传播技术与传媒产业发展研究》，经济科学出版社 2012 年版。

[14] 匡文波：《网络媒体的经营管理》，中国传媒大学出版社 2009 年版。

[15] 朱春阳：《现代传媒集团成长理论与策略》，上海人民出版社 2008 年版。

[16] 巢乃鹏：《网络媒体经营与管理》，福建人民出版社 2007 年版。

[17] 黄河：《手机媒体商业模式研究》，中国传媒大学出版社 2011 年版。

[18] 吴敬琏：《当代中国经济改革教程》，上海远东出版社 2010 年版。

[19] 芮明杰：《产业经济学》，上海财经大学出版社 2005 年版。

[20] 杨公仆：《产业经济学》，复旦大学出版社 2005 年版。

[21] 芮明杰、张琰：《产业创新战略——基于网络状产业链内知识创新平台的研究》，上海财经大学出版社 2009 年版。

[22] 胡春：《网络经济学》，清华大学出版社 2010 年版。

[23] 王建国：《1P 理论：网络时代的全新商业模式》，北京大学出版社 2007 年版

[24] 王淑萍：《财务报告分析（第 3 版）》，清华大学出版社 2011 年版。

[25] 李振勇：《商道：成功商业模式设计指南》，中国水利水电出版社 2009 年版。

[26] ［加］迈克尔·海姆：《从界面到网络空间——虚拟实在的形而上学》，金吾伦等译，上海科技教育出版社 2000 年版。

[27] ［美］曼纽尔·卡斯特：《网络社会的崛起》，夏祝九等译，社会科学文献出版社 2001 年版。

[28] ［美］曼纽尔·卡斯特：《网络星河：对互联网、商业和社会的反思》，郑波等译，社会科学文献出版社 2007 年版。

[29] ［美］哈罗德·伊尼斯：《传播的偏向》，何道宽译，中国人民大学出版社 2003 年版。

[30] ［加］马歇尔·麦克卢汉：《理解媒介——论人的延伸》，何道宽译，商务印书馆 2000 年版。

［31］［美］林文刚：《媒介环境学：思想沿革与多维视野》，北京大学出版社 2007 年版。

［32］［美］沃尔特·李普曼：《公众舆论》，阎克文等译，上海人民出版社 2002 年版。

［33］［美］迈克尔·舒德森：《发掘新闻：美国报业的社会史》，北京大学出版社 2009 年版。

［34］［美］斯蒂文·小约翰：《传播理论》，陈德民等译，中国社会科学出版社 1999 年版。

［35］［英］丹尼斯·麦奎尔、［瑞典］斯文·温德尔：《大众传播模式论》，祝建华译，上海译文出版社 1987 年版。

［36］［美］威尔伯·施拉姆、威廉·波特：《传播学概论（第 2 版）》，何道宽译，中国人民大学出版社 2010 年版。

［37］［英］丹尼尔·麦奎尔：《麦奎尔大众传播理论（第 4 版）》，崔保国等译，清华大学出版社 2006 年版。

［38］［英］亚当·斯密：《国民财富的性质和原因的研究》，王亚南等译，商务印书馆 1972 年版。

［39］［美］约瑟夫·熊彼特：《经济发展理论》，何畏等译，商务印书馆 1990 年版。

［40］［美］约瑟夫·熊彼特：《资本主义、社会主义与民主》，吴良建译，商务印书馆 1999 年版。

［41］［美］保罗·萨缪尔森、威廉·诺德豪斯：《宏观经济学（第 17 版）》，萧琛译，人民邮电出版社 2004 年版。

［42］［美］保罗·克鲁格曼、罗宾·韦尔斯：《微观经济学》，黄卫平等译，中国人民大学出版社 2009 年版。

［43］［美］哈罗德·孔茨、海因茨·韦里克：《管理学（第 9 版）》，郝国华等译，经济科学出版社 1993 年版。

［44］［美］迈克尔·波特：《竞争战略——分析产业和竞争者的技巧》，陈小悦译，华夏出版社 1997 年版。

［45］［美］迈克尔·波特：《竞争优势》，陈小悦译，华夏出版社 1997 年版。

［46］［美］迈克尔·波特：《国家竞争优势》，李明轩译，华夏出版社 2002 年版。

［47］［美］小阿瑟·A. 汤普森、约翰·E. 甘布尔，A. J. 斯特里克兰 三世：《战略管理获取竞争优势》，蓝海林译，机械工业出版社 2006 年版。

［48］［美］乔治·J. 施蒂格勒：《产业组织》，王永钦译，上海三联书 店、上海人民出版社 2006 年版。

［49］［美］罗纳德·哈里·科斯：《企业的性质》，载罗纳德·哈里· 科斯《企业、市场与法律》，盛洪等译，上海人民出版社 2009 年版。

［50］［美］彼得·圣吉：《第五项修炼——学习型组织的艺术与实 务》，郭进隆译，上海三联书店 1998 年版。

［51］［英］吉莉安·道尔：《理解传媒经济学》，李颖译，清华大学出 版社 2004 年版。

［52］［美］罗伯特·皮卡特：《传媒管理学导论》，韩骏伟等译，人民 邮电出版社 2006 年版。

［53］［美］菲利普·科特勒、洪瑞云等：《市场营销管理》（亚洲版· 第 2 版），梅清豪等译，中国人民大学出版社 2001 年版。

［54］［美］菲利普·科特勒、加里·阿姆斯特朗：《市场营销原理》 （第 13 版），楼尊等译，中国人民大学出版社 2010 年版。

［55］［美］菲利普·科特勒、加里·阿姆斯特朗等：《市场营销原理》 （亚洲版·第 2 版），何志毅等译，机械工业出版社 2010 年版。

［56］［美］加里·阿姆斯特朗、菲利普·科特勒：《市场营销学（第 10 版）》，赵占波等译，机械工业出版社 2011 年版。

［57］［美］威廉·阿伦斯：《当代广告学》（第 8 版），丁俊杰译，人 民邮电出版社 2005 年版。

［58］［美］威廉·F. 阿伦斯、大卫·H. 谢弗：《当代广告学精要（英 文版）》，东北财经大学出版社 2008 年版。

［59］［英］马丁·克里斯托弗、阿德里安·佩恩，［澳］大卫·巴伦 泰恩：《关系营销：为利益相关方创造价值》，逸文译，中国财政

经济出版社 2005 年版。

[60] ［英］默林·斯通、尼尔·伍德科克：《关系营销》，陈桂芳等译，上海远东出版社 1998 年版。

[61] ［美］阿德里安·佩恩、马丁·克里斯托弗等：《关系营销：形成和保持竞争优势》，梁卿等译，中信出版社 2002 年版。

[62] ［法］布尔迪厄：《文化资本与社会炼金术》，包亚明译，上海人民出版社 1997 年版。

[63] ［美］林南：《社会资本：关于社会结构与社会行动的理论》，张磊译，上海人民出版社 2005 年版。

[64] ［德］哈贝马斯：《公共领域的结构转型》，曹卫东等译，学林出版社 1999 年版。

[65] ［美］尼古拉·尼葛洛庞帝：《数字化生存》，胡泳译，海南出版社 1997 年版。

[66] ［加］唐·泰普斯科特，［英］安东尼·D. 威廉姆斯：《维基经济学》，林季红等译，中国青年出版社 2007 年版。

[67] ［美］B. 约瑟夫·派恩，詹姆斯·H. 吉尔莫：《体验经济》，夏业良等译，机械工业出版社 2002 年版。

[68] ［美］克里斯·安德森：《长尾理论》，乔江涛译，中信出版社 2006 年版。

[69] ［美］克里斯·安德森：《免费：商业的未来》，蒋旭峰等译，中信出版社 2009 年版。

[70] ［美］茹茜安·琨德林：《一个风险投资家的自白：高风险企业创始融资纪实》，姚坚等译，中国社会科学出版社 2001 年版。

[71] 王玉樑：《价值哲学新探》，陕西人民出版社 1993 年版。

[72] ［美］沃纳·塞弗林、小詹姆斯·坦卡德：《传播理论：起源、方法与应用（第 4 版）》，郭镇之译，华夏出版社 2000 年版。

二　中文期刊论文

[1] 黄芝晓：《媒体改革与经济体制改革》，《复旦学报（社会科学版）》2005 年第 4 期。

［2］李良荣、方师师：《"双转"：中国传媒业的一次制度性创新》，《现代传播》2010 年第 2 期。

［3］张金海、林翔：《网络媒体商业模式的构建》，《现代传播》2012 年第 8 期。

［4］高钢、彭兰：《三极力量作用下的网络新闻传播——中国网络媒体结构特征研究》，《国际新闻界》2007 年第 6 期。

［5］喻国明：《新型传播方式的崛起与传统媒介的价值落点》，《新闻与写作》2010 年第 7 期。

［6］程士安：《网络广告价值的体现》，《复旦学报（社会科学版）》，2002 年第 1 期。

［7］程士安：《开创户外广告媒体精准营销时代——分时传媒对传统经营模式的重大突破》，《广告大观—综合版》2007 年第 1 期。

［8］黄升民：《"媒介产业化"十年考》，《现代传播》2007 年第 1 期。

［9］吴信训：《"数字电视新闻博览台"——传播新模式开发研究》，《新闻记者》2008 年第 3 期。

［10］严三九、王虎：《中国手机电视运营模式分析》，《新闻记者》2007 年第 6 期。

［11］钟瑛、黄朝钦：《3Q 大战与网络商业模式危机及制度缺失》，《今传媒》2011 年第 2 期。

［12］喻国明、张佰明：《试论媒介一体化经营平台的构建》，《新闻传播》2011 年第 3 期。

［13］彭兰：《社会化媒体与媒介融合：双重旋律下的关键变革》，《传媒》2012 年第 2 期。

［14］罗珉、曾涛、周思伟：《企业商业模式创新：基于租金理论的解释》，《中国工业经济》2005 年第 7 期。

［15］周辉、刘红缨：《商业模式本质与构建路径探讨》，《现代财经》2007 年第 11 期。

［16］高闯、关鑫：《企业商业模式创新的实现方式与演进机理——一种基于价值链创新的理论解释》，《中国工业经济》2006 年第 11 期。

［17］王波、彭亚丽：《再造商业模式》，《IT 经理世界》2002 年第
　　　7 期。

［18］田志龙、盘远华、高海涛：《商业模式创新途径探讨》，《经济与
　　　管理》2006 年第 1 期。

［19］原磊：《国外商业模式理论研究评介》，《外国经济与管理》2007
　　　年第 10 期。

［20］原磊：《商业模式体系重构》，《中国工业经济》2007 年第 6 期。

［21］李曼：《略论商业模式创新及其评价指标体系之构建》，《现代财
　　　经》2007 年第 2 期。

［22］高兵：《高度决定影响力——评析〈南方日报〉改版》，《新闻实
　　　践》2002 年第 10 期。

［23］佘贤君：《媒体经营模式的发展方向》，《电视研究》2008 年第
　　　2 期。

［24］喻国明：《关于传媒影响力的诠释——对传媒产业本质的一种探
　　　讨》，《国际新闻界》2003 年第 2 期。

［25］丁汉青：《报业商业模式之变——从纽约时报董事长表示将停印
　　　报纸谈起》，《青年记者》2010 年第 10 期。

［26］孟建、赵元珂：《粘聚并造就新型媒介化社会》，《国际新闻界》
　　　2006 年第 7 期。

［27］蔡雯：《媒介融合前景下的新闻传播变革——试论"融合新闻"
　　　及其挑战》，《国际新闻界》2006 年第 5 期。

［28］喻国明：《媒介经营逻辑的趋势性转变》，《新闻与写作》2011 年
　　　第 3 期。

［29］余伟萍、周锐、罗梁军：《中国门户网站商业模式剖析》，《商业
　　　研究》2003 年第 23 期。

［30］李西远：《互联网门户网站的商业模式初探》，《经济师》2004 年
　　　第 7 期。

［31］钟瑛、张胜利：《我国商业门户网站差异化竞争及其发展》，《现
　　　代传播》2008 年第 3 期。

［32］陈丽洁、肖慧莲、陈文富：《四大门户网站商业模式的规范分

析》，《湛江师范学院学报》2010 年第 2 期。

[33] 范以锦、盛佳婉：《报纸网站转型：强化"用户"观念》，《中国记者》2011 年第 2 期。

[34] 袁舟：《新闻网站商业模式再探讨》，《新闻界》2004 年第 5 期。

[35] 刘学义：《"广告中心"还是"用户中心"？——美英报纸网站商业模式转型分析》，《新闻与传播研究》2010 年第 3 期。

[36] 于正凯：《从业务组合关系看网络媒体经营模式——以商业门户网站 2006—2010 年财务分析为视角》，《新闻爱好者》2012 年第 12 期。

[37] 官建文：《中国媒体业态的困境及格局变化》，《新闻战线》2012 年第 2 期。

[38] 黄旦：《对新闻价值的再认识》，《科学·经济·社会》1995 年第 2 期。

[39] 赵延东：《"社会资本"理论述评》，《国外社会科学》1998 年第 3 期。

[40] 于正凯：《网络媒体的三种产业驱动力——由人民网上市引发的思考》，《新闻传播》2012 年第 6 期。

[41] 林毅夫：《自生能力与改革的深层次问题》，《经济社会体制比较》2002 年第 2 期。

[42] 崔保国：《2010 年中国传媒产业总产值 5808 亿元预计 2011 年将达 6882.4 亿元——〈2011 中国传媒发展报告〉发布》，《中国报业》2011 年第 5 期。

[43] 林闯、任丰原：《可控可信可扩展的新一代互联网》，《软件学报》2004 年 12 期。

[44] 钱志新：《创新商业模式探析》，《现代管理科学》2008 年第 8 期。

[45] 刘强、崔莉、陈海明：《物联网关键技术与应用》，《计算机科学》2010 年第 6 期。

[46] 于正凯：《概念经济的产生与传播——以物联网经济为例》，《新闻爱好者》2010 年第 4 期。

［47］陈全、邓倩妮：《云计算及其关键技术》，《计算机应用》2009 年第 9 期。

［48］［日］植草益：《信息通讯产业的产业融合》，《中国工业经济》2001 年第 2 期。

［49］宋昭勋：《新闻传播学中 Convergence 一词溯源及内涵》，《现代传播》2006 年第 1 期。

［50］许颖：《互动·整合·大融合——媒体融合的三个层次》，《国际新闻界》2006 年第 7 期。

［51］郜书锴：《悖论与反思：媒介融合的文化逻辑》，《现代视听》2009 年第 2 期。

［52］彭兰：《媒介融合方向下的四个关键变革》，《青年记者》2009 年第 2 期。

［53］陶喜红：《论媒介融合在中国的发展趋势》，《中国广告》2007 年第 6 期。

［54］周振华：《产业融合：新产业革命的历史性标志——兼析电信、广播电视和出版三大产业融合案例》，《产业经济研究》2003 年第 1 期。

［55］陈晓莉：《将媒体引为战略伙伴》，《中国广告》2004 年第 4 期。

［56］张春燕：《第一门户网站争夺起新局腾讯从地方下手切断新浪新闻源》，《IT 时代周刊》2006 年第 8 期。

［57］黄旭、程林林：《西方资源基础理论评析》，《财经科学》2005 年第 3 期。

［58］文西：《王志东：新浪为何不着急赚钱》，《文化月刊》2000 年第 12 期。

［59］王开明、万君康：《企业战略理论的新发展：资源基础理论》，《科技进步与对策》2001 年第 1 期。

［60］庄贵军：《关系市场与关系营销组合：关系营销的理论模型》，《当代经济科学》2002 年第 3 期。

［61］李海滨：《五力模型批判》，《企业管理》2005 年第 8 期。

［62］于正凯：《百度的左与右》，《新闻界》2008 年第 6 期。

[63] 和阳、吴丽：《中国互联网应该走向成年：专访新浪网创始人、点击科技有限公司董事长王志东》，《商务周刊》2011 年第 2 期。

[64] 陈清：《张朝阳怀揣 6 亿美元亲上阵 搜狐全副武装挑战新浪微博》，《IT 时代周刊》2010 年第 24 期。

[65] 李寅：《丁磊学习盛大网易离门户越来越远?》，《人力资本》2006 年第 3 期。

[66] 范晓东：《微博：新浪的转型利器》，《互联网周刊》2011 年第 17 期。

[67] 李雪梅：《网易变网游》，《IT 经理世界》2005 年第 23 期。

[68] 陈志新：《web2.0 概念、特征及其应用探析》，《河北北方学院学报》（自然科学版）2006 年第 6 期。

[69] 李垣、刘益：《基于价值创造的价值网络管理》，《管理工程学报》2001 年第 4 期。

[70] 吴海平、宣国良：《价值网络的本质及其竞争优势》，《经济管理》2002 年第 24 期。

[71] 余东华、芮明杰：《模块化、企业价值网络与企业边界变动》，《中国工业经济》2005 年第 10 期。

[72] 马士华：《论核心企业对供应链伙伴关系形成的影响》，《工业工程与管理》2000 年第 1 期。

[73] 宏磊、谭震：《在第一时间抢占舆论制高点——国务院新闻办副主任王国庆谈新闻发言人制度》，《对外大传播》2005 年第 10 期。

[74] 陈菊红等：《虚拟企业伙伴选择过程及方法研究》，《系统工程理论与实践》2001 年第 7 期。

[75] 钟瑛、刘海贵：《论网络 BBS 议题特征及议题建构》，《新闻与传播研究》2004 年第 4 期。

[76] 陈彤旭、邓礼峰：《BBS 议题的形成与衰变——对人民网强国论坛的个案研究》，《新闻与传播研究》2002 年第 1 期。

[77] 彭兰：《强国论坛给了我们什么启示》，《信息网络安全》2008 年第 6 期。

[78] 郭镇之：《关于大众传播的议程设置功能》，《国际新闻界》1997年第3期。

[79] 李成江、王春艳：《知识型员工价值研究》，《企业活力》2006年第2期。

[80] 郭国庆、李祺：《内部营销推动员工创造价值》，《商业研究》2005年第24期。

[81] 沈燕：《知识型员工管理新理念——愿景管理》，《经济师》2005年第10期。

[82] 陈斌，贾亦凡：《2001年十大假新闻》，《新闻记者》2002年第1期。

[83] 黄旦：《新闻传播的二重性》，《现代传播》1995年第2期。

[84] 于正凯：《机遇与挑战：手机电视发展分析》，《青年记者》2013年第1期下。

[85] 郭镇之：《传播政治经济学泰斗达拉斯·斯麦兹》，《国际新闻界》2001年第3期。

[86] 颜景毅：《如何形成媒介的社会影响力》，《新闻实践》2002年第10期。

[87] 黄芝晓：《社会责任感与新闻专业主义》，《新闻与传播研究》2009年第6期。

[88] 谭天：《传媒经济的本质是意义经济》，《国际新闻界》2010年第7期。

[89] 于正凯：《河南CMMB手机电视分析：以内容与营销为视角》，《新闻传播》2012年第11期。

[90] 中国商界：《搜狐：老跟在别人后面干什么》，《中国商界》2006年第9期。

三 英文论文

[1] Jonas Hedman, and Thomas Kalling, "The Business Model Concept: Theoretical Underpinnings and Empirical Illustrations", *European Journal of Information Systems*, (2003) 12, 49 – 59.

[2] Michael Morris, Minet Schindehutte, "Jeffrey Allen, The Entrepreneur's Business Model: Toward a Unified Perspective", *Journal of Business Research*, Volume 58, Issue 6, June 2005, pp. 726 – 735.

[3] Evert Gummesson, "Making Relationship Marketing Operational", *International Journal of Service Industry Management*, Vol. 5 No. 5, 1994, pp. 5 – 20.

[4] Henry Chesbrough, and Richard S. Rosenbloom, "The Role of Business Model in Capturing Value from Innovation: Evidence from Xerox Corporation's Technology Spin – off Companies", *Industrial and Corporate Change*, Volume 11, No. 3, 2002, pp. 529 – 555.

[5] Peter F. Drucker, "The Theory of the Business", *Harvard Business Review*, September – October, 1994, pp. 93 – 104.

[6] Paul Timmer, "Business models for Electronic Business Commerce", *Electronic Market* Vol. 8, No. 2, 1998, pp. 3 – 8.

[7] Raman Casadesus – Masanell, Joan E. Recart, "Competitiveness: Business Model Reconfiguration for Innovation and Internalization", *Management Research: the Journal of the Iberoaamerican Academy of Management*, Vol. 8, No. 2, 2010, pp. 123 – 149.

[8] John Magretta, "Why Business Model Matter", *Harvard Business Review*, Vol. 80, No. 5, May 2002, pp. 86 – 92.

[9] Kind, Nilssen and Sorgard, "Business Models for Media Firms: Does Competition Matter for How They Raise Revenue?" *Marketing Science*, Vol. 28, No. 6, 2009, pp. 1112 – 1128.

[10] Simon McPhillips, Omar Merlo, "Media convergence and the evolving media business model: an overview and strategic opportunities", *The Marketing Review*, 2008, Vol. 8, No. 3, pp. 237 – 253.

[11] Saul J. Berman, "New Business Model for New Media World", *Strategy and Leadership*, No. 4, Vol. 35, 2007, pp. 23 – 30.

[12] Roland T. Rust, "If Everything is Service, Why is This Happening now, and What Difference Does It Make?" *Journal of Marketing*, Vol.

68, January, 2004, p. 19.

[13] James S. Coleman, "Social Capital in the Creation of Human Capital", *American Journal of Sociology*, Vol. 94, 1988, pp. 95 – 120.

[14] Jay Barney, "Firm Resources and Sustained Competitive Advantage", *Journal of Management*, 1991, Vol. 17, No. 1, 99 – 120.

四　报纸

[1] 曹虹：《东方网计划年内递交上市申请》，《东方早报》2012 年 4 月 29 日，第 A10 版。

[2] 俞立严：《上海 1.2 级地震为何就有震感》，《东方早报》2012 年 4 月 4 日，第 A3 版。

[3] 李斌：《淘宝网没有上市计划》，《京华时报》2010 年 9 月 20 日，B85 版。

[4] 李斌：《搜狗将赶泡沫破灭之前上市》，《京华时报》2011 年 4 月 26 日，B47 版。

[5] 南方日报：《腾讯微博光棍节应用大赛揭晓　开放平台迎来井喷》，《南方日报》，2011 年 12 月 9 日，A3 版。

[6] 张然：《人民日报校园行走进复旦》，《京华时报》2012 年 4 月 29 日，第 2 版。

[7] 李斌：《新浪微博广告报价首度曝光》，《京华时报》2012 年 4 月 17 日，B48 版。

[8] 西安晚报：《苹果工厂撤离中国引争议 iPhone5 成本 1039 元毛利率达 409%》，《西安晚报》2012 年 12 月 26 日，第 18 版。

[9] 人民日报海外版：《三季度新浪政务微博 5 万多》，《人民日报·海外版》2012 年 10 月 30 日，第 4 版。

[10] 新京报：《一篇事故报道怎那么多"领导重视"》，《新京报》2013 年 2 月 4 日，A2 版。

[11] 周小苑：《行情来了股民怎么反倒撤了》，《人民日报·海外版》2013 年 1 月 18 日，第 2 版。

[12] 吴昊：《互联网资深人士直言：邓亚萍做搜索引擎难度堪比李彦

宏拿乒乓冠军》，《长江日报》2013年2月18日，第8版。

[13] 李媛：《"第一夫人"服装中国造 服装股"飘红"》，《新京报》2013年3月25日第，B04版。

[14] 苗慧：《浙报传媒收购盛大旗下两游戏公司》，《京华时报》2012年4月7日，第35版。

五 专著中析出的文献

[1] 祝建华：《译者的话》，载［英］丹尼斯·麦奎尔、［瑞典］斯文·温德尔《大众传播模式论》，上海译文出版社1987年版。

[2] 刘燕南：《〈受众分析〉：解读与思考》，载丹尼尔·麦奎尔《受众分析》，中国人民大学出版社2006年版。

[3] ［美］罗纳德·哈里·科斯：《企业的性质》，载罗纳德·哈里·科斯《企业、市场与法律》，盛洪等译，上海人民出版社2009年版。

[4] ［瑞典］艾弗特·格默森：《用内部营销建设新文化》，载［美］阿德里安·佩恩、马丁·克里斯托弗等《关系营销：形成和保持竞争优势》，梁卿等译，中信出版社2002年版。

六 报告

[1] 中国互联网信息中心（CNNIC）：《2000—2012中国互联网络发展状况统》。

七 网络－电子文献

[1] 国务院新闻办公室，信息产业办：《互联网站从事登载新闻业务管理暂行规定》（中华人民共和国国务院新闻办公室网站，http：//www. scio. gov. cn/zcfg/zcfg/200906/t341490. htm，2011－12－15浏览）。

[2] 国务院新闻办公室，信息产业办：《互联网新闻信息服务管理规定》（中华人民共和国中央人民政府网站，http：//www. gov. cn/flfg/2005－09/29/content_ 73270. htm，2011－12－15浏览）。

[3] 新闻出版总署：《关于进一步推进新闻出版体制改革的指导意见

（新出产业 2009 年 298 号文件）》，（中华人民共和国中央人民政府网站，http：//www. gov. cn/zwgk/2009 – 04/07/content_ 1279346. htm，2011 – 12 – 22 浏览）。

[4] 中华人民共和国国家统计局：《全国年度统计公报》（中国人民共和国国家统计局网站，http：//www. stats. gov. cn/tjgb，2012 – 4 – 1 浏览）。

[5] Alexa 网站：全球排名（Alexa 网站，http：//www. alexa. com/topsites，2011 – 2013）。

[6] Alexa 网站：中国区排名（Alexa 网站，http：//www. alexa. com/topsites/countries/CN，2011 – 2013）。

[7] Alexa 网站：美国排名（Alexa 网站，http：//www. alexa. com/topsites/countries/US，2011 – 2013）。

[8] 中国网站排名网：网站排名（中国网站排名网，http：//www. chinarank. org. cn，2012 – 2013）。

[9] 人民网：《人民网股份有限公司首发招股说明书（申报稿）》（中国证券监督管理委员会网站，http：//www. csrc. gov. cn/pub/zjhpublic/G00306202/201201/t20120109_ 204598. htm? keywords = 人民网，2012 – 5 – 5 浏览）。

[10] 新浪网：《2011 年年报》（美国证券交易委员会网站，http：//www. sec. gov/Archives/edgar/data/1094005/000110465912030028/a12 – 7070_ 120f. htm，2012 – 10 – 1 浏览）。

[11] 新浪：新浪 2006—2011 年财务简报（新浪 – 新浪简介 – 投资者关系，http：//phx. corporate – ir. net/phoenix. zhtml? c = 121288&p = irol – presentations，2012 – 12 – 31 浏览）。

[12] 网易：网易 2006—2011 年财务简报（网易 – 网易简介 – 投资者关系，http：//gb. corp. 163. com/gb/investor/fin_ statement. html，2012 – 12 – 31 浏览）。

[13] 搜狐：搜狐 2006—2011 年财务简报（搜狐 – 公司简介 – 财报，http：//corp. sohu. com/s2005/qer – cn. shtml，2012 – 12 – 31 浏览）。

[14] 腾讯：腾讯 2006—2011 年报（腾讯 – 关于腾讯 – 投资者关系，http：//www. tencent. com/zh – cn/ir/reports. shtml，2012 – 12 – 31

浏览）。

[15] 腾讯网：中国概念股财报汇总（腾讯网－科技频道，http：// tech. qq. com/tech2010/2010Q3. htm，2012－9－1 浏览）。

[16] 和讯网：百度 2011 第四财季财报（和讯网－科技，http：// tech. hexun. com/2012/baidu2011q4，2012－12－22 浏览）。

[17] 人民网：答调查问卷赢双重好礼（人民网－手机用户调查问卷，http：//3g. people. com. cn/interaction/diaocha. php? wv = 2&vid = 19&sid = &fromid = &uc_ param_ str = dnup，2012－5－22 浏览）。

[18] Michael H. Goldhaber：Attention Shoppers（http：//www. wired. com/wired/archive/5. 12/es_ attention_ pr. html，2010－10 浏览）。

[19] 吴信训、陈积银：《传媒经济是舆论经济》（人民网－传媒，http：//media. people. com. cn/GB/22100/51194/51195/ 3571778. html，2011－12－11 浏览）。

[20] 陈家兴：《人民网评："姚晨微博"烦恼源于有能力救人却无精力核实》（人民网－观点，http：//opinion. people. com. cn/GB/ 17828723. html，2012－10－25 浏览）。

[21] 人民网：《丁磊的邮箱战略：打造互联网身份证》（人民网－IT，http：//it. people. com. cn/n/2012/0809/c1009 － 18701084. html，2012－9－1 浏览）。

[22] 人民网：《济南政府大楼亚洲第一 大小仅次于五角大楼》（人民网－房产，http：//house. people. com. cn/n/2012/1211/c164220 － 19855263. html，2012－12－15 浏览）。

[23] 人民网：商城首页（人民网－商城，http：//shop. people. com. cn，2012－10 浏览）。

[24] 人民日报：人民日报官微（新浪微博－人民日报，http：//wei-bo. com/rmrb? topnav = 1&wvr = 5&topsug = 1，2013－1－5 浏览）。

[25] 东方网记者周峰：《超级电商平台"上海导购"上线 满足市民全方位购物需求》（东方网－上海新闻，http：//sh. eastday. com/m/ 20120528/u1a6586023. html，2012－6－24 浏览）。

[26] 徐世平：徐世平微博（东方网－东方微博，http：//t. eastday. com/

index. php？m = blog&uid = 149&page = 3，2012 - 10 - 15 浏览）。

[27] 在上海网站：公司简介（在上海 - 关于我们，http：//www. sh. com. cn/page - about. html，2012 - 11 - 3 浏览）。

[28] 新浪网：新浪简介（新浪网 - 关于新浪，http：//corp. sina. com. cn/chn/sina_ intr. html，2011 - 9 - 5 浏览）。

[29]《连线》杂志：《Web 已死 Internet 永生》，（新浪网 - 新浪科技，http：//tech. sina. com. cn/i/2010 - 08 - 18/19554560539. shtml，2011 - 10 - 16 浏览）。

[30] 新浪网：《曹国伟丁磊等 IT 领袖尖峰对话实录（2011 年中国互联网大会）》（新浪网 - 新浪科技，http：//tech. sina. cn/i/2011 - 08 - 23/15035968111. shtml，2012 - 1 - 13 浏览）。

[31] 新浪科技：《曹国伟：新浪微博今年企业账户目标 100 万个》（Techweb 网站 - 人物报道，http：//www. techweb. com. cn/people/2012 - 02 - 24/1157200. shtml，2012 - 12 - 24 浏览）。

[32] 新浪网：《新浪可能存在六大商业模式》，（新浪网 - 新浪科技，http：//tech. sina. com. cn/i/2011 - 04 - 28/17035462848. shtml，2012 - 9 - 12 浏览）。

[33] 新浪微博：风云榜帮助（新浪微博 - 风云榜，http：//data. weibo. com/top/help，2012 - 9 - 15 浏览）。

[34] 新浪微博：应用广场（新浪微博 - 应用广场，http：//app. weibo. com/？topnav = 1&wvr = 5，2012 - 12 - 31 浏览）。

[35] 新浪微博：企业微博介绍（新浪微博 - 企业微博介绍，http：//e. weibo. com/introduce/introduce，2012 - 12 - 31 浏览）。

[36] 新浪微博：特权介绍（新浪微博 - 微博会员，http：//vip. weibo. com/privilege，2012 - 12 - 26 浏览）。

[37] 新浪网：《新浪微博第二季度广告营收超千万美元》（新浪网 - 新浪科技，http：//tech. sina. com. cn/i/m/2012 - 08 - 16/16017513170. shtml，2012 - 10 - 22 浏览）。

[38] 新浪网：《陈彤：新媒体第一次发生极端重要作用》（新浪 - 新闻中心，http：//news. sina. com. cn/c/2008 - 06 - 04/110815679714.

shtml，2012 - 10 - 9 浏览)。

[39] 网易：《曹国伟：新浪拟涉足轻物流电子商务》（网易 - 网易科技，http：//tech. 163. com/11/0823/13/7C566SAM000915BF _ 3. html，2012 - 6 - 8 浏览)。

[40] 网易：《丁磊发贺年邮件：要求网易员工不止息地学习》（网易 - 网易科技，http：//tech. 163. com/11/0201/19/6RR2JASB000915BF. html，2012 - 10 - 1 浏览)。

[41] 网易：中国概念股报价（网易—美股，http：//quotes. money. 163. com/usstock，2011 - 9 - 23 浏览)。

[42] 搜狐网：《打响搜狐微博反击战》（搜狐 - 搜狐视频，http：//tv. sohu. com/20110515/n307571015. shtml，2012 - 7 - 7 浏览)。

[43] 搜狐 IT：《张朝阳：畅游上市将鼓舞纳斯达克市场》（Techweb 网站 - 资讯，http：//www. techweb. com. cn/news/2009 - 04 - 02/397829. shtml，2012 - 6 - 5 浏览)。

[44] 腾讯网：大申简介（腾讯 - 大申网，http：//sh. qq. com/aboutus. htm，2012 - 6 - 28 浏览)。

[45] 腾讯网：《开放平台介绍》（腾讯 - 开放平台，http：//open. qq. com，2012 - 12 - 31 浏览)。

[46] 腾讯网：超级 QQ（腾讯网 - 超级 QQ，http：//mq. qq. com，2012 - 12 - 26 浏览)。

[47] 腾讯网：成长体系介绍（腾讯 - QQ 会员，http：//vip. qq. com/my_ freedom/level. html，2012 - 12 - 31 浏览)。

[48] 新华网：《圈地心态可见 新闻背景门户网站"急转弯"?》（新华网 - 传媒在线，http：//news. xinhuanet. com/newmedia/2005 - 11/08/content_ 3747982. htm，2012 - 7 - 15 浏览)。

[49] 中新网：《周鸿祎盛赞微信是颠覆式创新》（中国新闻网 - 财经中心，http：//finance. chinanews. com/it/2012/09 - 11/4174943. shtml，2012 - 12 - 23 浏览)。

[50] 《南方周末》记者庞瑞锋：《南方周末：陈天桥能否入主新浪》（南方网 - 科技频道，http：//www. southcn. com/tech/news/

200502250271. htm，2012 – 9 – 1 浏览）。

[51] 南方日报：《南方日报》官方微博（新浪微博 – 南方日报，http：//media. weibo. com/profile. php？uid = nfrb，2012 – 12 – 25 浏览）。

[52] 中国网络电视台：《央视曝光百度推广链接内幕真相：骗子为何青睐百度?》（中国网络电视台 – 经济台，http：//jingji. cntv. cn/20110816/110654. shtml，2012 – 12 – 23 浏览）。

[53] “财经网”樊沙：《央视猛批百度的背后》（财经网 – 公司，http：//www. caijing. com. cn/2011 – 08 – 16/110814538. html，2012 – 12 –23 浏览）。

[54] 光明网科技：《曹国伟年终邮件：新浪 2013 战略核心“移动为先”》（光明网 – 科技频道，http：//tech. gmw. cn/2012 – 12/28/content_ 6184521_ 2. htm，2013 – 1 – 1 浏览）。

[55]《中国证券报》记者海澜：《搜狗三季度首度盈利》（中国证券报网站 – 公司，http：//www. cs. com. cn/ssgs/hyzx/201111/t20111102_3112296. html，2011 – 11 –2 浏览）。

[56] 站长之家：《“被百度收购”传闻背后：UCWeb 故作矜持?》（站长之家 – 业界评论，http：//www. chinaz. com/news/2012/0614/257560. shtml，2012 – 10 –27 浏览）。

[57] 天极网软件：《谷歌宣布 Android 移动设备应用数量超 70 万款》（天极网 – 软件，http：//homepage. yesky. com/42/33938542. shtml，2012 –11 –12 浏览）。

[58] 优酷网：第一财经·中国经营者访谈张朝阳（优酷 – 资讯，http：//v. youku. com/v_ show/id_ XMzEyNzQyNjIw. html，2012 –10 –19 浏览）。

[59] 诺基亚：诺基亚官微（新浪微博 – 诺基亚官微，http：//all. vic. sina. com. cn/switch/index. php？90，2012 –12 –24 浏览）。

[60] 白烁：《政府与国内媒体能成为合作伙伴吗》（南方网 – 南方时评，http：//www. southcn. com/opinion/mtrp/200701050331. htm，2012 –10 –7 浏览）。

［61］"凤凰网"寒冰：《曹国伟：腾讯值得学习 从不觉得新浪微博如履薄冰》（凤凰网－凤凰科技，http：//tech. ifeng. com/internet/special/cic2011/content － 2/detail＿ 2011＿ 08/23/8615616＿ 0. shtml?＿ from＿ ralated，2012 －5 －12 浏览）。

［62］"中国经济网"记者梁梦晚：《张朝阳反思搜狐微博"战败"坦言亟需保持创新》（中国经济网－产业市场，http：//www. ce. cn/cysc/tech/07ityj/guonei/201208/09/t20120809＿ 21208477. shtml，2012 －10 －14 浏览）。

［63］《计算机世界》汤浔芳：《广告联盟7 宗罪》（搜狐－IT，http：//it. sohu. com/20100913/n274898302. shtml，2012 －11 －25 浏览）。

［64］《北京青年报》记者田野：《无线增值业务遭受重创 新浪面临"无限"压力》（人民网－IT，http：//www. people. com. cn/GB/it/1067/2913550. html，2012 －10 －15 浏览）。

［65］谷歌：广告圣介绍（谷歌－广告圣，https：//accounts. google. com/ServiceLogin? service = adsense&rm = hide&nui = 15&alwf = true&ltmpl = adsense&passive = true&continue = https：//www. google. com/ad-sense/gaiaauth2? hl% 3Dzh － CN&followup = https：//www. google. com/adsense/gaiaauth2? hl%3Dzh － CN&hl = zh＿ CN，2012 －12 －27 浏览）。

［66］谷歌：关键词检索，（谷歌学术，http：//scholar. google. com. hk/schhp? hl = zh － CN&as＿ sdt =0 ，2012 －10 －17 浏览）。

［67］何力：新浪微博－何力的微博（http：//weibo. com/heelii? topnav =1&wvr = 5&topsug = 1JHJ! /heelii? topnav =1&wvr = 5&topsug = 1&key＿ word =下班前之思 &is＿ search =1，2012 －4 －25 浏览）。

［68］腾讯：《曹国伟：2012 年将向微博投入 1. 6 亿美元》（腾讯－腾讯科技，http：//tech. qq. com/a/20120228/000350. htm，2012 －12 －8 浏览）。

［69］腾讯：《曹国伟解读新浪业绩：门户微博广告存在挤压》（腾讯－腾讯科技，http：//tech. qq. com/a/20121116/000144. htm，2012 －12 －8 浏览）。

[70] "中新网"左盛丹：《微博、微信的共同难题：商业化艰辛与传统业务争食》（中国新闻网 – 财经中心，http：//finance. chinanews. com/it/2013/01 – 25/4519512. shtml，2013 – 2 – 8 浏览）。

[71] "搜狐"毛启盈：《"三缺一"微信谈判猜想 运营商毫无"底牌"》（搜狐 – IT，http：//it. sohu. com/20130312/n368486955. shtml，2013 – 3 – 14 浏览）。

[72] 人民网：《神舟九号全景报道》（人民网 – 科技，http：//scitech. people. com. cn/GB/25509/55912/239673/index. html，2012 – 7 浏览）。

[73] 人民网：《十大重点新闻网站转企改制》（人民网 – 传媒，http：// media. people. com. cn/GB/22114/198081/index. html，2012 – 5 – 1 浏览）。

[74] 《时代周报》记者陶喜年：《重兵出击股权投资 浙报传媒资本潮涌》（时代周报网站 – 财经，http：//www. time – weekly. com/story/2012 – 11 – 08/127684. html，2012 – 12 – 28 浏览）。

[75] 东方网：公司新闻（东方网 – 公司新闻，http：//www. eastday. com/eastday/shouye/07index/enews/index. html，2012 – 12 – 20 浏览）。

[76] 腾讯拍拍：百雀羚首页（腾讯拍拍 – 百雀羚官方旗舰店，http：//shop. paipai. com/1977181518？PTAG = 10125. 4. 1，2013 – 4 – 1 浏览）。

[77] 双妹官网商城：产品介绍（双妹官网首页 – 产品，http：// www. shanghaivive. com. cn/ProductXLList. action？TOPID = 1，2013 – 4 浏览）。

[78] 搜狐：《彭丽媛成国货推手 百雀羚作国礼》（搜狐 – 女人，http：//women. sohu. com/20130329/n370898041. shtml，2013 – 4 – 1 浏览）。附录：上海大学生和年轻职业群体个案调查 2012 年 5 月上海大学生和年轻职业群体个案调查节选

附　录

上海大学生和年轻职业群体个案调查

2012 年 5 月上海大学生和年轻职业群体个案调查节选

1. 上网的主要动因是

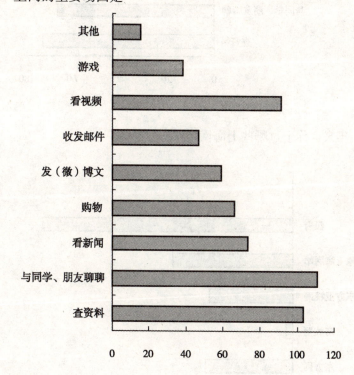

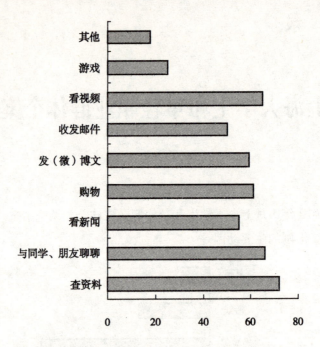

2. 一年来，你上过哪些上海网站

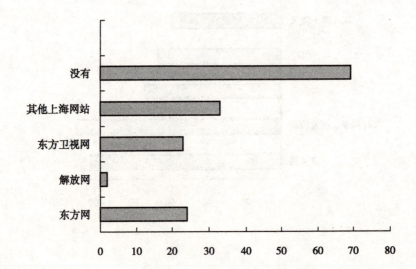

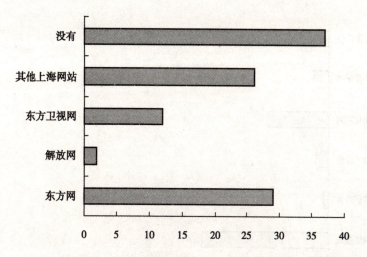

3. 你认为哪些内容可能对网络媒体的公信力和权威形象造成不利影响

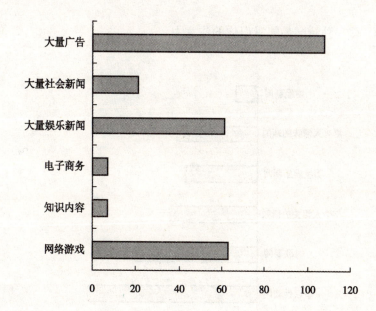

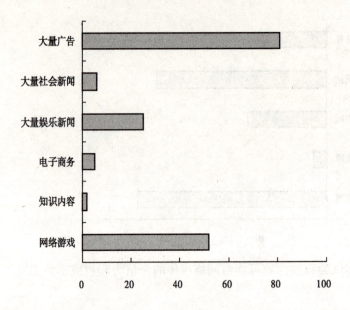

4. 哪一种新闻最能吸引你的注意力

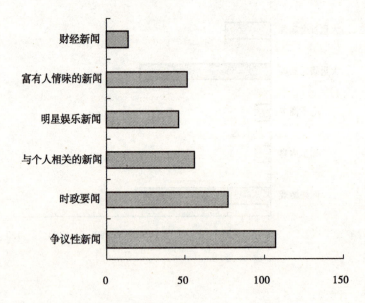

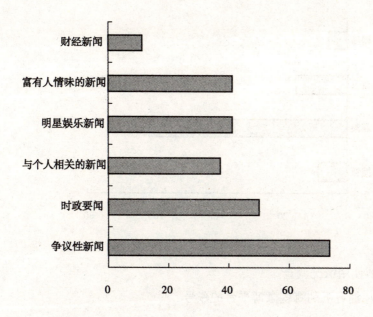

5. 下列哪些网站的新闻最令你满意

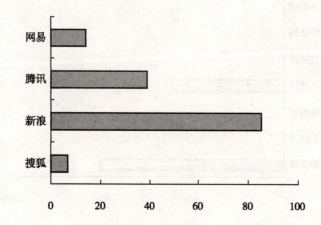

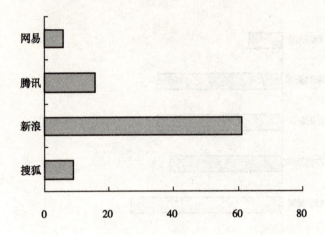

微博使用情况调查

1. 你拥有下列哪些微博平台的账号

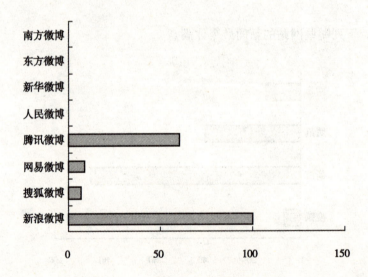

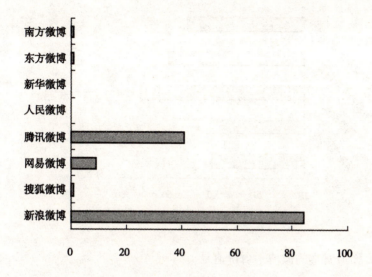

2. 在微博上你最关注的"人"是

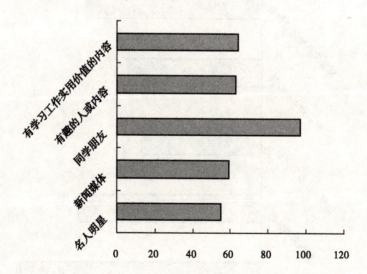

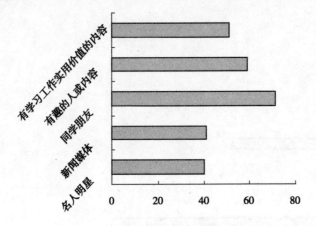

3. 你最看重的微博平台价值是

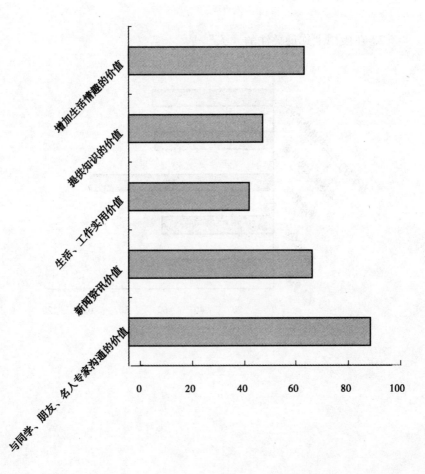

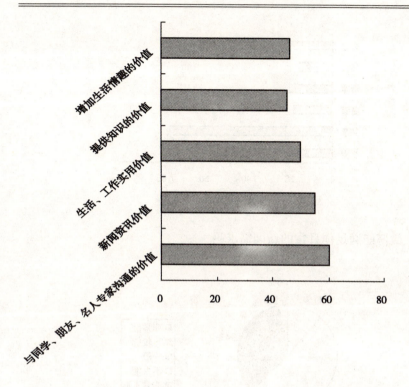

4. 你最看重的微博平台的氛围是

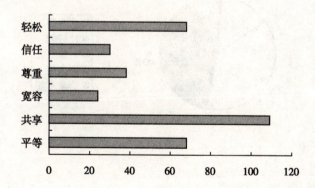

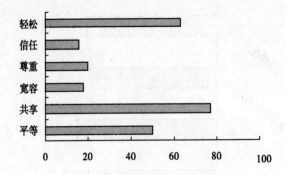

5. 微博能满足你日常的新闻需求吗

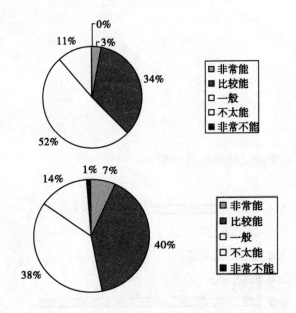

6. 新浪、网易、搜狐、腾讯的新闻可信吗

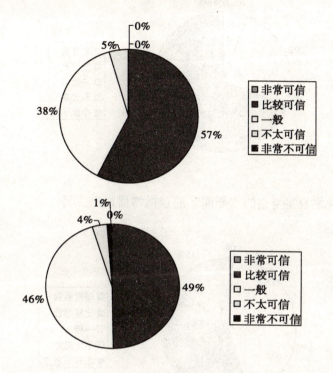

7. 传统媒体开办的新闻网站可信度高吗

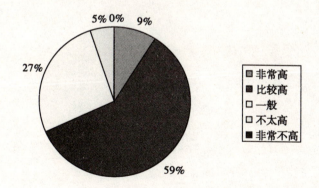

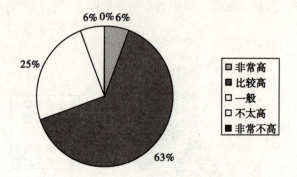

8. 你愿意将身边的"新闻"通过微博播报出去吗

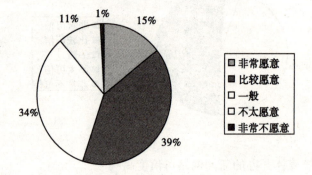

后　记

　　感谢复旦大学新闻学院提供优秀的教学和丰富的学术资源，在我读博士期间学院邀请众多来自业界和学术界人士，他（她）们是《人民日报》社长张研农，前南方报业集团董事长范以锦，前网易副总编张锐，《财经》总编胡舒立，《金融时报》中文网总编张力奋，东方网党委书记兼董事长何继良，解放传媒投资有限公司董事长寿光武等，使我有近距离聆听和提问的机会。

　　感谢东方网诸位领导、编辑和记者，使我有机会进行两个多月体验式调查，从他（她）们那里我学到了不少知识并获得了深刻启发。

　　感谢我的记者同学和朋友们，他（她）们或为我介绍网站人员的访谈机会，或替我了解一些情况，或与我分享实际工作中的新媒体感受，有助本文发现问题、拓展思路。

　　感谢接受本研究问卷调查的受访者，他（她）们的配合使我获得了宝贵的个案资料。

　　感谢赵凯教授、孙玮教授、陆晔教授、吕新雨教授、朱春阳副教授在我博士论文开题时所提出的宝贵的意见，使我对学术与博士论文所应努力呈现的面貌与境界有更深刻的理解，尤其她（他）们的支持和鼓励给予了我巨大支撑。

　　感谢程士安教授、顾铮教授在我博士论文预答辩中给予的指导，二位教授以卓越的学识与眼光，为本研究的完善提出了宝贵意见。

　　深深感谢我的导师黄芝晓教授，导师几十年的传媒工作与管理经验，为学生的研究指引了大方向，开阔了视野。立足实践、着眼实际，是导师给我的最大教诲。

感谢太轻，各位师长、同学、朋友的帮助铭记在心，是我一生的财富。

于正凯

2013 - 5 - 25